Christoph Bausenwein

Alles Bayern!

Unverzichtbares Wissen
rund um den Rekordmeister

Christoph Bausenwein

ALLES BAYERN!

Unverzichtbares Wissen
rund um den Rekordmeister

VERLAG DIE WERKSTATT

Der Autor

Christoph Bausenwein veröffentlichte im Verlag Die Werkstatt einige viel beachtete Bücher zur Fußballgeschichte. Speziell für Jugendliche hat er mehrere Bücher über die deutsche Nationalmannschaft, den Frauenfußball und verschiedene Bundesligavereine verfasst.

Ein besonderer Dank gilt Mirko Fraund, der für das Buch freundlicherweise die Statistiken seiner Homepage www.fcb-fanstatistik.de zur Verfügung gestellt hat.

Generelle Anmerkung

Stand aller statistischen Daten: Ende der Saison 2014/15
Als Pflichtspiele werden bezeichnet: Bundesliga, Oberliga Süd und 2. Liga Süd, Regionalliga Süd, Aufstiegsrunde Bundesliga, DFB-Pokal (und Pokal Süd), Champions League, Pokal der Landesmeister, Pokal der Pokalsieger, Messe- und UEFA-Pokal, Weltpokal, Supercup, Intertoto-Runde

Bibliografische Information der Deutschen Nationalbibliothek:
Die Deutsche Nationalbibliothek verzeichnet diese Publikation in der Deutschen Nationalbibliografie; detaillierte bibliografische Daten sind im Internet über http://dnb.d-nb.de abrufbar.
Auch als E-Book erhältlich: ISBN 978-3-7307-0232-1

Lotzestraße 22a, D-37083 Göttingen
www.werkstatt-verlag.de

Coverabbildung: imago sportfoto
Satz und Gestaltung: Verlag Die Werkstatt
Druck und Bindung: Westermann Druck Zwickau

ISBN 978-3-7307-0225-3

FSC
www.fsc.org
MIX
Papier aus verantwortungsvollen Quellen
FSC® C110508

Abstieg und Aufstieg

In der Oberliga-Saison 1954/55 holten die Bayern lediglich sechs Siege und stiegen als 16. und Tabellenletzter in die 2. Liga Süd ab. Mit 15 Punkten hatten sie so wenig Zähler auf dem Konto wie noch kein Oberliga-Absteiger vor ihnen. Die Gegner hießen nun Cham oder Penzberg. Eben gegen den FC Penzberg ging es am 6. Mai 1956, dem vorletzten Spieltag, um den sofortigen Wiederaufstieg. Die Bayern gewannen 3:2 und sicherten sich am Ende mit 46:22 Punkten und 89:43 Toren hinter dem Freiburger FC die Vizemeisterschaft und damit die sofortige Rückkehr in die Erstklassigkeit.

Es sollte der erste und letzte Abstiegsunfall des FC Bayern bleiben. Nur 1991/92, als der Abstand zu den Abstiegsrängen am 21. Spieltag ganze drei Punkte betrug, mussten die Roten noch einmal kräftig zittern. Die schlimme Spielzeit endete schließlich auf dem zehnten Platz bei negativem Punkt- und Torverhältnis (36:40 Punkte, 59:61 Tore). Ähnlich schlecht – aber bei zehn Punkten Vorsprung zum ersten Abstiegsplatz weniger gefährlich – war die Bayern-Bilanz lediglich in der Saison 1977/78: 12. Platz, 32:36 Punkte, 62:64 Tore.

Abgestiegen sind die Bayern also nur einmal. Aufsteigen jedoch mussten sie trotzdem zweimal: Weil sie 1963/64 nicht sofort für die neu gegründete Bundesliga zugelassen wurden.

Am 11. Mai 1963 erhielt der FC Bayern vom DFB folgenden Brief: „Liebe Sportkameraden! Wir bedauern, Ihnen mitteilen zu mussen, dass der Bundesligaausschuss des DFB Ihrem Gesuch um Aufnahme in die Bundesliga nicht stattgeben konnte. Nach der schon vorab erfolgten Benennung der Vereine 1. FC Nürnberg und Eintracht Frankfurt standen für die Bewerber aus dem Bereich des Süddeutschen Fußball-Verbandes nach dem Beschluss des DFB-Beirates noch drei Plätze zur Verfügung. Einer dieser drei Plätze wurde dem TSV 1860, als dem süddeutschen Meister dieses Jahres, zugesprochen. Überdies war das Gremium der Auffassung, dass es wenigstens im Jahre der Einführung der Bundesliga im allgemeinen Interesse des gesamten Fußballs nicht ratsam erscheint, zwei Vereinen am gleichen Ort eine Lizenz für die Bundesliga zu erteilen."

Die zwei verbliebenen Plätze gingen an den VfB Stuttgart und den Karlsruher SC, obwohl beide in den letzten Oberliga-Spielzeiten schlechter abgeschnitten hatten als der FCB, der 1961/62 und 1962/63 jeweils Dritter geworden war.

In der Saison 1963/64 hätten die Bayern in der Regionalliga Süd gleich Meister werden können. Da Trainer Cajkovski die vermeintlich stärkere Aufstiegsrundengruppe vermeiden wollte, verlor die Mannschaft jedoch mehr oder weniger „absichtlich" das letzte Spiel gegen Ulm mit 4:6. Das Kalkül ging nicht auf. Der FCB verlor in der angeblich leichteren Gruppe zwei von sechs Spielen und musste Gruppensieger Borussia Neunkirchen den Vortritt lassen. In der Saison 1964/65, in der erstmals der junge Gerd Müller im Bayern-Trikot stürmte, wurde der FCB mit drei Punkten Vorsprung vor dem SSV Reutlingen 05 Meister der Regionalliga Süd (bei sagenhaften 146:32 Toren!). In der anschließenden Aufstiegsrunde gelang diesmal ein souveräner Durchmarsch. Einem 2:0-Auftaktsieg gegen Tennis Borussia Berlin durch zwei Müller-Tore folgte zwar einen Spieltag später beim 1. FC Saarbrücken ein 0:1, in den verbleibenden Spielen gab man jedoch nur noch einen Punkt im Auswärtsspiel bei Alemannia Aachen ab. Die restlichen Spiele wurden sämtlich gewonnen: 2:1 gegen Aachen, 5:0 gegen Saarbrücken, 8:0 in Berlin. Den Stamm der von Tschik Cajkovski trainierten Bundesliga-Aufstiegself bildeten folgende Spieler: Sepp Maier, Werner Olk, Adolf Kunstwadl, Rudolf Grosser, Franz Beckenbauer, Karl Borutta, Rudolf Nafziger, Gerd Müller, Rainer Ohlhauser, Jakob Drescher und Dieter Brenninger.

1965/66 erreichte der FC Bayern in der Bundesliga auf Anhieb den dritten Platz. Das war bis zum Durchmarsch des 1. FC Kaiserslautern 1997/98 zur Meisterschaft die beste Platzierung, die ein Aufsteiger je erreichte.

Achillessehne

Reizungen der Achillessehne, jenes nach dem griechischen Troja-Helden benannten Körperteils, kommen auch bei Bayern-Spielern häufig vor. Manchmal waren die Verletzungen sehr schwerwiegend: 1980 musste „Katsche" Schwarzenbeck seine Karriere wegen eines Achillessehnenrisses beenden; ein Tritt in die Achillessehne beendete 1987 die Italien-Karriere von Karl-Heinz Rummenigge; im Januar 1995 riss die Achillessehne von Lothar Matthäus; im Jahr 2000 laborierte Stefan Effenberg an einem Einriss der Sehne; 2009 kapitulierte Willy Sagnol angesichts hartnäckiger Achillessehnen-Probleme und beendete seine Karriere; 2010 schließlich sorgte der 56-jährige Co-Trainer Hermann Gerland für Schlagzeilen, als er sich beim Fußballtennis im Türkeiurlaub einen Achillessehnenriss zuzog.

Älteste

Das höchste Kaderalter von 28,4 Jahren wurde dreimal erreicht: 1998/99, 2001/02 und 2005/06. Das höchste Durchschnittsalter, nämlich 30,2 Jahre, hatte die Startelf am 25. März 2006 (3:1-Sieg in Duisburg):

▷ 25 Jahre: Martin Demichelis, Owen Hargreaves
▷ 27 Jahre: Claudio Pizarro, Lúcio
▷ 29 Jahre: Hasan Salihamidzic
▷ 30 Jahre: Valérien Ismaël
▷ 31 Jahre: Roy Makaay, Zé Roberto
▷ 35 Jahre: Mehmet Scholl
▷ 36 Jahre: Oliver Kahn, Bixente Lizarazu

Oliver Kahn war zwar Mitglied der ältesten Elf, in der Liste der ältesten Bundesligaspieler des FC Bayern belegt er aber lediglich Rang 3:

▷ Bernd Dreher (19.05.2007; 40 Jahre, 6 Monate, 18 Tage)
▷ Lothar Matthäus (04.03.2000; 38 Jahre, 11 Monate, 12 Tage)
▷ Oliver Kahn (17.05.2008; 38 Jahre, 11 Monate, 2 Tage)

Ältester Meistertrainer unter allen Meistermachern in der Geschichte der Bundesliga wurde Jupp Heynckes 2012/13 mit 68 Jahren.

Aktionen, besondere

Hacken-Tor, doppeltes

Zum 7:0 beim 9:2 gegen den HSV am 27. Spieltag 2012/13 zauberte der vierfache Bayern-Torschütze Claudio Pizarro den Ball mit der Hacke über die Linie – wie einst der Algerier Rabah Madjer im Europapokal-Finale 1987 (damals allerdings für den FC

Porto gegen die Bayern). Bastian Schweinsteiger legte mit einem Hackentor am nächsten Spieltag zum 1:0 in Frankfurt nach. Und noch eins drauf: Sein Treffer in der 52. Spielminute war nicht nur der Siegtreffer, sondern auch der entscheidende Treffer zur frühesten Meisterschaft der Bundesligageschichte.

Hintern-Treffer und „Tor des Monats" in einem Spiel

Am 5. Spieltag 1976/77 gewann der FC Bayern 9:0 gegen Tennis Borussia Berlin, fünf Tore schoss Gerd Müller. Sein Treffer in der 85. Minute zum 8:0 wurde ein „Tor des Monats". Die Beschreibung auf sportschau.de: „Achtloser Rückpass eines TeBe-Verteidigers – aber vor Torwart Hubert Birkenmeier steht noch Gerd Müller – natürlich kein Abseits. Ballannahme, Drehung und Schuss sind auch beim in die Jahre gekommenen ‚Bomber der Nation' immer noch eine Bewegung." Ein typisches Müller-Tor. Bekannter geworden ist aber das Tor, das er schon zuvor erzielt hatte – „als ich am Boden lag, hoch bin, wieder runter", so Müller selbst –, jenes verrückte Tor, als er den Ball liegend irgendwie mit dem Hintern ins Tor bugsierte.

„Kaiser"-Tunnel

Die Höchststrafe für einen Fußballer ist, wenn ihm der Ball durch die Beine gespielt wird. Der Mann, der es schaffte, den „Kaiser" zu tunneln – wenn auch nur im Training –, heißt Charly Mrosko.

Turban-Kopfball

In der 13. Minute des DFB-Pokalendspiels 1982 gegen den 1. FC Nürnberg hatte sich Dieter Hoeneß bei einem Zusammenprall mit Club-Vorstopper Reinhardt eine stark blutende Platzwunde am Kopf zugezogen. Hoeneß spielte mit einem „Turban" weiter und setzte in der 89. Minute per Kopfball den Schlusspunkt zum 4:2-Sieg der Bayern.

Torwart-Rastelli

Am 8. November 2014, als die Bayern mit 4:0 in Frankfurt gewannen – drei Thomas-Müller-Tore –, war Manuel Neuer obercool. In der 73. Minute leitete er am Strafraum in Hüfthöhe ein Zuspiel von Rafinha mit dem Außenrist weiter.

Orkan-Tor

Im Halbfinale des DFB-Pokals 2009/10 gegen Schalke 04 erzielte Arjen Robben in der 112. Minute auf atemberaubende Weise den Siegtreffer zum 1:0. Über rechts kommend, setzte er noch in der eigenen Hälfte zu einem seiner typischen Tempodribblings an, bahnte sich mit scharfen Richtungsänderungen seinen Weg durch die vielbeinige gegnerische Abwehr, drang in den Schalker Strafraum ein, verzögerte den Abschluss so lange, bis eine Lücke frei war, dann zog er mit links ab – und der Ball zischte ins Eck. Die Münchner *Abendzeitung* bejubelte den Niederländer als „Naturgewalt" und „Orkan". Robben selbst meinte: „Ich habe auch andere schöne Tore geschossen, aber für mich war es das schönste." Der Treffer wurde – als erster (und bis 2014 auch als einziger) eines Bayern-Spielers – für den erst 2009 eingeführten FIFA-Puskás-Preis nominiert. Die Auszeichnung für das schönste Tor der Saison gewann dann allerdings Hamit Altintop für sein Tor im EM-Qualifikationsspiel Türkei gegen Kasachstan.

Allianz Arena München Stadion GmbH

Bei der Planung der Allianz Arena standen drei Standorte in der engeren Wahl. Die eigentliche Geschichte des Stadions begann im Oktober 2001, als die Münchner Bürger sich mit großer Mehrheit für den Stadtteil Fröttmaning aussprachen. Die Wahlbeteiligung übertraf das Quorum von zehn Prozent deutlich, sie lag mit 37,5 Prozent so hoch wie noch nie bei einem Bürgerentscheid in Bayern. Eine große Mehrheit von 65,8 Prozent stimmte für das Projekt, nur 34,2 Prozent stimmten mit Nein. Der Stadtrat beschloss daraufhin einstimmig den Bau und erklärte sich zur Übernahme der Kosten für die Infrastruktur bereit. Zur Realisierung des Neubaus, der ca. 340 Mio. Euro kosten sollte, gründeten der FC Bayern und der TSV 1860 zu jeweils 50% die „Allianz Arena München Stadion GmbH". Diese wurde dann aufgrund finanzieller Schwierigkeiten der Löwen ab dem 27. April 2006 vom FC Bayern zunächst vorläufig zu 100% übernommen. Am 25. April 2008 wurde das Rückkaufrecht des TSV 1860 München an einem 50%-Anteil endgültig notariell aufgehoben. Seitdem ist die FC Bayern München AG alleiniger Gesellschafter der Allianz Arena.

„Angstgegner“

Abgesehen davon, dass er zwischen Oktober 2010 und Mai 2012 fünfmal hintereinander gegen Borussia Dortmund verlor, kennt der FC Bayern – jedenfalls in der Bundesliga – so etwas wie einen „Angstgegner“ nicht (weshalb der Begriff hier in Gänsefüßchen gesetzt wurde; siehe auch die Statistik zu ⇨ Lieblingsgegner). Dass ausgerechnet die Stuttgarter Kickers als einziger (!) Verein eine ausgeglichene Bilanz erreichten – zwei Siege, zwei Niederlagen bei 8:8 Toren –, ist wohl nicht mehr als eine kleine Laune der Fußballgeschichte. Die meisten Siege gegen die Bayern gelangen bis 2014/15 Werder Bremen – nämlich 26 in 98 Spielen. Daneben sind die Bilanzen von Gladbach, Dortmund und Köln am respektabelsten: Diese Vereine überstanden immerhin jeweils mehr als die Hälfte der Spiele gegen den FCB ohne Niederlage. Die meisten Tore gegen den FC Bayern schoss Werder Bremen (119), gefolgt von Mönchengladbach (117) sowie Borussia Dortmund und dem 1. FC Köln (je 115). (Angaben nach bundesliga.de)

Umgerechnet in Punkte pro Spiel ergeben sich folgende Bilanzen:

Punkte pro Spiel (Spiele: Siege-Unentschieden-Niederlagen)

Schlechteste Werte:

- 1,5 Stuttgarter Kickers (4: 2-0-2)
- 1,5 Wattenscheid 09 (8: 3-3-2)

Schlechteste Werte über 40 gemeinsame Spielzeiten:

- 1,64 Borussia Dortmund (92: 45-28-23)
- 1,65 1. FC Köln (84: 39-22-23)
- 1,69 Werder Bremen (98: 47-25-26)

Werte bei Auswärts- und Heimspielen:

Am häufigsten verlor der FC Bayern in Bremen (19x) sowie in Mönchengladbach, Frankfurt und Kaiserslautern (je 18x). In den Stadien dieser Vereine ist seine Bilanz bis heute jeweils negativ. In

München gewannen Borussia Dortmund und der 1. FC Köln am häufigsten (je 9x).

Tatsächlich gab es im DFB-Pokal so etwas wie einen „Angstgegner“: Auf den Karlsruher SC traf der FC Bayern in dem erst seit 1952 wieder ausgespielten Wettbewerb dreimal und schied dreimal aus (1959/60 in der 4. Runde des Süddeutschen Pokals mit 1:2, 1988/89 im Achtelfinale mit 3:4 sowie 1996/97 im Viertelfinale mit 0:1).

Einen veritablen Angstgegner (ganz ohne Gänsefüßchen) lernten die Bayern im Europapokal kennen und fürchten. Zwischen 1968 und 2007 traf der FCB zehnmal auf den AC Mailand. Die erschreckende Bilanz: 1 Sieg, 3 Unentschieden, 6 Niederlagen, Torverhältnis 8:17. Und, ach ja: In früheren Zeiten gab es auch mal in Bayern einen. Davon, dass der FC Bayern gegen den einstigen Rekordmeister 1. FC Nürnberg früher häufiger verloren hat, zeugt bis heute die Bilanz im bayrisch-fränkischen Derby. Am 8. Februar 2014 holten die Münchner mit einem ungefährdeten 2:0-Sieg in Nürnberg zwar den 88. Sieg im 188. Aufeinandertreffen (bei 64 Niederlagen). Aber im Torverhältnis galt es auch nach dieser Partie immer noch einen Rückstand von 16 Treffern aufzuholen (es stand nun 315:331).

Ausländer

Ausländer und Preußen spielten bei den Bayern schon sehr früh eine wichtige Rolle. In der Mannschaft kickten zahlreiche „Nicht-Münchner“ bzw. „Zugroaste“, die als Studenten oder beruflich nach München gekommen waren. Der erste Vereinsvorsitzende, Franz John, war ein Preuße, der zweite, Willem Hesselink, ein Niederländer. In der Mannschaft selbst standen so wenige waschechte Münchner, dass ein Zuschauer seinen Nachbarn einmal gefragt haben soll: „Sie, was san denn dös für Landsleut?“ Der antwortet: „Ja, hörns denn dös net an der Sprach? Dös san doch die Bayern.“ Der FCB verpflichtete auch wiederholt ausländische (englische) Trainer, die den Klub um eine weitere kosmopolitische Note bereicherten.

Seit sie die Bundesliga beherrschen, stellen die Bayern das Gros der deutschen Nationalspieler. Dennoch waren es seit den Zeiten des Dänen Johnny Hansen (1970 bis 1976) immer wieder auch Ausländer, die dem Bayern-Spiel den entscheidenden Pfiff gaben.

Liste der Ausländer im Bayern-Trikot:

(nur Spieler mit mindestens 1 BL-Einsatz)

▷ Argentinien (2): Martin Demichelis (2003–2010) 174/13; José Ernesto Sosa (2007–2010) 35/2

▷ Belgien (2): Daniel Van Buyten (2006–2014) 158/20; Jean-Marie Pfaff (1982–1988) 156/0

▷ Bosnien-Herzegowina (2): Zvjezdan Misimovic (2002–2004) 3/0; Hasan Salihamidzic (1998–2007) 234/30

▷ Brasilien (11): Breno (2008–2012) 21/0; Dante (2012–2015) 85/3; Douglas Costa (ab 2015); Giovane Elber (1997–2004) 169/92; Luiz Gustavo (2011–2013) 64/6; Jorginho (1992–1995) 67/6; Lúcio (2004–2009) 144/7; Mazinho (1991–1995) 49/11; Rafinha (2011–2015) 91/2; Paulo Sergio (1999–2002) 77/21; Zé Roberto (2002–2006, 2007–2009) 169/14

▷ Bulgarien (1): Emil Kostadinow (1994–1996) 27/7

▷ Chile (1): Arturo Vidal (ab 2015)

▷ Dänemark (8): Johnny Hansen (1970–1976) 164/7; Pierre Emile Højbjerg (2013–2014) 17/0; Viggo Jensen (1973–1974) 5/0; Brian Laudrup (1990–1992) 53/11; Sören Lerby (1983–1986) 89/22; Lars Lunde (1986–1988) 30/3; Allan Nielsen (1990–1991) 1/0; Kjeld Seneca (1975–1977) 6/0

▷ England (1): Owen Hargreaves (2000–2007) 145/5

▷ Finnland (1): Pasi Rautiainen (1980–1981) 1/0

▷ Frankreich (6): Kingsley Coman (ab 2015); Valérien Ismaël (2005–2008) 31/0; Bixente Lizarazu (1997–2004, 2005–2006) 183/7; Jean-Pierre Papin (1994–1996) 27/3; Franck Ribéry (2007–2015) 193/68; Willy Sagnol (2000–2009) 184/7

▷ Ghana (1): Samuel Kuffour (1994–1995, 1996–2005) 175/7

▷ Guinea (1): Pablo Thiam (2001–2003) 16/0

▷ Iran (3): Ali Daei (1998–1999) 23/6; Vahid Hashemian (2004–2005) 9/0; Ali Karimi (2005–2007) 33/3

▷ Island (1): Asgeir Sigurvinsson (1981–1982) 17/1

▷ Italien (4): Antonio Di Salvo (1999–2002) 6/0; Massimo Oddo (2008–2009) 18/0; Ruggiero Rizzitelli (1996–1998) 45/12; Luca Toni (2007–2010) 60/38

▷ Japan (1): Takashi Usami (2011–2012) 3/0

▷ Jugoslawien (3): Radmilo Mihajlovic (1989–1991) 34/4; Branko Oblak (1977–1980) 71/5; Anton Vuckov (1965–1967) 1/1

- ▷ Kamerun (1): Louis Ngwat-Mahop (2006–2007) 1/0
- ▷ Kolumbien (1): Adolfo Valencia (1993–1995) 26/11
- ▷ Kroatien (5): Niko Kovac (2001–2003) 34/3; Robert Kovac (2001–2005) 94/0; Mario Mandzukic (2012–2014) 54/33; Ivica Olic (2009–2012) 55/13; Danijel Pranjic (2009–2012) 55/1
- ▷ Marokko (1): Mehdi Benatia (2014–2015) 15/1
- ▷ Niederlande (6): Edson Braafheid (2009–2011) 12/0; Martin Jol (1978–1979) 9/0; Roy Makaay (2003–2007) 129/78; Arjen Robben (2009–2015) 127/73; Mark van Bommel (2006–2011) 123/11; Jan Wouters (1991–1994) 66/6
- ▷ Norwegen (2): Jan Einar Aas (1979–1981) 13/1; Erland Johnsen (1988–1990) 21/0
- ▷ Österreich (7): David Alaba (2010–2015) 105/9; Harald Cerny (1992–1994) 16/1; Andreas Herzog (1995–1996) 28/2; Stefan Maierhofer (2006–2007) 2/0; Peter Pumm (1968–1971) 84/2; Ylli Sallahi (2014) 1/0; August Starek (1968–1970) 38/5
- ▷ Paraguay (2): Julio dos Santos (2006–2008) 5/0; Roque Santa Cruz (1999–2007) 155/31
- ▷ Peru (2): Paolo Guerrero (2003–2006) 27/10; Claudio Pizarro (2001–2007, 2012–2015) 224/87
- ▷ Polen (3): Marcel Witeczek (1993–1997) 97/9; Slawomir Wojciechowski (1999–2001) 3/1; Robert Lewandowski (2014–2015) 31/17
- ▷ Sambia (1): Andrew Sinkala (1999–2001) 1/0
- ▷ Schottland (1): Alan McInally (1989–1992) 40/10
- ▷ Schweden (5): Björn Andersson (1974–1977) 47/1; Patrik Andersson (1999–2001) 38/1; Johnny Ekström (1988–1989) 23/7; Nils-Eric Johansson (1998–1999) 2/0; Conny Torstensson (1973–1977) 81/11
- ▷ Schweiz (3): Ciriaco Sforza (1995–1996, 2000–2002) 66/3; Xherdan Shaqiri (2012–2015) 52/11; Alain Sutter (1994–1995) 22/1
- ▷ Spanien (5): Thiago Alcántara (2013–2015) 23/2; Xabi Alonso (2014–2015) 24/2; Juan Bernat (2014–2015) 31/1; Javi Martínez (2012–2015) 46/3; Pepe Reina (2014–2015) 3/0
- ▷ Tschechien (1): David Jarolim (1997–2000) 1/0
- ▷ Türkei (3): Hamit Altintop (2007–2011) 63/7; Berkant Göktan (1998–1999, 2000–2001) 2/0; Erhan Önal (1976–1978) 18/1

▷ Ukraine (1): Anatolij Tymoschtschuk (2009–2013) 86/4
▷ USA (1): Landon Donovan (2009) 6/0
▷ Wales (1): Mark Hughes (1987–1988) 18/6

Ausraster

… waren vor allem eine Spezialität Oliver Kahns. Andy Herzog, Heiko Herrlich und Thomas Brdaric können ein Lied davon singen, wie es war, wenn der Olli Amok lief. In der Saison 1995/96 musste man beim Gastspiel des FC Bayern München in Stuttgart um das Leben von Andreas Herzog fürchten, so sehr wurde er nach einem Deckungsfehler von einem wutentbrannten Oliver Kahn durchgeschüttelt. In der Saison 1998/99 legte dieser sich mit dem Dortmunder Heiko Herrlich an. *Der Spiegel* beschrieb die Szene so: „Kahn dockte am Hals des Dortmunders an, und man dachte: Gleich hat er die Schlagader freigelegt."

Kahn pflegte sein Rüpel-Image und betonte: „Ich habe kein Problem damit, der Arsch zu sein." Manchmal rastete er aber auch auf völlig harmlose Weise aus, beispielsweise am 19. Mai 2001, als die Bayern in der allerletzten Sekunde des letzten Spiels in Hamburg das Meisterrennen für sich entschieden hatten. Kahn rannte völlig von Sinnen zur Eckfahne, riss sie aus dem Boden, warf sich auf den Rücken und jubelte mit ihr wie ein Wahnsinniger.

Gefährlich sah es wieder im September 2002 aus, als Leverkusens Thomas Brdaric den Ball trotz eines Abseitspfiffes ins Bayern-Tor schoss. Oliver Kahn rannte auf den Schützen zu, packte ihn im Genick und drehte seinen Kopf zum Linienrichter: Da, bedeutete er ihm, schau hin, es war Abseits. Brdaric bekannte hinterher: „Ich hatte Todesangst, als ich die Pranke von Kahn in meinem Nacken spürte." Kahn selbst hingegen beschwichtigte: „Meine Hand hat Brdaric nicht mal gedrückt, sie lag nur auf ihm drauf."

Berühmt für seine Ausraster war auch Kahns Teamkollege Mark van Bommel. Im Februar 2007 zeigte er beim CL-Achtelfinalspiel in Madrid dem Publikum eine obszöne Geste mit dem Arm und erhielt dafür eine Sperre auf Bewährung. Als er dann beim Rückspiel in München mit einer Gelb-Roten Karte vom Platz flog, wurde die Bewährung ausgesetzt. Van Bommel war daher im Viertelfinale beim

AC Mailand nicht dabei. Kahn fehlte übrigens ebenso. Im Rückspiel gegen Madrid hatte er sich bei der Dopingprobe einen Ausraster erlaubt, als der Arzt ihn aufgefordert hatte, seine Pinkelprobe noch einmal zu wiederholen, da er bei der Abgabe nicht zugesehen habe. Die UEFA hatte ihn für ein Spiel gesperrt und zu einer Geldstrafe von 20.000 Schweizer Franken verurteilt.*

Wenige Wochen später sorgte wieder van Bommel in der Bundesliga für Schlagzeilen, als er im Spiel gegen den VfB Stuttgart vergeblich versuchte, seinen Gegenspieler Pavel Pardo mit dem Ellenbogen zu treffen. Die Attacke blieb trotz großer Kritik in den Medien ungeahndet. Im Juli 2007 wurde van Bommel erneut in einem Spiel gegen den VfB, diesmal im Ligapokal, auffällig: Er griff Fernando Meira in die Genitalien. Diesmal wurde er wegen „krass sportwidrigen Verhaltens" für drei Spiele gesperrt. Im Jahr 2008 folgten weitere Ellbogen-Einsätze, grobe Fouls und Schiedsrichter-Beschimpfungen.

Bayern-Trainer Ottmar Hitzfeld ging meist gelassen mit seinen beiden Problemspielern um. Er schätzte van Bommel als „Aggressive Leader" und Kahn als mitreißenden Antreiber sowieso. Allerdings gab er auch einmal zu bedenken: „Wenn alle Spieler so engagiert wären wie Oliver Kahn, wäre das gefährlich für die Mannschaft."

Fehlt noch der schönste aller Ausraster, an dem weder Kahn noch van Bommel beteiligt waren. Wie gefährlich es ist, einfach so am Spielfeldrand herumzustehen, erlebte am 31. Spieltag der Saison 1996/97 eine Werbetonne des Batterie-Herstellers Sanyo. Beim Spielstand von 0:0 im Spiel gegen den SC Freiburg im Olympiastadion wurde der polyglotte Jürgen Klinsmann bereits zum zwölften Mal in der laufenden Spielzeit ausgewechselt. Der erzürnte Star quittierte die Entscheidung von Trainer Giovanni Trapattoni zunächst mit fließendem Italienisch („vai a cagare" = „geh kacken!"), sodann trat er per wuchtigem Tritt und unter großem Knall mit dem linken Fuß ein großes Loch in die erwähnte Tonne. Das gute Stück kann heute in der FCB-Erlebniswelt bewundert werden.

* Die Bayern spielten ohne van Bommel und mit Rensing im Tor in Mailand 2:2; beim Rückspiel in München verloren sie mit Kahn und van Bommel 0:2.

Auswärtssiege mit 5 Toren und mehr

Saison	Spieltag	Datum	Gegner	Tore	Zuschauer
2010/11	33	07.05.2011	FC St. Pauli	1:8	24.487
2013/14	15	07.12.2013	SV Werder Bremen	0:7	42.100
1978/79	24	24.03.1979	Bor. Mönchengladbach	1:7	29.000
2014/15	22	21.02.2015	SC Paderborn	0:6	15.000
2011/12	26	17.03.2012	Hertha BSC	0:6	74.244
2003/04	17	16.12.2003	SC Freiburg	0:6	25.000
2013/14	24	08.03.2014	VfL Wolfsburg	1:6	30.000
2012/13	30	20.04.2013	Hannover 96	1:6	49.000
1995/96	20	25.02.1996	Bayer 05 Uerdingen	1:6	30.000
1966/67	4	10.09.1966	Karlsruher SC	1:6	35.000
1995/96	2	19.08.1995	Karlsruher SC	2:6	33.800
2002/03	32	10.05.2013	Hertha BSC	3:6	59.200
1976/77	6	18.09.1976	VfL Bochum	5:6	18.000
2012/13	8	20.10.2012	Fortuna Düsseldorf	0:5	54.000
2002/03	21	15.02.2003	TSV 1860 München	0:5	64.000
1991/92	25	20.02.1992	VfL Bochum	0:5	17.500
1985/86	21	01.02.1986	Hannover 96	0:5	58.000
1973/74	32	04.05.1974	Hamburger SV	0:5	55.000
1972/73	1	16.09.1972	RW Oberhausen	0:5	10.000
2009/10	16	12.12.2009	VfL Bochum	1:5	30.748
2009/10	5	12.09.2009	Borussia Dortmund	1:5	80.522
2001/02	9	13.10.2001	TSV 1860 München	1:5	69.000
1983/84	18	21.01.1984	Bayer Leverkusen	1:5	17.500
1970/71	7	23.09.1970	Hamburger SV	1:5	43.000
2005/06	2	13.08.2005	Bayer Leverkusen	2:5	22.500
1972/73	21	10.02.1973	Hertha BSC	2:5	60.000
2010/11	17	19.12.2010	VfB Stuttgart	3:5	40.500
1982/83	19	29.01.1983	Fortuna Düsseldorf	3:5	41.000

Quelle: www.fcb-fanstatistik.de

Auswärtstabelle

Saison	Platz	Spiele	S	U	N	Tore	Differenz	Pkt. 2	Pkt. 3
2014/15	1	17	11	3	3	34:11	+23	25:9	36
2013/14	1	17	14	2	1	46:8	+38	30:4	44
2012/13	1	17	15	2	0	42:7	+35	32:2	47
2011/12	2	17	9	3	5	28:16	+12	21:13	30
2010/11	4	17	6	6	5	33:27	+6	18:16	24
2009/10	2	17	8	6	3	33:18	+15	22:12	30
2008/09	1	17	8	5	4	26:19	+7	21:13	29
2007/08	1	17	10	5	2	27:13	+14	25:9	35
2006/07	7	17	7	2	8	26:26	±0	16:18	23
2005/06	3	17	8	7	2	25:18	+7	23:11	31

2004/05	1	17	10	3	4	31:19	+12	23:11	33
2003/04	4	17	7	5	5	27:20	+7	19:15	26
2002/03	1	17	10	3	4	33:13	+20	23:11	33
2001/02	2	17	8	3	6	23:15	+8	19:15	27
2000/01	2	17	7	5	5	25:17	+8	19:15	26
1999/00	1	17	10	4	3	23:11	+12	24:10	34
1998/99	1	17	10	3	4	28:13	+15	23:11	33
1997/98	1	17	8	5	4	33:23	+10	21:13	29
1996/97	1	17	7	7	3	31:22	+9	21:13	28
1995/96	2	17	8	2	7	31:26	+5	18:16	26*
1994/95	6	17	6	6	5	23:22	+1	18:16	24
1993/94	4	17	4	7	6	24:27	–3	15:19	19
1992/93	1	17	6	7	4	31:29	+2	19:15	25
1991/92	9	19	4	7	8	24:29	–5	15:23	19
1990/91	1	17	9	4	4	28:22	+6	22:12	31
1989/90	2	17	5	9	3	23:20	+3	19:15	24
1988/89	2	17	5	9	3	23:18	+5	19:15	24
1987/88	3	17	7	3	7	28:28	±0	17:17	24
1986/87	1	17	6	11	0	26:17	+9	23:11	29
1985/86	1	17	7	6	4	24:17	+7	20:14	27
1984/85	1	17	8	5	4	29:20	+9	21:13	29
1983/84	4	17	6	4	7	25:27	–2	16:18	22
1982/83	4	17	6	7	4	31:24	+7	19:15	25
1981/82	7	17	7	0	10	25:36	–11	14:20	21
1980/81	1	17	9	5	3	32:23	+9	23:11	32
1979/80	1	17	8	4	5	30:21	+9	20:14	28
1978/79	4	17	5	4	8	25:29	–4	14:20	19
1977/78	12	17	0	7	10	19:42	–23	7:27	7
1976/77	7	17	4	5	8	25:40	–15	13:21	17
1975/76	6	17	2	8	7	20:33	–13	12:22	14
1974/75	10	17	4	3	10	22:39	–17	11:23	15
1973/74	2	17	6	6	5	40:36	+4	18:16	24
1972/73	1	17	9	3	5	31:15	+16	21:13	30
1971/72	1	17	10	4	3	32:18	+14	24:10	34
1970/71	2	17	6	6	5	28:21	+7	18:16	24
1969/70	2	17	8	4	5	34:22	+12	20:14	28
1968/69	1	17	6	6	5	21:21	±0	18:16	24
1967/68	8	17	4	5	8	31:40	–9	13:21	17
1966/67	9	17	5	2	10	25:33	–8	12:22	17
1965/66	2	17	8	5	4	29:23	+6	21:13	29
Gesamt:		**852**	**361**	**243**	**248**	**1413:1134**	**+279**	**965:739**	**1326**

* seit der Saison 1995/96 gilt die 3-Punkte-Regel

Quelle: www.fcb-fanstatistik.de

Auszeichnungen für Franz Beckenbauer

- ▷ Ehrennadel der FIFA (14-mal)
- ▷ Einstufung als Weltklasse in der *Kicker*-„Rangliste des deutschen Fußballs“ (27-mal zwischen 1966 und 1977; Platz 2: Uwe Seeler, 14-mal)

1966 Deutschlands Fußballer des Jahres
Silbernes Lorbeerblatt
Wahl ins All-Star-Team der WM
Bester Junger Spieler bei der WM (nachträglich per Internetabstimmung von der FIFA ermittelt)

1967 Silbernes Lorbeerblatt

1968 Deutschlands Fußballer des Jahres

1970 Wahl ins All-Star-Team der WM

1972 Europas Fußballer des Jahres
Torschütze des Monats Februar
Wahl ins All-Star-Team der EM

1974 Deutschlands Fußballer des Jahres
Torschütze des Monats März
Wahl ins All-Star-Team der WM
Bronzener Bravo Otto

1975 Bronzener Bravo Otto

1976 Deutschlands Fußballer des Jahres
Europas Fußballer des Jahres
Wahl ins All-Star-Team der EM
Verdienstkreuz am Bande des Verdienstordens der Bundesrepublik Deutschland
Silberner Bravo Otto

1977 Most Valuable Player der NASL
CONCACAF-Spieler des Jahres

1982 Ehrenspielführer der deutschen Fußballnationalmannschaft
Bayerischer Verdienstorden
Goldener Ehrenring der Stadt München

1984 FIFA-Verdienstorden

1986 Verdienstkreuz 1. Klasse des Verdienstordens der Bundesrepublik Deutschland
Bambi

1990 Mann des Jahres im deutschen Fußball *(Kicker)*
Bambi
1995 Goldene Ehrenmünze der Landeshauptstadt München
Bambi
1999 Platz 3 bei der Wahl zum Weltfußballer des 20. Jahrhunderts
2000 Deutschlands Fußballer des Jahrhunderts
Bambi
2004 Jahrhundert-Verdienstorden des Fußball-Weltverbandes FIFA
Ehrendoktor der Nationalen Sportakademie Sofia
2005 Big-Brother-Award, stellvertretend für das WM-Organisationskomitee des DFB für die umfangreiche Erfassung persönlicher Daten bei der Bewerbung um Eintrittskarten für die Fußball-Weltmeisterschaft 2006 (Negativpreis)
Bayerischer Sportpreis – Persönlicher Preis des Bayerischen Ministerpräsidenten
Zukunftspreis der Christlich-Demokratischen-Arbeitnehmerschaft
Bambi in der Kategorie Millennium-Bambi
2006 Großer Verdienstorden am Bande (höchste Auszeichnung) des südamerikanischen Fußballverbandes Conmebol
Auszeichnung mit der „Goldenen Sportpyramide" der Deutschen Sporthilfe für sein Lebenswerk
Großes Verdienstkreuz des Verdienstordens der Bundesrepublik Deutschland
Walther-Bensemann-Sonderpreis bei der Verleihung des Deutschen Fußball-Kulturpreises
Mann des Jahres im deutschen Fußball *(Kicker)*
2007 Auszeichnung „Genie des Weltfußballs" durch die IFFHS
Laureus-World-Sports-Awards-Preis für das Lebenswerk
Namensgeber des Franz-Beckenbauer-Cups des FC Bayern München
2008 Aufnahme in die Hall of Fame des deutschen Sports
Niedersächsischer Verdienstorden 1. Klasse
2009 Verdienstorden des Landes Nordrhein-Westfalen
Ehrenpräsident des FC Bayern München
2011 Bayerische Staatsmedaille für soziale Verdienste
2012 FIFA Presidential Award

	UEFA Presidents Award
	Spanischer Sportpreis „Marca Leyenda“ für sein Lebenswerk
	Bayerische Verfassungsmedaille in Gold
2013	Ehrenmitglied des Deutschen Fußball-Bundes
	Ehrenmitglied des Deutschen Ringer-Bundes e.V. und des Österreichischen Ringsportverbandes
	1. Kitz Galleria Gams
2014	Joachim-Deckarm-Preis für seinen Einsatz zugunsten des Deckarm-Fonds
	Ehrenpreis der Hamburger Sportgala

Auszeichnungen des FC Bayern

- ▷ Silbernes Lorbeerblatt 1967
- ▷ Deutschlands Mannschaft des Jahres 1967, 2001, 2013
- ▷ Europas Mannschaft des Jahres 1974, 2001
- ▷ Gewinner der nationalen Fair-Play-Wertung 2007, 2013
- ▷ IFFHS Welt-Club-Team des Jahres 2013
- ▷ IFFHS Welt-Club-Team des Monats 2/2000, 10/2001, 8/2002, 2/2008, 4/2008, 4/2010, 9/2011, 9/2012, 2/2013
- ▷ Europäischer Club des Jahres der European Club Association (ECA) 2013
- ▷ Laureus World Sports Award 2014
- ▷ FIFA Fair Play Award 2013
- ▷ World Soccer Mannschaft des Jahres 2013

Bayern-Dusel

Abgeleitet von Dusel („unverdientes Glück“), hat als geflügeltes Wort inzwischen auch einen Wikipedia-Eintrag. Der Begriff besagt, dass der FC Bayern in knappen Spielen häufig besonderes Glück habe. Aufgekommen ist er wohl gegen Ende der 1970er Jahre, als es um das fußballerische Image der Bayern nicht besonders gut bestellt war. Während man die „Fohlen“ aus Mönchengladbach als Vertreter eines attraktiven Spaßfußballs feierte, wurden die Bayern häufig angefeindet als Vertreter eines kühlen Erfolgsfußballs. Und wenn sie dann mal nur ganz knapp gewannen, wurden sie eben als

„Dusel-Bayern“ beschimpft. Natürlich meist zu Unrecht. Manchmal aber auch durchaus zu Recht. Nur ein Dusel-Beispiel: Das Pokalfinale 1998 gegen den MSV Duisburg, in dem die Bayern lange Zeit äußerst schwach kickten, entschied Mario Basler in der 89. Minute mit einem verunglückten Freistoß zum 2:1-Endstand. Weil die Bayern auch in anderen Spielen immer wieder mal Dusel hatten, ließ sich dieses Anti-Bayern-Schimpfwort nicht ausrotten. Und so wird es bis heute von gegnerischen Fans und in der Fußball-Berichterstattung immer wieder aufgegriffen, wenn sich die Gelegenheit dazu bietet.

Solange sie Erfolg hatten, konnten die Bayern cool bleiben. So wie etwa Bastian Schweinsteiger, der nach einem knappen Sieg über den Hamburger SV im Februar 2004 selbstironisch erklärte: „Der Bayern-Dusel ist wieder da!“ Ganz und gar nicht cool blieb allerdings Uli Hoeneß im Oktober 2008. Seine Nerven waren angespannt, denn der FCB war schlecht in die Saison gestartet und belegte nach dem achten Spieltag trotz eines glücklichen 1:0 in Karlsruhe nur den elften Platz. Als ihn ausgerechnet ein Mitarbeiter des FC-Bayern-TV fragte, ob man soeben die „Dusel-Bayern“ erlebt habe, hatte Hoeneß keinerlei Sinn für Spaß und blaffte erzürnt: „Sie müssen sich in der nächsten Woche einen neuen Job suchen.“

Bekenntnisse und Selbsterkenntnisse von Oliver Kahn (Auswahl)

- ▷ Interviews von mir nach dem Spiel haben nur bedingte Zurechnungsfähigkeit.
- ▷ Wenn der Kahn einen Furz lässt, wird der halt auch ewig aufgeblasen.
- ▷ Es ist schon verrückt, was der Fußball aus mir macht.
- ▷ Der Trainer hat gesagt, wir sollen uns am Gegner festbeißen. Das habe ich versucht zu beherzigen.
- ▷ Wir haben heute in Adrenalin gebadet.
- ▷ Es war keiner zum Jubeln da, da musste die Eckfahne herhalten.
- ▷ Ich bin in meinem Privatleben exakt genauso wild, wie ich auf dem Platz bin.

- ▷ Eier, wir brauchen Eier!
- ▷ Da muss man schon gucken, ob noch alles dran ist.
- ▷ Die Holländer sind vorne vom Feinsten bestückt.
- ▷ Heute hätte ich meine Sporttasche ins Tor stellen können, dann hätten wir zwei Stück weniger gekriegt.
- ▷ Krisen gibt es im Krankenhaus auf der Intensivstation oder im Nahen Osten, aber nicht im Fußball.
- ▷ Ich rotiere höchstens, wenn ich Opfer des Rotationsprinzips werde.
- ▷ Ich will nicht geliebt werden.
- ▷ Weiter, immer weiter!
- ▷ Die Fans müssen wissen, dass ich kein Clown bin.
- ▷ Ich habe inzwischen schon registriert, dass mein Leben jahrelang nur wenig mit Spaß und Genuss zu tun hatte.
- ▷ Früher war es einfacher. Man hatte Ziele und konnte sie erreichen.

Beliebtheit, angeblich gemessene

In verschiedenen Umfragen wurde versucht, die mutmaßliche Gesamtzahl der Bayern-Anhänger zu ermitteln. Natürlich lagen die Bayern im Vergleich zu anderen Bundesligisten in allen Untersuchungen klar vorne. Wirklich verlässliche Zahlen gibt es aber nicht. Ziemlich realistisch ist wohl die Annahme, dass es bundesweit zwischen 10 und 20 Millionen Bayern-Anhänger gibt.

Zu den seriöseren Studien zählen die des Beratungsunternehmens Sport+Markt (repucom). In den Jahren 2008 bis 2010 legte das Unternehmen drei Zahlenwerke vor, um die Top 20 der beliebtesten Fußballvereine Europas zu ermitteln. Befragt wurden dazu jeweils rund 10.000 Fußballfans zwischen 15 und 69 Jahren in 16 europäischen Ländern. Bayern München war dabei der einzige deutsche Verein unter den Top 20.

Die Beliebtheits-Rankings (nach Mio. Anhängern) sahen dabei so aus:

2008 1. FC Barcelona 50,3
2. Real Madrid 45,9
3. Manchester United 32,8
4. Arsenal London 22,9

5. AC Mailand 22,2
6. FC Bayern München 19,9

2009 1. FC Barcelona 44,2
2. Real Madrid 41,0
...
9. FC Bayern München 19,8

2010 1. FC Barcelona 57,8
2. Real Madrid 31,3
3. Manchester United 30,6
4. FC Chelsea 21,4
5. FC Bayern München 20,7

Mit rund 10 Mio. Anhängern, so die Studie von 2010, seien die Bayern innerhalb Deutschlands der beliebteste Verein. Wie kritisch solche Untersuchungen betrachtet werden müssen, zeigt allerdings eine repräsentative Umfrage des Meinungsforschungsinstituts YouGov im Auftrag von ZEIT ONLINE vor dem CL-Finale 2013. Danach hielten 51 Prozent der Deutschen vor dem Endspiel mit Dortmund, nur 26 Prozent wünschten sich einen Sieg des FC Bayern. Und was sagt es aus, dass Bayern-Star Thiago (laut *Focus*) Mitte Juli 2013 rund dreimal so viele Follower auf Twitter hatte wie der FC Bayern, nämlich 1,5 Mio.? War der Spieler zu diesem Zeitpunkt etwa dreimal so beliebt wie der Verein?

Aber es gibt ja auch noch andere Zahlen. Die Facebook-Seite des FCB knackte Ende August 2014 in Sachen „Likes“ die 20-Millionen-Marke. Und siehe da: Der zweitbeliebteste deutsche Fußballklub, Borussia Dortmund, hatte zu diesem Zeitpunkt nur halb so viele „Likes“.

Fest steht: Die Zahl der Bayern-Fans und Bayern-Fanklubs wächst kontinuierlich, auch außerhalb Deutschlands und nicht nur auf Facebook (Mitte Juni 2015 waren es bereits über 30 Millionen „Likes“). Weil Vereine wie Real Madrid und der FC Barcelona im weltweiten Fanpotential jedoch noch deutlich vorne liegen, ist der FCB seit einigen Jahren bemüht, sein internationales Image gezielt aufzupolieren – etwa durch Marketing-Offensiven in Japan und China oder durch die Eröffnung eines FCB-Büros in New York.

Benefizspiele

Immer wieder bestreiten die Bayern Benefizspiele bei notleidenden Vereinen, damit diese mit den Einnahmen ihre maroden Finanzen ein wenig sanieren können. Andere Benefizspiele werden unmittelbar für gute Zwecke angesetzt.

Unter anderem half man den kränkelnden Vereinen Hertha BSC (1995), FC St. Pauli (2003), Energie Cottbus (2006), SV Darmstadt 98 (2008), Carl Zeiss Jena (2011), FC Hansa Rostock, Alemannia Aachen (2013), MSV Duisburg (2014) und Dynamo Dresden (2015). Zweckgebundene Benefizspiele gab es beim VfB Oldenburg für dessen ehemaligen und inzwischen verstorbenen Spieler Jerzy Hawrylewicz, der nach einem im April 1992 erlittenen Herzinfarkt im Wachkoma lag. 2001 trat der FCB für den Sportinvaliden Karsten Bäron beim HSV an, und 2003 spielten die Bayern für die „Krzysztof-Nowak-Stiftung" (der an der unheilbaren Nervenkrankheit ALS erkrankte ehemalige Profi Krysztof Nowak starb am 26. Mai 2005 im Alter von 29 Jahren) gegen den VfL Wolfsburg. Am häufigsten setzten sich die Bayern für die Opfer von Flutkatastrophen ein. Allein nach dem Oder-Hochwasser 2002 gab es gleich sieben Spiele. Im Dezember 2013 nahmen die Bayern-Stars an einem Indoor-Charity-Event teil, nämlich beim Fundraising-Kicken zugunsten des Kinder- und Jugendhilfe-Projekts „Artists for Kids" anlässlich der Eröffnung des Hublot-Stores in der Münchner Innenstadt.

Auch jenseits von Benefizspielen ist der FC Bayern auf dem Wohltätigkeitssektor der wohl engagierteste Profiklub in Deutschland. Vieles hat Uli Hoeneß bereits in den 1990er Jahren angestoßen. Es gibt kaum etwas, was man nicht unterstützt hat: Spenden für die Ruanda-Hilfe der Unicef, Spenden für die Burundi-Koordinationsgruppe von Amnesty International, Spenden für krebskranke Kinder, Spenden für ein Lüneburger Sozialcafé, Spenden für kranke Kinder in der Ukraine, Geld- und Sachspenden für Notleidende hier und Flüchtlinge dort. Seit 2005 hat der FC Bayern seine zahlreichen sozialen Aktivitäten mit der Gründung des FC Bayern Hilfe e.V. gebündelt. Anlass dafür war der schreckliche Tsunami im Indischen Ozean an Weihnachten 2004. Über die Aktivitäten wird im Internet berichtet:

⇨ https://www.fcbayern.de/de/club/fcb-hilfe-ev/

Nicht unerwähnt bleiben sollen noch zwei Sonderfälle, die nicht unbedingt unter dem Stichwort Wohltätigkeit einzuordnen sind: Die Stundung der Schulden aus der Stadionmiete des TSV 1860 München im Jahr 2011 sowie der Streit mit Lothar Matthäus um die Einnahmen aus seinem Abschiedsspiel im Jahr 2000. Matthäus hatte fast vier Mio. DM erhalten, wollte aber noch eine Mio. zusätzlich einklagen, woraufhin sich Uli Hoeneß zu der Aussage hinreißen ließ, dass Matthäus „nicht mal als Greenkeeper im neuen Stadion" tauge.

Bestia Negra

„La bestia negra" wird der FC Bayern in Madrid genannt – die schwarze Bestie. Der Begriff klingt martialisch, entspricht aber lediglich dem in Deutschland üblichen Ausdruck „Angstgegner". Am schwärzesten und bestialischsten waren die Bayern für die Königlichen in den Jahren 2000 und 2001, als sie in der Champions League von sechs Spielen gegen Madrid fünf gewannen. „Bayern ist größer als Real!", titelte damals die italienische Zeitung *Corriere della Sera*. Seit 2013/14 hat der Ruf des FCB allerdings etwas gelitten, vor allem bei der 0:4-Heimniederlage erwies sich Real ganz und gar nicht mehr als Lieblingsgegner. Die Bilanz bis heute: 22 Spiele, 12 Siege (davon 9 Heimsiege), 2 Unentschieden, 8 Niederlagen (davon nur die letzte zu Hause).

1975/76	HF	Real Madrid – Bayern München	1:1 (1:1)
1975/76	HF	Bayern München – Real Madrid	2:0 (2:0)
1986/87	HF	Bayern München – Real Madrid	4:1 (3:1)
1986/87	HF	Real Madrid – Bayern München	1:0 (1:0)
1987/88	VF	Bayern München – Real Madrid	3:2 (2:0)
1987/88	VF	Real Madrid – Bayern München	2:0 (2:0)
1999/2000	ZR	Real Madrid – Bayern München	2:4 (1:3)
1999/2000	ZR	Bayern München – Real Madrid	4:1 (2:0)
1999/2000	HF	Real Madrid – Bayern München	2:0 (2:0)
1999/2000	HF	Bayern München – Real Madrid	2:1 (1:1)
2000/01	HF	Real Madrid – Bayern München	0:1 (0:0)
2000/01	HF	Bayern München – Real Madrid	2:1 (2:1)
2001/02	VF	Bayern München – Real Madrid	2:1 (0:1)
2001/02	VF	Real Madrid – Bayern München	2:0 (0:0)

2003/04	AF	Bayern München – Real Madrid	1:1 (0:0)
2003/04	AF	Real Madrid – Bayern München	1:0 (1:0)
2006/07	AF	Real Madrid – Bayern München	3:2 (3:1)
2006/07	AF	Bayern München – Real Madrid	2:1 (1:0)
2011/12	HF	Bayern München – Real Madrid	2:1 (1:0)
2011/12	HF	Real Madrid – Bayern München	1:3 i.E. (2:1 n.V.)
2013/14	HF	Real Madrid – Bayern München	1:0 (1:0)
2013/14	HF	Bayern München – Real Madrid	0:4 (0:3)

Blumen

Tulpen-General

Gladiolen (Schwertblumen, von lat. gladius = Schwert) werden den erfolgreichen Teilnehmern einer viertägigen Volkswanderung, die jährlich in der dritten Juliwoche im niederländischen Nijmegen stattfindet, überreicht. Mehrmals gab es bei den anstrengenden Tagesetappen von bis zu 50 Kilometern Todesopfer. Daher das niederländische Sprichwort: „Wir bekommen Gladiolen, oder wir sind tot." Als der FC Bayern ab Ende März 2010 in kürzester Zeit mehrere entscheidende Spiele zu absolvieren hatte, machte der niederländische Trainer Louis van Gaal den Spruch in Deutschland populär. Sein Spitzname allerdings lautete „Tulpen-General", weil eben vor allem Tulpen berühmt sind als Symbol für die holländische Pflanzenkultur.

Eine Rose für Beckenbauer

Im Frühjahr 2004 erhielt der damalige Bayern-Präsident Franz Beckenbauer als Gast bei „Wetten, dass" ein besonderes Geschenk von Anastacia: Die Sängerin zupfte aus ihrem Blumenstrauß eine Rose und schenkte sie dem „Kaiser".

Wirkungsloser Blumenstrauß

Am 5. März 2012 kommentierte die *SZ* die enttäuschende Bayern-Saison mit den Worten: „Ein Besuch bei Hoeneß am Tegernsee mit Blumen und Pralinen, so hieß es einmal, war durchaus hilfreich, einen neuen Vertrag beim FC Bayern zu bekommen. Wer Uli Hoeneß am Samstag beim Schreiten zum Bus beobachtete, der ahnt:

Sollten die Münchner auch in dieser Saison ohne Titel bleiben, dann könnte es sein, dass ihn nicht einmal der größte Blumenstrauß und die besten Pralinen der Welt versöhnen können."

Rummenigges Blumensträuße

Karl-Heinz Rummenigge überreicht gerne Blumensträuße, nicht nur an Spieler zu deren Abschied. Am 11. September 2010 wurde Franz Beckenbauer vor dem Bundesliga-Heimspiel gegen Werder Bremen vom Vereinschef ein Blumenstrauß überreicht. Anlass war der 65. Geburtstag des „Kaisers". Beim Uli-Hoeneß-Cup der Saison 2013/14 nahm auch Uli Hoeneß zum Dank für seine Wohltätigkeit aus den Händen des Vorstandsvorsitzenden einen Blumenstrauß entgegen. Vor dem Pokalhalbfinale 2014/15 gegen den BVB hatte der Bayern-Boss allerdings Pech, als er dem scheidenden Dortmunder Trainer Jürgen Klopp einen Blumenstrauß überreichen wollte. Denn Klopp lehnte das Ansinnen ab. Nach einem Telefonat mit BVB-Boss Hans-Joachim Watzke erklärte Rummenigge: „Er hat mir das mitgeteilt, er (Anm.: Jürgen Klopp) möchte die Kampfstimmung nicht durch Blumen unterbrochen haben, das respektiere ich. Dementsprechend bekommt er die Blumen erst nach dem Spiel."

Brüder

Im Jahr 2015 kickten die Brüderpaare Mario und Fabian Götze sowie Franck und Steeven Ribéry im Trikot des FCB, allerdings nicht zusammen in der 1. Mannschaft. Andere haben das schon geschafft. Als Peter Grosser 1963 zu 1860 München wechselte, rückten seine Brüder Rudolf und Robert in den Kader der 1. Mannschaft auf. Uli Hoeneß verpflichtete als Manager seinen Bruder Dieter. Karl-Heinz und Michael Rummenigge standen oft gemeinsam auf dem Platz, ebenso Nico und Robert Kovac. Weniger bekannt sind die Brüder Weiß. Günther Weiß kam an den beiden letzten Spieltagen seiner Premierensaison 1974/75 zu zwei Einsätzen im Bayern-Trikot. Das 5:6 am 34. Spieltag gegen Fortuna Düsseldorf war zugleich sein letztes Bundesligaspiel für den FCB. Als er in der 81. Minute für Franz Roth eingewechselt wurde, stand sein Bruder Sepp bereits auf dem Platz. Sepp Weiß brachte es bis 1977 auf 37 BL-Spiele (0 Tore) für den FC Bayern und war auch an internationalen Erfolgen beteiligt (Europapokal der Landesmeister 1975, 1976, Weltpokal 1976). In der 1A-Jugend beim FCB spielte der Sepp mit Georg Weiß zusammen, der zwar 14 Mal im Bundesliga-Kader des FCB stand, aber nie zum Einsatz kam. Er ist allerdings weder ein Bruder noch in anderer Weise mit Sepp und Günther Weiß verwandt.

Bundesliga-Abschluss-Platzierungen

Saison	Platz	Spiele	G	U	V	Tore	Differenz	Pkt. 2	Pkt. 3
2014/15	1	34	25	4	5	80:18	+62	54:14	79
2013/14	1	34	29	3	2	94:23	+71	61:7	90
2012/13	1	34	29	4	1	98:18	+80	62:6	91
2011/12	2	34	23	4	7	77:22	+55	50:18	73
2010/11	3	34	19	8	7	81:40	+41	46:22	65
2009/10	1	34	20	10	4	72:31	+41	50:18	70
2008/09	2	34	20	7	7	71:42	+29	47:21	67
2007/08	1	34	22	10	2	68.21	+47	54:14	76
2006/07	4	34	18	6	10	55:40	+15	42:26	60
2005/06	1	34	22	9	3	67:32	+35	53:15	75
2004/05	1	34	24	5	5	75:33	+42	53:15	77
2003/04	2	34	20	8	6	70:39	+31	48:20	68
2002/03	1	34	23	6	5	70:25	+45	52:16	75
2001/02	3	34	20	8	6	65:25	+40	48:20	68
2000/01	1	34	19	6	9	62:37	+25	44:24	63
1999/00	1	34	22	7	5	73:28	+45	51:17	73
1998/99	1	34	24	6	4	76:28	+48	54:14	78
1997/98	2	34	19	9	6	69:37	+32	47:21	66
1996/97	1	34	20	11	3	68:34	+34	51:17	71
1995/96	2	34	19	5	10	66:46	+20	43:25	62*
1994/95	6	34	15	13	6	55:41	+14	43:25	58
1993/94	1	34	17	10	7	68:37	+31	44:24	61
1992/93	2	34	18	11	5	74:45	+29	47:21	65
1991/92	10	38	13	10	15	59:61	–2	36:40	49
1990/91	2	34	18	9	7	74:41	+33	45:23	63
1989/90	1	34	19	11	4	64:28	+36	49:19	68
1988/89	1	34	19	12	3	67:26	+41	50:18	69
1987/88	2	34	22	4	8	83:45	+38	48:20	70
1986/87	1	34	20	13	1	67:31	+36	53:15	73
1985/86	1	34	21	7	6	82:31	+51	49:19	70
1984/85	1	34	21	8	5	79:38	+41	50:18	71
1983/84	4	34	20	7	7	84:41	+43	47:21	67
1982/83	4	34	17	10	7	74:33	+41	44:24	61
1981/82	3	34	20	3	11	77:56	+21	43:25	63

1980/81	1	34	22	9	3	89:41	+48	53:15	75
1979/80	1	34	22	6	6	84:33	+51	50:18	72
1978/79	4	34	16	8	10	69:46	+23	40:28	56
1977/78	12	34	11	10	13	62:64	–2	32:36	43
1976/77	7	34	14	9	11	74:65	+9	37:31	51
1975/76	3	34	15	10	9	72:50	+22	40:28	55
1974/75	10	34	14	6	14	57:63	–6	34:34	48
1973/74	1	34	20	9	5	95:53	+42	49:19	69
1972/73	1	34	25	4	5	93:29	+64	54:14	79
1971/72	1	34	24	7	3	101:38	+63	55:13	79
1970/71	2	34	19	10	5	74:36	+38	48:20	67
1969/70	2	34	21	5	8	88:37	+51	47:21	68
1968/69	1	34	18	10	6	61:31	+30	46:22	64
1967/68	5	34	16	6	12	68:58	+10	38:30	54
1966/67	6	34	16	5	13	62:47	+15	37:31	53
1965/66	3	34	20	7	7	71:38	+33	47:21	67
Gesamt:		**1704**	**990**	**385**	**329**	**3684:1902**	**+1782**	**2365:1043**	**3355**

* seit der Saison 1995/96 gilt die 3-Punkte-Regel

Quelle: www.fcb-fanstatistik.de

Bundesliga - die ewige Tabelle

(Stand: 23.5.2015 bei 1.704 Spielen)

Ewige Bundesligatabelle (gesamt)

Platzierung	Verein	Spielzeiten	Spiele	Siege	Unentschieden	Niederlagen	Torverhältnis	Tordifferenz	Punkte
1	Bayern München	50	1704	990	385	329	3684:1902	1782	3355
2	Werder Bremen	51	1730	738	432	560	2926:2491	435	2646
3	Hamburger SV	52	1764	717	472	575	2835:2502	333	2623
4	VfB Stuttgart	50	1696	709	415	572	2851:2447	404	2542
5	Borussia Dortmund	48	1628	704	421	503	2833:2321	512	2533
6	Bor. Mönchengladbach	47	1601	643	429	529	2731:2325	406	2358
7	FC Schalke 04	47	1594	629	399	566	2358:2282	76	2286
8	1. FC Köln	44	1492	602	374	516	2493:2210	283	2180
9	Eintracht Frankfurt	46	1560	572	396	592	2472:2432	40	2110
10	1. FC Kaiserslautern	44	1492	575	372	545	2348:2344	4	2094
11	Bayer 04 Leverkusen	36	1228	521	345	362	2055:1637	418	1908

12	Hertha BSC	32	1080	392	272	416	1542:1659	–117	1448
13	VfL Bochum	34	1160	356	306	498	1602:1887	–285	1374
14	1. FC Nürnberg	32	1084	341	276	467	1402:1726	–324	1299
15	MSV Duisburg	28	948	296	259	393	1291:1520	–229	1147
16	Hannover 96	27	914	286	231	397	1279:1547	–268	1089
17	Karlsruher SC	24	812	241	230	341	1093:1408	–315	953
18	Fortuna Düsseldorf	23	786	245	215	326	1160:1386	–226	950
19	Eintracht Braunschweig	21	706	242	177	287	937:1086	–149	903
20	1860 München	20	672	238	170	264	1022:1059	-37	884
21	VfL Wolfsburg	18	612	239	153	220	948:902	46	870
22	SC Freiburg	16	544	166	137	241	682:864	–182	635
23	Arminia Bielefeld	16	544	153	139	252	645:883	–238	598
24	KFC Uerdingen 05	14	476	138	129	209	644:844	–200	543
25	Hansa Rostock	12	412	124	107	181	492:621	–129	479
26	1. FSV Mainz 05	9	306	103	85	118	404:436	–32	394
27	TSG Hoffenheim	7	238	78	66	94	361:380	–19	300
28	Waldhof Mannheim	7	238	71	72	95	299:378	–79	285
29	Kickers Offenbach	7	238	77	51	110	368:486	–118	282
30	Rot-Weiss Essen	7	238	61	79	98	346:483	–137	262
31	FC St. Pauli	8	272	58	80	134	296:485	–189	254
32	Energie Cottbus	6	204	56	43	105	211:338	–127	211
33	FC Augsburg	4	135	45	34	56	156:189	–33	169
34	Alemannia Aachen	4	136	43	28	65	186:270	–84	157
35	SG Wattenscheid 09	4	140	34	48	58	186:248	–62	150
36	1. FC Saarbrücken	5	166	32	48	86	202:336	–134	144
37	Dynamo Dresden	4	140	33	45	62	132:211	–79	140
38	Rot-Weiß Oberhausen	4	136	36	31	69	182:281	–99	139
39	Wuppertaler SV	3	102	25	27	50	136:200	–64	102
40	Borussia Neunkirchen	3	98	25	18	55	109:223	–114	93
41	FC 08 Homburg	3	102	21	27	54	103:200	–97	90
42	SpVgg Unterhaching	2	68	20	19	29	75:101	-26	79
43	Stuttgarter Kickers	2	72	20	17	35	94:132	–38	77
44	SV Darmstadt 98	2	68	12	18	38	86:157	–71	54
45	Tennis Borussia Berlin	2	68	11	16	41	85:174	–89	49
46	SSV Ulm 1846	1	34	9	8	17	36:62	–26	35
47	Fortuna Köln	1	34	8	9	17	46:79	–33	33

48	SC Paderborn 07	1	34	7	10	17	31:65	–34	31
49	Preußen Münster	1	30	7	9	14	34:52	–18	30
50	SpVgg Greuther Fürth	1	34	4	9	21	26:60	–34	21
51	Blau-Weiß 90 Berlin	1	34	3	12	19	36:76	–40	21
52	VfB Leipzig	1	34	3	11	20	32:69	–37	20
53	Tasmania 1900 Berlin	1	34	2	4	28	15:108	–93	10

Seit der Saison 1995/96 gilt die 3-Punkte-Regel

1993/94 wurden Dynamo Dresden 4 Punkte, 1999/00 Eintracht Frankfurt 2 Punkte, 2003/04 dem 1. FC Kaiserslautern 3 Punkte abgezogen.
Aufgrund des Lizenzentzugs von Arminia Bielefeld wurden alle 34 Spiele der Saison 1971/72 (6 Siege, 7 Unentschieden, 21 Niederlagen, 41:75 Tore, 25 Punkte) des Klubs nur aus Sicht des jeweiligen Gegners gewertet.

Ewige Tabelle (heim - Top-Ten)

#	Mannschaft	Jahre	Spiele	G	U	V	Tore	Differenz	Pk. 3
1	Bayern München	50	852	629	142	81	2271:768	1503	2029
2	Werder Bremen	51	865	501	207	157	1780:990	790	1710
3	Hamburger SV	52	882	485	216	181	1691:959	732	1671
4	VfB Stuttgart	50	848	489	179	180	1730:936	794	1646
5	Bor. Dortmund	48	814	468	200	146	1702:882	820	1604
6	Bor. M'Gladbach	47	801	426	220	155	1671:934	737	1498
7	FC Schalke 04	47	797	424	210	163	1445:853	592	1482
8	1. FC Kaiserslautern	44	746	422	188	136	1441:816	625	1454
9	Eintr. Frankfurt	46	780	413	191	176	1558:969	589	1430
10	1. FC Köln	44	746	405	168	173	1517:925	592	1383

Ewige Tabelle (auswärts - Top-Ten)

#	Mannschaft	Jahre	Spiele	G	U	V	Tore	Dif.	Pk. 3
1	Bayern München	50	852	361	243	248	1413:1134	279	1326
2	Hamburger SV	52	882	232	256	394	1144:1543	–399	952
3	Werder Bremen	51	865	237	225	403	1146:1501	–355	936
4	Borussia Dortmund	48	814	236	221	357	1131:1439	–308	929
5	VfB Stuttgart	50	848	220	236	392	1121:1511	–390	896
6	Bor. Mönchen-gladbach	47	801	217	209	375	1061:1394	–333	860
7	FC Schalke 04	47	797	205	189	403	913:1429	–516	804
8	1. FC Köln	44	746	197	206	343	976:1285	–309	797
9	Bayer Leverkusen	36	614	186	180	248	862:976	–114	738
10	Eintracht Frankfurt	46	780	159	205	416	914:1463	–549	682

Quelle: www.fcb-fanstatistik.de

Champions League und Europapokal der Landesmeister

Endergebnisse (weitestes Vordringen)

Angegeben sind nur die Jahre, in denen sich der FC Bayern qualifizieren konnte

... im Europapokal der Landesmeister seit 1969/70:

1. Runde 1x: 1969/70
Viertelfinale 4x: 1972/73, 1976/77, 1985/86, 1987/88
Halbfinale 3x: 1980/81, 1989/90, 1990/91
Finale 2x: 1981/82, 1986/87
Sieger 3x: 1973/74, 1974/75, 1975/76

... in der Champions League seit 1992/93:

Vorrunde 1x: 2002/03
Achtelfinale 2x: 2003/04, 2005/06
Viertelfinale 5x: 1997/98, 2001/02, 2004/05, 2006/07, 2008/09
Halbfinale 4x: 1994/95, 1999/2000, 2013/14, 2014/15
Finale 3x: 1998/99, 2009/10, 2011/12
Sieger 2x: 2000/01, 2012/13

Ewige Tabelle (Top 50)

(Die besten Mannschaften, die seit 1955/56 an der UEFA Champions League (ab 1992) bzw. am Europapokal der Landesmeister teilnahmen. Berechnung nach der 3-Punkte-Regel ohne Vorrunden- und Qualifikationsspiele. Quelle: wikipedia)

Rang	Verein	Jahre	Spiele	S	U	N	Tore	Differenz	Punkte	Ø-Punkte	Titel	Finals	1. Teilnahme	letzte Teilnahme
1.	Real Madrid	44	372	218	65	89	807:410	+397	719	1,93	10	13	1955/56	2014/15
2.	FC Bayern München	31	290	164	64	62	566:295	+271	556	1,92	5	10	1969/70	2014/15
3.	FC Barcelona	25	256	146	60	50	499:252	+247	498	1,95	5	8	1959/60	2014/15
4.	Manchester United	25	239	129	61	49	411:234	+177	448	1,87	3	5	1956/57	2013/14
5.	AC Mailand	28	234	114	62	58	372:217	+155	404	1,73	7	11	1955/56	2013/14
6.	Juventus Turin	27	219	108	54	57	347:209	+138	378	1,73	2	8	1961/62	2014/15
7.	FC Porto	26	197	89	48	59	383:211	+72	315	1,6	2	2	1978/79	2014/15
8.	Benfica Lissabon	30	190	85	45	60	295:204	+91	300	1,58	2	7	1960/61	2014/15

9.	FC Liverpool	21	163	86	39	38	275:144	+131	297	1,82	5	7	1964/65	2014/15
10.	Ajax Amsterdam	27	175	81	42	52	267:185	+82	285	1,63	4	6	1957/58	2014/15
11.	FC Arsenal	19	171	81	40	50	270:185	+85	283	1,65	0	1	1971/72	2014/15
12.	Inter Mailand	18	154	76	39	39	221:156	+65	267	1,73	3	5	1963/64	2011/12
13.	FC Chelsea	13	140	70	41	29	234:123	+111	249	1,78	1	2	1999/00	2014/15
14.	Dynamo Kiew	26	160	60	34	66	203:210	–7	214	1,34	0	0	1967/68	2012/13
15.	Celtic Glasgow	23	132	59	22	51	194:155	+39	199	1,51	1	2	1966/67	2013/14
16.	PSV Eindhoven	23	141	51	32	58	272:273	–1	185	1,31	1	1	1955/56	2008/09
17.	Olympique Lyon	12	106	50	25	31	177:122	+55	175	1,65	0	0	2000/01	2011/12
18.	RSC Anderlecht	25	144	47	32	65	183:235	–52	173	1,2	0	0	1955/56	2014/15
19.	Borussia Dortmund	13	103	48	22	33	163:125	+38	166	1,61	1	2	1956/57	2014/15
20.	FC Valencia	10	96	41	30	25	144:94	+50	153	1,59	0	2	1971/72	2012/13
21.	Olympiakos Piräus	26	130	42	25	63	149:206	–57	151	1,16	0	0	1966/67	2014/15
22.	Galatasaray Istanbul	21	131	37	33	61	137:215	–78	144	1,1	0	0	1962/63	2014/15
23.	FK Roter Stern Belgrad	15	79	43	13	23	166:109	+57	142	1,8	1	1	1956/57	1991/92
24.	Atlético Madrid	10	82	40	22	20	119:78	+41	142	1,73	0	2	1958/59	2014/15
25.	Glasgow Rangers	23	114	36	31	47	143:170	–27	139	1,22	0	0	1956/57	2010/11
26.	Olympique Marseille	14	98	40	18	40	149:117	+33	138	1,41	1	2	1971/72	2013/14
27.	Panathinaikos Athen	20	119	34	35	50	124:158	–34	137	1,15	0	1	1960/61	2010/11
28.	Spartak Moskau	15	98	33	20	45	135:154	–19	119	1,21	0	0	1970/71	2012/13
29.	Sparta Prag	17	100	32	23	45	124:152	–28	119	1,19	0	0	1965/66	2005/06
30.	Paris Saint-Germain	8	66	33	14	19	112:82	+30	113	1,71	0	0	1986/87	2014/15
31.	AS Rom	9	81	30	21	30	101:106	–5	111	1,37	0	1	1983/84	2014/15
32.	Bayer 04 Leverkusen	9	81	31	15	35	114:136	–22	108	1,33	0	1	1997/98	2014/15
33.	ZSKA Sofia	19	77	30	13	34	100:103	–3	103	1,34	0	0	1956/57	1992/93
34.	AS Monaco	10	70	28	15	27	102:78	+24	99	1,41	0	1	1963/64	2014/15
35.	Steaua Bukarest	16	85	25	21	39	102:124	–22	96	1,13	1	2	1957/58	2013/14
36.	Feyenoord Rotterdam	12	66	24	22	20	106:75	+31	94	1,42	1	1	1961/62	2002/03
37.	IFK Göteborg	12	63	27	10	26	99:91	+8	91	1,44	0	0	1958/59	1997/98
38.	Schachtar Donezk	10	68	25	13	30	99:105	–6	88	1,29	0	0	2000/01	2014/15

39.	FC Schalke 04	8	62	24	15	23	88:90	–2	87	1,4	0	0	1958/59	2014/15
40.	FC Basel	13	68	24	13	31	95:125	–30	85	1,25	0	0	1967/68	2014/15
41.	Deportivo La Coruña	5	58	23	15	20	74:79	–5	84	1,45	0	0	2000/01	2004/05
42.	Rosenborg Trondheim	18	90	21	21	48	109:172	–63	84	0,93	0	0	1968/69	2007/08
43.	FC Brügge	11	59	24	11	24	79:70	+9	83	1,41	0	1	1973/74	2005/06
44.	Girondins Bordeaux	7	50	21	16	13	54:54	±0	79	1,58	0	0	1984/85	2009/10
45.	Werder Bremen	9	58	21	14	23	85:98	–13	77	1,33	0	0	1965/66	2010/11
46.	Leeds United	4	38	20	6	12	73:40	+33	66	1,74	0	1	1969/70	2000/01
47.	AC Florenz	5	39	18	12	9	53:45	+8	66	1,69	0	1	1956/57	2009/10
48.	SK Rapid Wien	12	54	20	6	28	77:85	–8	66	1,22	0	0	1955/56	2005/06
49.	FK Austria Wien	16	56	18	11	26	79:93	–14	66	1,18	0	0	1961/62	2013/14
50.	PFK ZSKA Moskau	9	62	17	15	30	70:100	–30	66	1,06	0	0	1971/72	2014/15

In der ewigen Tabelle seit Einführung der Champions League 1992/93 liegt der FC Bayern hinter Barcelona, Real Madrid und Manchester United auf Rang 4.

Champions League

Gesamtbilanz ab 1992/93 (Top 50)

	Spiele	G	U	V	Tore	Gegentore	Differenz	Punkte
Heim	100	70	18	12	218	84	+134	228
Auswärts	105	43	27	35	163	134	+29	156
Gesamt	205	113	45	47	381	218	+163	384

Tore im Elfmeterschießen wurden mitberechnet.
Finalspiele wurden als Auswärtsspiele gezählt.

Alle Spiele

Runde	Datum	Ort	Team	Ergebnis
Halbfinale	12.05.2015	H	FC Barcelona (Spanien)	3:2
Halbfinale	06.05.2015	A	FC Barcelona (Spanien)	0:3
Viertelfinale	21.04.2015	H	FC Porto (Portugal)	6:1
Viertelfinale	15.04.2015	A	FC Porto (Portugal)	1:3
Achtelfinale	11.03.2015	H	Schachtar Donezk (Ukraine)	7:0
Achtelfinale	17.02.2015	A	Schachtar Donezk (Ukraine)	0:0

Gruppe E	10.12.2014	H	ZSKA Moskau (Russland)	3:0
Gruppe E	25.11.2014	A	Manchester City (England)	2:3
Gruppe E	05.11.2014	H	AS Rom (Italien)	2:0
Gruppe E	21.10.2014	A	AS Rom (Italien)	7:1
Gruppe E	30.09.2014	A	ZSKA Moskau (Russland)	1:0
Gruppe E	17.09.2014	H	Manchester City (England)	1:0
Halbfinale	29.04.2014	H	Real Madrid (Spanien)	0:4
Halbfinale	23.04.2014	A	Real Madrid (Spanien)	0:1
Viertelfinale	09.04.2014	H	Manchester United (England)	3:1
Viertelfinale	01.04.2014	A	Manchester United (England)	1:1
Achtelfinale	11.03.2014	H	FC Arsenal (England)	1:1
Achtelfinale	19.02.2014	A	FC Arsenal (England)	2:0
Gruppe D	10.12.2013	H	Manchester City (England)	2:3
Gruppe D	27.11.2013	A	ZSKA Moskau (Russland)	3:1
Gruppe D	05.11.2013	A	Viktoria Pilsen (Tschechien)	1:0
Gruppe D	23.10.2013	H	Viktoria Pilsen (Tschechien)	5:0
Gruppe D	02.10.2013	A	Manchester City (England)	3:1
Gruppe D	17.09.2013	H	ZSKA Moskau (Russland)	3:0
Finale	25.05.2013	A	Borussia Dortmund	2:1
Halbfinale	01.05.2013	A	FC Barcelona (Spanien)	3:0
Halbfinale	23.04.2013	H	FC Barcelona (Spanien)	4:0
Viertelfinale	10.04.2013	A	Juventus Turin (Italien)	2:0
Viertelfinale	02.04.2013	H	Juventus Turin (Italien)	2:0
Achtelfinale	13.03.2013	H	FC Arsenal (England)	0:2
Achtelfinale	12.02.2013	A	FC Arsenal (England)	3:1
Gruppe F	05.12.2012	H	BATE Borissow (Weißrussland)	4:1
Gruppe F	20.11.2012	A	FC Valencia (Spanien)	1:1
Gruppe F	07.11.2012	H	OSC Lille (Frankreich)	6:1
Gruppe F	23.10.2012	A	OSC Lille (Frankreich)	1:0
Gruppe F	02.10.2012	A	BATE Borissow (Weißrussland)	1:3
Gruppe F	19.09.2012	H	FC Valencia (Spanien)	2:1
Finale	19.05.2012	H	FC Chelsea (England)	4:5 n.E.
Halbfinale	25.04.2012	A	Real Madrid (Spanien)	1:3 n.E.
Halbfinale	17.04.2012	H	Real Madrid (Spanien)	2:1
Viertelfinale	03.04.2012	H	Olympique Marseille (Frankreich)	2:0
Viertelfinale	28.03.2012	A	Olympique Marseille (Frankreich)	2:0
Achtelfinale	13.03.2012	H	FC Basel (Schweiz)	7:0
Achtelfinale	22.02.2012	A	FC Basel (Schweiz)	0:1
Gruppe A	07.12.2011	A	Manchester City (England)	0:2
Gruppe A	22.11.2011	H	FC Villarreal (Spanien)	3:1
Gruppe A	02.11.2011	H	SSC Neapel (Italien)	3:2
Gruppe A	18.10.2011	A	SSC Neapel (Italien)	1:1
Gruppe A	27.09.2011	H	Manchester City (England)	2:0
Gruppe A	14.09.2011	A	FC Villarreal (Spanien)	2:0
Playoffs	23.08.2011	A	FC Zürich (Schweiz)	1:0
Playoffs	17.08.2011	H	FC Zürich (Schweiz)	2:0
Achtelfinale	15.03.2011	H	Inter Mailand (Italien)	2:3
Achtelfinale	23.02.2011	A	Inter Mailand (Italien)	1:0
Gruppe E	08.12.2010	H	FC Basel (Schweiz)	3:0

Gruppe E	23.11.2010	A	AS Rom (Italien)	2:3
Gruppe E	03.11.2010	A	CFR Cluj (Rumänien)	4:0
Gruppe E	19.10.2010	H	CFR Cluj (Rumänien)	3:2
Gruppe E	28.09.2010	A	FC Basel (Schweiz)	2:1
Gruppe E	15.09.2010	H	AS Rom (Italien)	2:0
Finale	22.05.2010	A	Inter Mailand (Italien)	0:2
Halbfinale	27.04.2010	A	Olympique Lyon (Frankreich)	3:0
Halbfinale	21.04.2010	H	Olympique Lyon (Frankreich)	1:0
Viertelfinale	07.04.2010	A	Manchester United (England)	2:3
Viertelfinale	30.03.2010	H	Manchester United (England)	2:1
Achtelfinale	09.03.2010	A	AC Florenz (Italien)	2:3
Achtelfinale	17.02.2010	H	AC Florenz (Italien)	2:1
Gruppe A	08.12.2009	A	Juventus Turin (Italien)	4:1
Gruppe A	25.11.2009	H	Maccabi Haifa (Israel)	1:0
Gruppe A	03.11.2009	H	Girondins Bordeaux (Frankreich)	0:2
Gruppe A	21.10.2009	A	Girondins Bordeaux (Frankreich)	1:2
Gruppe A	30.09.2009	H	Juventus Turin (Italien)	0:0
Gruppe A	15.09.2009	A	Maccabi Haifa (Israel)	3:0
Viertelfinale	14.04.2009	H	FC Barcelona (Spanien)	1:1
Viertelfinale	08.04.2009	A	FC Barcelona (Spanien)	0:4
Achtelfinale	10.03.2009	H	Sporting Lissabon (Portugal)	7:1
Achtelfinale	25.02.2009	A	Sporting Lissabon (Portugal)	5:0
Gruppe F	10.12.2008	A	Olympique Lyon (Frankreich)	3:2
Gruppe F	25.11.2008	H	Steaua Bukarest (Rumänien)	3:0
Gruppe F	05.11.2008	A	AC Florenz (Italien)	1:1
Gruppe F	21.10.2008	H	AC Florenz (Italien)	3:0
Gruppe F	30.09.2008	H	Olympique Lyon (Frankreich)	1:1
Gruppe F	17.09.2008	A	Steaua Bukarest (Rumänien)	1:0
Viertelfinale	11.04.2007	H	AC Mailand (Italien)	0:2
Viertelfinale	03.04.2007	A	AC Mailand (Italien)	2:2
Achtelfinale	07.03.2007	H	Real Madrid (Spanien)	2:1
Achtelfinale	20.02.2007	A	Real Madrid (Spanien)	2:3
Gruppe B	05.12.2006	H	Inter Mailand (Italien)	1:1
Gruppe B	22.11.2006	A	Spartak Moskau (Russland)	2:2
Gruppe B	31.10.2006	H	Sporting Lissabon (Portugal)	0:0
Gruppe B	18.10.2006	A	Sporting Lissabon (Portugal)	1:0
Gruppe B	27.09.2006	A	Inter Mailand (Italien)	2:0
Gruppe B	12.09.2006	H	Spartak Moskau (Russland)	4:0
Achtelfinale	08.03.2006	A	AC Mailand (Italien)	1:4
Achtelfinale	21.02.2006	H	AC Mailand (Italien)	1:1
Gruppe A	07.12.2005	A	FC Brügge (Belgien)	1:1
Gruppe A	22.11.2005	H	Rapid Wien (Österreich)	4:0
Gruppe A	02.11.2005	A	Juventus Turin (Italien)	1:2
Gruppe A	18.10.2005	H	Juventus Turin (Italien)	2:1
Gruppe A	27.09.2005	H	FC Brügge (Belgien)	1:0
Gruppe A	14.09.2005	A	Rapid Wien (Österreich)	1:0
Viertelfinale	12.04.2005	H	FC Chelsea (England)	3:2
Viertelfinale	06.04.2005	A	FC Chelsea (England)	2:4
Achtelfinale	09.03.2005	A	FC Arsenal (England)	0:1

Achtelfinale	22.02.2005	H	FC Arsenal (England)	3:1
Gruppe C	08.12.2004	A	Ajax Amsterdam (Niederlande)	2:2
Gruppe C	23.11.2004	H	Maccabi Tel Aviv (Israel)	5:1
Gruppe C	03.11.2004	H	Juventus Turin (Italien)	0:1
Gruppe C	19.10.2004	A	Juventus Turin (Italien)	0:1
Gruppe C	28.09.2004	H	Ajax Amsterdam (Niederlande)	4:0
Gruppe C	15.09.2004	A	Maccabi Tel Aviv (Israel)	1:0
Achtelfinale	10.03.2004	A	Real Madrid (Spanien)	0:1
Achtelfinale	24.02.2004	H	Real Madrid (Spanien)	1:1
Gruppe A	10.12.2003	H	RSC Anderlecht (Belgien)	1:0
Gruppe A	25.11.2003	A	Celtic Glasgow (Schottland)	0:0
Gruppe A	05.11.2003	H	Olympique Lyon (Frankreich)	1:2
Gruppe A	21.10.2003	A	Olympique Lyon (Frankreich)	1:1
Gruppe A	30.09.2003	A	RSC Anderlecht (Belgien)	1:1
Gruppe A	17.09.2003	H	Celtic Glasgow (Schottland)	2:1
Gruppe G	13.11.2002	H	RC Lens (Frankreich)	3:3
Gruppe G	29.10.2002	A	Deportivo La Coruña (Spanien)	1:2
Gruppe G	23.10.2002	A	AC Mailand (Italien)	1:2
Gruppe G	01.10.2002	H	AC Mailand (Italien)	1:2
Gruppe G	24.09.2002	A	RC Lens (Frankreich)	1:1
Gruppe G	18.09.2002	H	Deportivo La Coruña (Spanien)	2:3
3. Runde Quali.	27.08.2002	H	Partizan Belgrad (Serbien)	3:1
3. Runde Quali.	14.08.2002	A	Partizan Belgrad (Serbien)	3:0
Viertelfinale	10.04.2002	A	Real Madrid (Spanien)	0:2
Viertelfinale	02.04.2002	H	Real Madrid (Spanien)	2:1
Zwischenr. Gr. A	19.03.2002	H	FC Nantes (Frankreich)	2:1
Zwischenr. Gr. A	13.03.2002	A	Manchester United (England)	0:0
Zwischenr. Gr. A	26.02.2002	H	Boavista Porto (Portugal)	1:0
Zwischenr. Gr. A	20.02.2002	A	Boavista Porto (Portugal)	0:0
Zwischenr. Gr. A	05.12.2001	A	FC Nantes (Frankreich)	1:0
Zwischenr. Gr. A	20.11.2001	H	Manchester United (England)	1:1
Gruppe H	31.10.2001	A	Sparta Prag (Tschechien)	1:0
Gruppe H	23.10.2001	H	Feyenoord Rotterdam (Niederlande)	3:1
Gruppe H	17.10.2001	H	Spartak Moskau (Russland)	5:1
Gruppe H	10.10.2001	A	Feyenoord Rotterdam (Niederlande)	2:2
Gruppe H	25.09.2001	A	Spartak Moskau (Russland)	3:1
Gruppe H	18.09.2001	H	Sparta Prag (Tschechien)	0:0
Finale	23.05.2001	A	FC Valencia (Spanien)	5:4 n.E.
Halbfinale	09.05.2001	H	Real Madrid (Spanien)	2:1
Halbfinale	01.05.2001	A	Real Madrid (Spanien)	1:0
Viertelfinale	18.04.2001	H	Manchester United (England)	2:1
Viertelfinale	03.04.2001	A	Manchester United (England)	1:0
Zwischenr. Gr. C	14.03.2001	H	FC Arsenal (England)	1:0
Zwischenr. Gr. C	06.03.2001	A	Olympique Lyon (Frankreich)	0:3
Zwischenr. Gr. C	21.02.2001	A	Spartak Moskau (Russland)	3:0
Zwischenr. Gr. C	13.02.2001	H	Spartak Moskau (Russland)	1:0
Zwischenr. Gr. C	05.12.2000	A	FC Arsenal (England)	2:2
Zwischenr. Gr. C	22.11.2000	H	Olympique Lyon (Frankreich)	1:0
Gruppe F	08.11.2000	A	Rosenborg BK (Norwegen)	1:1

Gruppe F	24.10.2000	H	Helsingborgs IF (Schweden)	0:0
Gruppe F	18.10.2000	H	Paris St. Germain (Frankreich)	2:0
Gruppe F	26.09.2000	A	Paris St. Germain (Frankreich)	0:1
Gruppe F	19.09.2000	H	Rosenborg BK (Norwegen)	3:1
Gruppe F	13.09.2000	A	Helsingborgs IF (Schweden)	3:1
Halbfinale	09.05.2000	H	Real Madrid (Spanien)	2:1
Halbfinale	03.05.2000	A	Real Madrid (Spanien)	0:2
Viertelfinale	19.04.2000	H	FC Porto (Portugal)	2:1
Viertelfinale	04.04.2000	A	FC Porto (Portugal)	1:1
Zwischenr. Gr. C	22.03.2000	A	Dynamo Kiew (Ukraine)	0:2
Zwischenr. Gr. C	14.03.2000	H	Rosenborg BK (Norwegen)	2:1
Zwischenr. Gr. C	08.03.2000	H	Real Madrid (Spanien)	4:1
Zwischenr. Gr. C	29.02.2000	A	Real Madrid (Spanien)	4:2
Zwischenr. Gr. C	07.12.1999	H	Dynamo Kiew (Ukraine)	2:1
Zwischenr. Gr. C	24.11.1999	A	Rosenborg BK (Norwegen)	1:1
Gruppe F	03.11.1999	H	Glasgow Rangers (Schottland)	1:0
Gruppe F	26.10.1999	A	PSV Eindhoven (Niederlande)	1:2
Gruppe F	20.10.1999	A	FC Valencia (Spanien)	1:1
Gruppe F	28.09.1999	H	FC Valencia (Spanien)	1:1
Gruppe F	21.09.1999	A	Glasgow Rangers (Schottland)	1:1
Gruppe F	15.09.1999	H	PSV Eindhoven (Niederlande)	2:1
Finale	26.05.1999	A	Manchester United (England)	1:2
Halbfinale	21.04.1999	H	Dynamo Kiew (Ukraine)	1:0
Halbfinale	07.04.1999	A	Dynamo Kiew (Ukraine)	3:3
Viertelfinale	17.03.1999	A	1. FC Kaiserslautern	4:0
Viertelfinale	03.03.1999	H	1. FC Kaiserslautern	2:0
Gruppe D	09.12.1998	A	Manchester United (England)	1:1
Gruppe D	25.11.1998	H	Bröndby IF (Dänemark)	2:0
Gruppe D	04.11.1998	A	FC Barcelona (Spanien)	2:1
Gruppe D	21.10.1998	H	FC Barcelona (Spanien)	1:0
Gruppe D	30.09.1998	H	Manchester United (England)	2:2
Gruppe D	16.09.1998	A	Bröndby IF (Dänemark)	1:2
2. Runde Quali	26.08.1998	A	FK Obilic (Serbien)	1:1
2. Runde Quali	12.08.1998	H	FK Obilic (Serbien)	4:0
Viertelfinale	18.03.1998	A	Borussia Dortmund	0:1 n.V.
Viertelfinale	04.03.1998	H	Borussia Dortmund	0:0
Gruppe E	10.12.1997	H	IFK Göteborg (Schweden)	0:1
Gruppe E	26.11.1997	A	Besiktas Istanbul (Türkei)	2:0
Gruppe E	05.11.1997	A	Paris St. Germain (Frankreich)	1:3
Gruppe E	22.10.1997	H	Paris St. Germain (Frankreich)	5:1
Gruppe E	01.10.1997	A	IFK Göteborg (Schweden)	3:1
Gruppe E	17.09.1997	H	Besiktas Istanbul (Türkei)	2:0
Halbfinale	19.04.1995	A	Ajax Amsterdam (Niederlande)	2:5
Halbfinale	05.04.1995	H	Ajax Amsterdam (Niederlande)	0:0
Viertelfinale	15.03.1995	A	IFK Göteborg (Schweden)	2:2
Viertelfinale	01.03.1995	H	IFK Göteborg (Schweden)	0:0
Gruppe B	07.12.1994	A	Dynamo Kiew (Ukraine)	4:1
Gruppe B	23.11.1994	H	Paris St. Germain (Frankreich)	0:1
Gruppe B	02.11.1994	H	Spartak Moskau (Russland)	2:2

Gruppe B	19.10.1994	A	Spartak Moskau (Russland)	1:1
Gruppe B	28.09.1994	H	Dynamo Kiew (Ukraine)	1:0
Gruppe B	14.09.1994	A	Paris St. Germain (Frankreich)	0:2

Quelle: www.fcb-fanstatistik.de

Choreografien

Verantwortlich für die beeindruckenden Choreografien bei Spielen des FCB ist der „Club Nr. 12". Die Vereinigung, deren Name auf den sprichwörtlichen „zwölften Mann" zurückgeht, ist kein offizieller Fanklub des FCB, sondern eine Art Dachorganisation, die die Interessen der besonders aktiven Fans unterstützt. Im Gegensatz zu Ultra-Gruppierungen wie der umstrittenen „Schickeria" hat der „Club Nr. 12" keinen festen Stehbereich in der Arena, seine Mitglieder sind auch nicht durch Logos o.Ä. „markiert".

Gegründet wurde der „Club Nr. 12" 1997. Die Idee dazu entstand im Jahr zuvor, als die Bayern-Fans im Finale des UEFA-Cups in Bordeaux im damaligen Stade du Parc Lescure etwas ganz Neues sahen: Eine Choreo der Girondins-Fans, die sich über das gesamte Stadion erstreckte. Einige Bayern-Fans sagten sich: So was machen wir in München auch!

Folgende Choreos zählen zu den bekanntesten:

- ▷ 23.05.2001 (Mailand, CL-Finale): Heute ist ein guter Tag, um Geschichte zu schreiben
- ▷ 31.05.2005 (gegen die Nationalmannschaft): Arenaeröffnung
- ▷ 27.02.2008 (Derbysieg gegen 1860, DFB-Pokal): Ganz München feiert das Geburtstagskind
- ▷ 28.02.2010 (gegen HSV, BL): 1900 – 110 Jahre
- ▷ 21.04.2010 (gegen Lyon, CL-HF): Pack ma's!
- ▷ 22.05.2010 (Madrid, CL-Finale): Ohne dich fahr'n wir heut' Nacht nicht heim
- ▷ 02.11.2011 (gegen Neapel, CL-Gruppe A): Wer nach Hause will, muss sich auf den Weg machen!
- ▷ 25.05.2013 (London, CL-Finale): 74-75-76-01 – Und heute ist wieder ein guter Tag
- ▷ 09.04.2014 (gegen ManUnited, CL-VL): Kings of the Cup

- 29.04.2014 (gegen Real, CL-HL): Bayern-Emblem und Henkelpott
- 27.02.2015 (gegen Köln, BL): 115 Jahre Bayern München – Das Samenkorn, das wir gesät haben, ist herrlich aufgegangen – Franz John
- 21.04.2015 (gegen FC Porto, CL-VF): Niemals aufgeben!

Neben der Ausarbeitung von Choreografien organisiert der „Club Nr. 12" auch Reisen zu Auswärtsspielen und engagiert sich im regelmäßigen Austausch mit der Fanbetreuung des FCB für die Verbesserung der Rahmenbedingungen für Fans. Wer sich anschließen, über die Aktivitäten informieren oder einfach nur ein Choreo-Poster kaufen will, klickt sich am besten mal durch die Homepage: http://www.clubnr12.org/

Dankrede, abgekupferte

„Lieber Franz,
ich danke Dir, ich danke Dir, ich danke Dir sehr,
ich danke Dir, das fällt uns nicht schwer.
Ich danke Dir, danke Dir ganz toll,
weiß gar nicht, was ich sagen soll.
Ich danke Dir, Du bist ein Schatz,
dies sage ich Dir in diesem Satz,
ich danke Dir, das fällt nicht schwer.
Danke, danke, danke sehr.
Und ein spezielles Dankesehr
an 1860 für die Watschn an Dir."

(Dankesode von Karl-Heinz Rummenigge für Franz Beckenbauer, Jahreshauptversammlung 2009 – zum Hintergrund siehe auch ⇨ Watschn)

„Er trägt vor, nun ein Gedicht,
doch von Ihm ist dieses nicht:
Ich kenne es – es ist von mir,
ich schrieb es einst nach ein paar Bier!!!
Als ich es schrieb, musst ich schon lallen –
egal – dem Karl-Heinz hat's gefallen.
S' ist wie ein Klau beim Juwelier,

er lässt die Diamanten hier,
nimmt nur mit den Modeschmuck,
trank er wohl vorher auch 'nen Schluck?
Jetzt geh'n die Reime um die Welt,
nur werde ich dabei kein Held,
nein Rummenigge streicht das ein!!!
Karl-Heinz – musste das denn sein?"

(Anette Pfeiffer-Klärle, Gedichteschreiberin aus Hessen, auf deren Internetseite sich [nahezu] das gleiche Gedicht findet [www.apk-gedichte.de])

Dauerbrenner

Liste der Bayern-Spieler mit mindestens 100 BL-Einsätzen (Spiele/Tore):

Sepp Maier	(1962–1979)	473/0
Oliver Kahn	(1994–2008)	429/0
Gerd Müller	(1964–1979)	427/365
Georg Schwarzenbeck	(1966–1981)	416/21
Klaus Augenthaler	(1976–1991)	404/52
Franz Beckenbauer	(1963–1977)	396/44
Bernd Dürnberger	(1972–1985)	375/38
Bastian Schweinsteiger	(2002–2015)	342/45
Mehmet Scholl	(1992–2007)	334/87
Franz Roth	(1966–1978)	322/72
Karl-Heinz Rummenigge	(1974–1984)	310/162
Lothar Matthäus	(1984–1988, 1992–2000)	302/85
Hans Pflügler	(1981–1992, 1994–1995)	277/36
Philipp Lahm	(2002–2003, 2005–2015)	280/10
Paul Breitner	(1970–1974, 1978–1983)	255/83
Roland Wohlfarth	(1984–1993)	254/119
Udo Horsmann	(1975–1983)	242/20
Uli Hoeneß	(1970–1978)	239/86
Hasan Salihamidzic	(1998–2007)	234/30
Dieter Hoeneß	(1979–1987)	224/102
Claudio Pizarro	(2001–2007, 2012–2015)	224/87
Raimond Aumann	(1982–1994)	216/0
Alexander Zickler	(1993–2005)	214/51
Norbert Nachtweih	(1982–1989)	202/20
Thomas Müller	(2008–2015)	197/71
Franck Ribéry	(2007–2015)	193/68
Thomas Helmer	(1992–1999)	191/24
Dieter Brenninger	(1962–1971)	190/59
Christian Ziege	(1990–1997)	185/38
Willy Sagnol	(2000–2009)	184/7

Bixente Lizarazu	(1997–2004, 2005/06)	183/7
Markus Babbel	(1991–1992, 1994–2000)	182/8
Rainer Zobel	(1970–1976)	180/19
Samuel Kuffour	(1994–1995, 1996–2005)	175/7
Martin Demichelis	(2003–2010)	174/13
Wolfgang Dremmler	(1979–1985)	172/6
Giovane Elber	(1997–2004)	169/92
Zé Roberto	(2002–2006, 2007–2009)	169/14
Thomas Linke	(1998–2005)	166/2
Hans-Josef Kapellmann	(1973–1979)	165/17
Johnny Hansen	(1970–1976)	164/7
Jens Jeremies	(1998–2006)	163/6
Stefan Effenberg	(1990–1992, 1998-2002)	160/35
Rainer Ohlhauser	(1961–1970)	160/64
Daniel Van Buyten	(2006–2014)	158/20
Christian Nerlinger	(1992–1998)	156/27
Jean-Marie Pfaff	(1982–1988)	156/0
Thomas Strunz	(1989–1992, 1995–2001)	156/23
Roque Santa Cruz	(1999–2007)	155/31
Michael Rummenigge	(1982–1988)	152/44
Thorsten Fink	(1997–2004)	150/4
Oliver Kreuzer	(1991–1997)	150/8
Ludwig Kögl	(1984–1990)	149/8
Olaf Thon	(1988–1994)	148/30
Owen Hargreaves	(2000–2007)	145/5
Kurt Niedermayer	(1977–1982)	145/32
Lúcio	(2004–2009)	144/7
Werner Olk	(1960–1970)	144/2
Carsten Jancker	(1996–2002)	143/48
Wolfgang Kraus	(1979–1984)	138/17
Peter Kupferschmidt	(1960–1971)	135/4
Norbert Eder	(1984–1988)	132/6
Toni Kroos	(2007–2009, 2010–2014)	130/13
Roy Makaay	(2003–2007)	129/78
Arjen Robben	(2009–2015)	127/73
Mark van Bommel	(2006–2011)	123/11
Michael Tarnat	(1997–2003)	122/8
Manuel Neuer	(2011–2015)	127/0
Mario Gómez	(2009–2013)	115/75
Hans Dorfner	(1983–1984, 1986–1991)	111/17
Holger Badstuber	(2009–2015)	111/1
Michael Ballack	(2002–2006)	107/44
Dietmar Hamann	(1993–1998)	106/6
David Alaba	(2010–2015)	105/9
Hans-Dieter Flick	(1985–1990)	104/5
Roland Grahammer	(1988–1994)	102/2
Jérôme Boateng	(2011–2015)	115/3
Reinhold Mathy	(1980–1987)	100/21

Derby, Münchner

Die Löwen sehen sich gern als eigentlicher Münchner Traditionsklub, obwohl sie gar nicht älter sind. Die Fußballabteilung des TSV 1860 wurde am 25. April 1899 gegründet, zu diesem Zeitpunkt aber kickten die späteren Bayern (gegründet am 27. Februar 1900) bereits unter dem Dach des MTV München (gegründet 1897). Beide Vereine sind also Traditionsvereine, der FC Bayern war dabei nicht nur insgesamt, sondern auch früher erfolgreich, etwa mit dem Gewinn des süddeutschen Titels 1926.

Die Geschichte des Münchner Derbys begann am 21. September 1902, als sich die beiden Vereine auf dem Platz an der Clemensstraße erstmals gegenüberstanden. Die Bayern gewannen 3:0. Im Jahr darauf nahmen die Löwen Revanche, siegten in Holzapfelskreuth mit 2:0. Es folgten weitere Treffen, zu großen Zuschauermagneten entwickelten sich die Derbys zwischen den beiden Klubs aber erst nach dem Ersten Weltkrieg. Mal waren die „Roten" die Nummer eins in München, mal die „Blauen". Und immer waren beim Kampf der Rivalen auch soziale Etiketten im Spiel. Vor allem die Anhänger der Sechzger sahen dann einen Kampf ihrer bodenständigen Arbeiter gegen nobel verspielte Akademiker oder schlicht der kleinen Leute gegen die Großkopferten, selbst wenn schon damals jedem klar sein konnte, dass solche Klassenkampfparolen die Realität kaum widerspiegeln würden.

Fakt ist bis heute allein: Der Anteil der innerhalb des Stadtgebiets wohnenden Anhänger ist im Verhältnis zur Gesamtzahl der Fans beim TSV 1860 höher als beim FCB.

Das letzte Oberligaderby zwischen Bayern und 1860 in der Saison 1962/63 war besonders wichtig. Nur einer der beiden Klubs konnte sich für die neue Bundesliga qualifizieren. Erster gegen Zweiter lautete die Konstellation im mit 35.000 Zuschauern ausverkauften Grünwalder Stadion. Bei eisigen Temperaturen gingen die Bayern zwar durch ein Tor des späteren Löwen Peter Grosser mit 1:0 in Führung, verloren dann aber noch mit 1:3. Die Löwen wurden am Ende der Saison Süddeutscher Meister und qualifizierten sich damit für die Bundesliga, während die Bayern erst zwei Jahre später ins Oberhaus aufstiegen.

Nach der Saison 1965/66, in der die Bayern immerhin Pokalsieger wurden, galten die Sechzger als Meister dennoch als die

„Großen“. Die Löwen hatten mehr Zuschauer (29.316 zu 24.843), der Kader war wesentlich teurer, der Trainer (Max Merkel) kostete mehr als doppelt so viel wie Bayern-Coach Cajkovski.

Doch bereits das erste Bundesliga-Derby am ersten Spieltag der Saison 1965/66 war eine Begegnung mit Langzeitwirkung. In einer knüppelharten Partie verloren die Bayern mit 0:1 und ihren Mittelläufer Dieter Danzberg durch einen Platzverweis, nachdem er den zuvor gefoulten Torschützen Timo Konietzka am Boden liegend nochmals getreten hatte. Das Foul Danzbergs, der danach nur noch ein Bundesligaspiel absolvierte, war folgenschwer. Er wurde unfreiwillig zum Wegbereiter der Karriere Franz Beckenbauers, da ihn dieser fortan ersetzte.

Am Ende der Saison 1965/66 waren die Löwen zum ersten und letzten Mal Deutscher Meister. Eine Zeitlang noch konnten sie den Bayern auf Augenhöhe begegnen, dann wurde der FCB nicht nur in München, sondern in ganz Deutschland eindeutig zur „Number one“. Zwischen 1981 und 1994 war das Derby nur eine Randnotiz wert, da die Löwen in dieser Zeit nicht erstklassig waren.

Als die Duelle dann wieder in der Bundesliga weitergingen, lebte die altbekannte Härte gleich wieder auf. Am 21. September 1994 wurden beim 3:1-Erfolg der „Roten“ gegen die „Blauen“ gleich drei Mann vom Platz gestellt: Christian Nerlinger sowie die Löwen Bernhard Winkler und Manni Schwabl. Die Bundesliga-Bilanz bis zum neuerlichen Abstieg der „Blauen“ in der Saison 2003/04 lautet: 34 Spiele, 19 Siege, 8 Unentschieden, 8 Niederlagen.

In der Allianz Arena blieben die Bayern in „freundschaftlichen“ Begegnungen gegen den nun zweitklassigen Gegner dreimal sieglos, ehe sie am 27. Februar 2008 im Viertelfinale des DFB-Pokals den ersten Derby-Sieg an der neuen Spielstätte einfahren konnten (1:0 durch einen Ribéry-Elfmeter in der Verlängerung). Dieses 204. Derby war das bislang letzte Aufeinandertreffen in einem Pflichtspiel. Die einstweilige Gesamtbilanz: 105 Siege, 50 Unentschieden, 49 Niederlagen.

Deutschland, FC (siehe auch ⇨ Nationalspieler)

Erster Nationalspieler der Bayern war der Rechtsaußen Max Gablonsky. Er wurde nach guten Leistungen in der Süddeutschen

Meisterschaft (Bayern landete da auf Platz zwei) vom DFB für das Länderspiel am 16. Mai 1910 in Duisburg gegen Belgien nominiert. Es war ein recht seltsames Spiel. Am Tag zuvor hatte das Finale um die deutsche Fußballmeisterschaft zwischen dem Karlsruher FV und Holstein Kiel stattgefunden, so dass die besten deutschen Spieler fehlten. In Duisburg kamen überhaupt nur sieben Spieler an, so dass das Nationalteam aus den Zuschauern ergänzt wurde. Auch der schnelle Gablonsky konnte da nichts mehr rausreißen – Belgien gewann mit 3:0.

Seitdem hat sich eine Menge geändert. Heute spielen tatsächlich die Besten, das DFB-Team ist vierfacher Weltmeister und die erfolgreichste Fußball-Nationalmannschaft Europas. Seit den 1970er Jahren stellt der FC Bayern mit Abstand die meisten Nationalspieler. Bis zum 13. Juni 2015 trugen insgesamt 85 Bayern-Spieler in 2.022 Einsätzen das deutsche Trikot. Der FCB liegt damit sowohl nach der Zahl der Nationalspieler (Zweiter: Borussia Dortmund mit 51) wie nach der Zahl der Einsätze (Zweiter: 1. FC Köln mit 804) mit riesigem Abstand auf Platz eins. Kein Wunder also, dass der FC Bayern immer wieder mal als „FC Deutschland“ bezeichnet wird.

DFB-Pokal-Endspiele des FCB

- 29. Dezember 1957 (Rosenaustadion, Augsburg):
  FC Bayern München – Fortuna Düsseldorf 1:0 (0:0)
  Tor: Jobst
- 4. Juni 1966 (Waldstadion, Frankfurt):
  FC Bayern München – Meidericher SV 4:2 (1:1)
  Tore: Brenninger (2), Ohlhauser, Beckenbauer
- 10. Juni 1967 (Neckarstadion, Stuttgart):
  FC Bayern München – Hamburger SV 4:0 (1:0)
  Tore: Müller (2), Ohlhauser, Brenninger
- 14. Juni 1969 (Waldstadion, Frankfurt):
  FC Bayern München – FC Schalke 04 2:1 (2:1)
  Tore: Müller (2)
- 19. Juni 1971 (Neckarstadion, Stuttgart):
  FC Bayern München – 1. FC Köln 2:1 n.V. (1:1, 0:1)
  Tore: Beckenbauer, Schneider

- 1. Mai 1982 (Waldstadion, Frankfurt):
  FC Bayern München – 1. FC Nürnberg 4:2 (0:2)
  Tore: K.H. Rummenigge, Kraus, Breitner, D. Hoeneß
- 31. Mai 1984 (Waldstadion, Frankfurt):
  FC Bayern München – Borussia Mönchengladbach 1:1 n.V. (1:1, 0:1), 7:6 i.E.
  Tor: Dremmler
  Verschossene Elfmeter: Augenthaler (Matthäus, Ringels für Gladbach)
- 3. Mai 1985 (Olympiastadion, Berlin):
  Bayer 05 Uerdingen – FC Bayern München 2:1 (1:1)
  Tor: D. Hoeneß
- 3. Mai 1986 (Olympiastadion, Berlin):
  FC Bayern München – VfB Stuttgart 5:2 (2:0)
  Tore: Wohlfarth (3), K.H. Rummenigge (2)
- 16. Mai 1998 (Olympiastadion, Berlin)
  FC Bayern München – MSV Duisburg 2:1 (0:1)
  Tore: Babbel, Basler
- 12. Juni 1999 (Olympiastadion, Berlin):
  Werder Bremen – FC Bayern München 1:1 n.V. (1:1, 1:1), 5:4 i.E.
  Tor: Jancker
  Verschossene Elfmeter: Effenberg, Matthäus
- 6. Mai 2000 (Olympiastadion, Berlin):
  FC Bayern München – Werder Bremen 3:0 (0:0)
  Tore: Elber, Sergio, Scholl
- 31. Mai 2003 (Olympiastadion, Berlin):
  FC Bayern München – 1. FC Kaiserslautern 3:1 (2:0)
  Tore: Ballack (2), Pizarro
- 28. Mai 2005 (Olympiastadion, Berlin):
  FC Bayern München – FC Schalke 04 2:1 (1:1)
  Tore: Makaay, Salihamidzic
- 29. April 2006 (Olympiastadion, Berlin):
  FC Bayern München – Eintracht Frankfurt 1:0 (0:0)
  Tor: Pizarro
- 19. April 2008 (Olympiastadion, Berlin):
  FC Bayern München – Borussia Dortmund 2:1 n.V. (1:1, 1:0)
  Tore: Toni (2)

- 15. Mai 2010 (Olympiastadion, Berlin):
  FC Bayern München – Werder Bremen 4:0 (1:0)
  Tore: Robben, Olic, Ribéry, Schweinsteiger
- 12. Mai 2012 (Olympiastadion, Berlin):
  Borussia Dortmund – FC Bayern München 5:2 (3:1)
  Tore: Robben, Ribéry
- 1. Juni 2013 (Olympiastadion, Berlin):
  FC Bayern München – VfB Stuttgart 3:2 (1:0)
  Tore: Müller, Gómez (2)
- 17. Mai 2014 (Olympiastadion, Berlin):
  FC Bayern München – Borussia Dortmund 2:0 n.V. (0:0, 0:0)
  Tore: Robben, Müller

DFB-Pokal, Gesamtbilanz bis 2014/15

	Spiele	G	U	V	Tore	Gegentore	Differenz	Punkte
Heim	106	90	1	15	348	110	+238	271
Auswärts	159	118	10	31	476	208	+268	364
Gesamt	265	208	11	46	824	318	+506	635

Tore im Elfmeterschießen wurden mitberechnet.

Runde	Datum	Ort	Team	Ergebnis
Halbfinale	28.04.2015	H	Borussia Dortmund	1:3 i.E.
Viertelfinale	07.04.2015	A	Bayer Leverkusen	5:3 i.E.
Achtelfinale	04.03.2015	H	Eintracht Braunschweig	2:0
2.Runde	29.10.2014	A	Hamburger SV	3:1
1.Runde	17.08.2014	A	Preußen Münster	4:1
Finale	17.05.2014	A	Borussia Dortmund	2:0 n.V.
Halbfinale	16.04.2014	H	1. FC Kaiserslautern	5:1
Viertelfinale	12.02.2014	A	Hamburger SV	5:0
Achtelfinale	04.12.2013	A	FC Augsburg	2:0
2.Runde	24.09.2013	H	Hannover 96	4:1
1. Runde	03.08.2013	A	Schwarz-Weiß Rehden	5:0
Finale	01.06.2013	A	VfB Stuttgart	3:2
Halbfinale	16.04.2013	H	VfL Wolfsburg	6:1
Viertelfinale	27.02.2013	H	Borussia Dortmund	1:0
Achtelfinale	18.12.2012	A	FC Augsburg	2:0
2. Runde	31.10.2012	H	1. FC Kaiserslautern	1:0
1. Runde	20.08.2012	A	Jahn Regensburg	4:0
Finale	12.05.2012	A	Borussia Dortmund	2:5
Halbfinale	21.03.2012	A	Bor. Mönchengladbach	4:2 i.E.
Viertelfinale	08.02.2012	A	VfB Stuttgart	2:0
Achtelfinale	20.12.2011	A	VfL Bochum	2:1

2. Runde	26.10.2011	H	FC Ingolstadt 04	6:0
1. Runde	01.08.2011	A	Eintracht Braunschweig	3:0
Halbfinale	02.03.2011	H	FC Schalke 04	0:1
Viertelfinale	26.01.2011	A	Alemannia Aachen	4:0
Achtelfinale	22.12.2010	A	VfB Stuttgart	6:3
2. Runde	26.10.2010	H	SV Werder Bremen	2:1
1. Runde	16.08.2010	A	Germania Windeck	4:0
Finale	15.05.2010	A	SV Werder Bremen	4:0
Halbfinale	24.03.2010	A	FC Schalke 04	1:0
Viertelfinale	10.02.2010	H	SpVgg Greuther Fürth	6:2
Achtelfinale	28.10.2009	A	Eintracht Frankfurt	4:0
2. Runde	22.09.2009	H	Rot-Weiß Oberhausen	5:0
1. Runde	02.08.2009	A	SpVgg Neckarelz	3:1
Viertelfinale	04.03.2009	A	Bayer 04 Leverkusen	2:4
Achtelfinale	27.01.2009	A	VfB Stuttgart	5:1
2. Runde	24.09.2008	H	1. FC Nürnberg	2:0
1. Runde	10.08.2008	A	Rot-Weiß Erfurt	4:3
Finale	19.04.2008	A	Borussia Dortmund	2:1 n.V.
Halbfinale	19.03.2008	H	VfL Wolfsburg	2:0
Viertelfinale	27.02.2008	H	TSV 1860 München	1:0 n.V.
Achtelfinale	29.01.2008	A	Wuppertaler SV	5:2
2. Runde	31.10.2007	H	Bor. Mönchengladbach	3:1
1. Runde	06.08.2007	A	Wacker Burghausen	4:3 n.E.
Achtelfinale	20.12.2006	A	Alemannia Aachen	2:4
2. Runde	25.10.2006	H	1. FC Kaiserslautern	1:0
1. Runde	09.09.2006	A	FC St. Pauli	2:1 n.V.
Finale	29.04.2006	A	Eintracht Frankfurt	1:0
Halbfinale	12.04.2006	A	FC St. Pauli	3:0
Viertelfinale	24.01.2006	H	1. FSV Mainz 05	3:2 n.V.
Achtelfinale	21.12.2005	H	Hamburger SV	1:0 n.V.
2. Runde	26.10.2005	A	FC Erzgebirge Aue	1:0
1. Runde	21.08.2005	A	MSV 1919 Neuruppin	4:0
Finale	28.05.2005	A	FC Schalke 04	2:1
Halbfinale	20.04.2005	A	Arminia Bielefeld	2:0
Viertelfinale	02.03.2005	A	SC Freiburg	7:0
Achtelfinale	10.11.2004	H	VfB Stuttgart	3:0
2. Runde	21.09.2004	A	VfL Osnabrück	3:2
1. Runde	21.08.2004	A	TSV Völpke	6:0
Viertelfinale	04.02.2004	A	Alemannia Aachen	1:2
Achtelfinale	03.12.2003	H	Hamburger SV	3:0
2. Runde	28.10.2003	H	1. FC Nürnberg	7:6 n.E.
1. Runde	30.08.2003	A	Borussia Neunkirchen	5:0
Finale	31.05.2003	A	1. FC Kaiserslautern	3:1
Halbfinale	05.03.2003	H	Bayer 04 Leverkusen	3:1
Viertelfinale	04.02.2003	H	1. FC Köln	8:0
Achtelfinale	04.12.2002	H	FC Schalke 04	5:4 n.E.
2. Runde	06.11.2002	H	Hannover 96	2:1
1. Runde	31.08.2002	A	SV Werder Bremen II	3:0
Halbfinale	06.03.2002	A	FC Schalke 04	0:2 n.V.

Viertelfinale	30.01.2002	A	1. FC Kaiserslautern	5:3 n.E.
Achtelfinale	23.01.2002	H	VfL Wolfsburg	2:1
2. Runde	12.12.2001	A	VfL Osnabrück	2:0
1. Runde	27.08.2001	A	SC Paderborn 07	5:1
2. Runde	01.11.2000	A	1. FC Magdeburg	2:4 n.E.
1. Runde	26.08.2000	A	FC Schönberg 95	4:0
Finale	06.05.2000	A	SV Werder Bremen	3:0
Halbfinale	16.02.2000	H	FC Hansa Rostock	3:2
Viertelfinale	22.12.1999	H	1. FSV Mainz 05	3:0
Achtelfinale	01.12.1999	A	SV Waldhof Mannheim	3:0
3. Runde	13.10.1999	A	SV Meppen	4:1
Finale	12.06.1999	A	SV Werder Bremen	5:6 n.E.
Halbfinale	10.03.1999	A	Rot-Weiß Oberhausen	3:1
Viertelfinale	01.12.1998	H	VfB Stuttgart	3:0
Achtelfinale	28.10.1998	A	MSV Duisburg	4:2
2. Runde	23.09.1998	A	SpVgg Greuther Fürth	4:3 n.E.
1. Runde	30.08.1998	A	LR Ahlen	5:0
Finale	16.05.1998	A	MSV Duisburg	2:1
Halbfinale	17.02.1998	H	VfB Stuttgart	3:0
Viertelfinale	17.12.1997	H	Bayer 04 Leverkusen	2:0
Achtelfinale	28.10.1997	A	1. FC Kaiserslautern	2:1
2. Runde	23.09.1997	A	VfL Wolfsburg	4:3 n.E.
1. Runde	15.08.1997	A	DJK Waldberg	16:1
Viertelfinale	19.02.1997	A	Karlsruher SC	0:1
Achtelfinale	12.11.1996	H	SV Werder Bremen	3:1
2. Runde	02.10.1996	A	Bor. Mönchengladbach	2:1
1. Runde	10.08.1996	A	TeBe Berlin	3:0
2. Runde	18.09.1995	A	Fortuna Düsseldorf	1:3
1. Runde	27.08.1995	A	Stuttgarter Kickers	1:0
1. Runde	14.08.1994	A	TSV Vestenbergsgreuth	0:1
Achtelfinale	09.11.1993	A	1. FC Dynamo Dresden	1:2
3. Runde	11.09.1993	A	FC Schalke 04	3:2 n.V.
2. Runde	24.08.1993	A	FC Carl Zeiss Jena II	2:0
1. Runde	02.08.1993	A	SV Werder Bremen II	5:1
2. Runde	12.09.1992	A	Borussia Dortmund	4:5 n.E.
1. Runde	25.08.1992	A	Borussia Neunkirchen	6:0
2. Runde	17.08.1991	H	FC 08 Homburg	2:4 n.V.
1. Runde	04.08.1990	A	FV 09 Weinheim	0:1
Achtelfinale	09.11.1989	A	VfB Stuttgart	0:3
2. Runde	23.09.1989	H	SV Waldhof Mannheim	2:0
1. Runde	20.08.1989	A	Eintracht Frankfurt	1:0
Achtelfinale	10.12.1988	H	Karlsruher SC	3:4
2. Runde	24.09.1988	A	TuS Hoisdorf	4:0
1. Runde	06.08.1988	H	SV Blau-Weiß 90 Berlin	11:2
Viertelfinale	08.03.1988	A	Hamburger SV	1:2
Achtelfinale	14.02.1988	H	1. FC Nürnberg	3:1
2. Runde	11.11.1987	A	Bor. Mönchengladbach	3:2 n.V.
2. Runde	23.10.1987	A	Bor. Mönchengladbach	2:2 n.V.
1. Runde	28.08.1987	A	Rot-Weiss Essen	3:1

Achtelfinale	18.11.1986	A	Fortuna Düsseldorf	0:3
2. Runde	25.10.1986	A	FC 08 Homburg	3:1
1. Runde	30.08.1986	A	Hertha BSC	2:1
Finale	03.05.1986	A	VfB Stuttgart	5:2
Halbfinale	25.03.1986	A	SV Waldhof Mannheim	2:0
Viertelfinale	20.02.1986	A	1. FC Kaiserslautern	3:0
Achtelfinale	18.12.1985	H	VfL Bochum	2:0
Achtelfinale	12.11.1985	A	VfL Bochum	1:1 n.V.
2. Runde	19.10.1985	A	1. FC Saarbrücken	3:1
1. Runde	24.08.1985	A	Kickers Offenbach	3:1
Finale	26.05.1985	A	KFC Uerdingen 05	1:2
Halbfinale	01.04.1985	H	Bor. Mönchengladbach	1:0 n.V.
Viertelfinale	26.03.1985	A	Bayer 04 Leverkusen	3:1
Achtelfinale	04.12.1984	H	SV Waldhof Mannheim	1:0
2. Runde	20.11.1984	A	TSV Friesen Hänigsen	8:0
1. Runde	02.09.1984	A	BV 08 Lüttringhausen	1:0
Finale	31.05.1984	A	Bor. Mönchengladbach	7:6 n.E.
Halbfinale	09.05.1984	H	FC Schalke 04	3:2
Halbfinale	02.05.1984	A	FC Schalke 04	6:6 n.V.
Viertelfinale	03.03.1984	A	1. FC Bocholt	2:1
Achtelfinale	31.01.1984	H	KFC Uerdingen 05	1:0
Achtelfinale	14.01.1984	A	KFC Uerdingen 05	0:0 n.V.
2. Runde	07.10.1983	A	FC Augsburg	6:0
1. Runde	28.08.1983	A	KSV Hessen Kassel	3:0
2. Runde	15.10.1982	A	Eintracht Braunschweig	0:2
1. Runde	27.08.1982	A	ASV Bergedorf	5:1 n.V.
Finale	01.05.1982	A	1. FC Nürnberg	4:2
Halbfinale	10.04.1982	A	VfL Bochum	2:1
Viertelfinale	20.02.1982	A	SV Werder Bremen	2:1 n.V.
Achtelfinale	19.01.1982	A	Freiburger FC	3:0
3. Runde	04.12.1981	H	Borussia Dortmund	4:0
2. Runde	11.10.1981	H	SV Neckargerach	5:1
1. Runde	28.08.1981	H	SC Jülich 1910	8:0
3. Runde	22.11.1980	A	1. FC Kaiserslautern	1:2
2. Runde	04.10.1980	H	SV Waldhof Mannheim	4:2
1. Runde	27.08.1980	H	Arminia Bielefeld	2:0
3. Runde	12.01.1980	A	SpVgg Bayreuth	0:1
2. Runde	29.09.1979	A	SC Viktoria 04 Köln	3:1
1. Runde	25.08.1979	A	FC Östringen	10:1
2. Runde	23.09.1978	H	VfL Osnabrück	4:5
1. Runde	05.08.1978	H	SSV Glött	5:0
3. Runde	14.10.1977	A	FC 08 Homburg	1:3
2. Runde	19.08.1977	H	Eintracht Trier	3:1
1. Runde	10.08.1977	A	1. FC Saarbrücken	2:1
Viertelfinale	19.02.1977	A	Hertha BSC	2:4 n.V.
Achtelfinale	08.01.1977	H	FC Bayern München II	5:3
3. Runde	18.12.1976	H	TV Unterboihingen	10:1
2. Runde	16.10.1976	H	Hamburger SV	5:1
1. Runde	10.08.1976	A	Hannover 96 II	10:0

Halbfinale	01.06.1976	H	Hamburger SV	0:1
Halbfinale	04.05.1976	A	Hamburger SV	2:2 n.V.
Viertelfinale	03.04.1976	A	1. FC Köln	5:2
Achtelfinale	31.01.1976	A	FK Pirmasens	2:0
3. Runde	13.12.1975	H	TeBe Berlin	3:0
2. Runde	18.10.1975	A	Bünder SV	3:0
1. Runde	05.08.1975	H	1. FC Saarbrücken	3:1
3. Runde	08.02.1975	H	MSV Duisburg	2:3
2. Runde	25.10.1974	H	Rot-Weiß Oberhausen	2:0
1. Runde	07.09.1974	H	VfB Stuttgart	3:2
Halbfinale	13.04.1974	A	Eintracht Frankfurt	2:3
Viertelfinale	16.02.1974	H	Hannover 96	3:2
Achtelfinale	15.12.1973	A	SV Werder Bremen	2:1
1. Runde	01.12.1973	H	MSV Duisburg	3:1
Viertelfinale	18.04.1973	H	Kickers Offenbach	2:4
Viertelfinale	14.04.1973	A	Kickers Offenbach	2:2
Achtelfinale	14.03.1973	H	Rot-Weiß Oberhausen	3:1
Achtelfinale	03.03.1973	A	Rot-Weiß Oberhausen	2:1
1. Runde	20.12.1972	H	HSV Barmbek-Uhlenhorst	7:0
1. Runde	10.12.1972	A	HSV Barmbek-Uhlenhorst	4:1
Viertelfinale	12.04.1972	A	1. FC Köln	1:5
Viertelfinale	01.04.1972	H	1. FC Köln	3:0
Achtelfinale	22.02.1972	H	Eintracht Braunschweig	3:1 n.V.
Achtelfinale	14.02.1972	A	Eintracht Braunschweig	0:0
1. Runde	15.12.1971	H	Fortuna Köln	6:0
1. Runde	04.12.1971	A	Fortuna Köln	1:2
Finale	19.06.1971	A	1. FC Köln	2:1 n.V.
Halbfinale	12.05.1971	A	Fortuna Düsseldorf	1:0
Viertelfinale	07.04.1971	H	MSV Duisburg	4:0
Achtelfinale	30.03.1971	H	1. FC Kaiserslautern	5:0
Achtelfinale	20.02.1971	A	1. FC Kaiserslautern	1:1 n.V.
1. Runde	23.12.1970	H	KSV Hessen Kassel	3:0
1. Runde	12.12.1970	A	KSV Hessen Kassel	2:2 n.V.
Viertelfinale	05.08.1970	A	1. FC Nürnberg	1:2
Achtelfinale	29.07.1970	H	Jahn Regensburg	4:0
1. Runde	25.03.1970	A	SG Wattenscheid 09	6:1
Finale	14.06.1969	A	FC Schalke 04	2:1
Halbfinale	03.05.1969	H	1. FC Nürnberg	2:0
Viertelfinale	05.04.1969	A	Hamburger SV	2:0
Achtelfinale	15.02.1969	H	Arminia Hannover	1:0
1. Runde	13.02.1969	A	Kickers Offenbach	1:0
1. Runde	05.02.1969	H	Kickers Offenbach	0:0 n.V.
Halbfinale	15.05.1968	A	VfL Bochum	1:2
Viertelfinale	01.04.1968	H	1. FC Nürnberg	2:1
Achtelfinale	24.02.1968	H	MSV Duisburg	3:1
1. Runde	27.01.1968	A	Jahn Regensburg	4:1
Finale	10.06.1967	A	Hamburger SV	4:0
Halbfinale	06.05.1967	H	TSV 1860 München	3:1
Viertelfinale	25.03.1967	A	FC Schalke 04	3:2

Achtelfinale	03.02.1967	A	SpVgg Erkenschwick	3:1
1. Runde	14.01.1967	A	Hertha BSC	3:2 n.V.
Finale	04.06.1966	A	Meidericher SV	4:2
Halbfinale	18.05.1966	A	1. FC Nürnberg	2:1 n.V.
Viertelfinale	07.04.1966	A	Hamburger SV	2:1
Achtelfinale	19.03.1966	H	1. FC Köln	2:0
1. Runde	22.01.1966	H	Eintracht Braunschweig	1:0
Qualifikation	02.01.1966	H	Borussia Dortmund	2:0
Finale	29.12.1957	H	Fortuna Düsseldorf	1:0
Halbfinale	01.07.1957	H	1. FC Saarbrücken	3:1 n.V.
Viertelfinale	01.04.1957	A	Spandauer SV	4:1
Vorrunde	02.04.1945	H	Bajuwaren München	0:1
Vorrunde	18.03.1945	H	TSV Allach	6:0
Vorrunde	18.06.1944	H	FC Wacker München	4:3
Vorrunde	03.06.1944	H	Bajuwaren München	2:1
1. Runde	22.08.1943	A	BC Augsburg	0:3
Vorrunde	09.05.1943	H	Bajuwaren München	6:1
Vorrunde	02.05.1943	H	FC Wacker München	8:0
Vorrunde	23.04.1943	H	TSV 1860 München	4:0
Vorrunde	10.04.1943	H	Münchner Post	3:2
Vorrunde	17.05.1942	H	LSV Fürstenfeld-Bruck	3:5
Vorrunde	10.05.1942	H	SpVgg Untermenzing	5:0
Vorrunde	22.06.1941	H	Austria Wien	1:5
Vorrunde	08.06.1941	A	SpVgg Kaufbeuren	4:0
Vorrunde	18.05.1941	A	SC Gern	6:1
1. Runde	18.08.1940	H	Wiener SK	0:1
Vorrunde	04.08.1940	H	Vienna Wien	0:1
Vorrunde	07.07.1940	A	BC Augsburg	2:1
Vorrunde	22.06.1940	H	Bajuwaren München	7:1
Vorrunde	12.05.1940	H	FC Wacker München	4:3
Vorrunde	20.04.1940	A	MTV Ingolstadt	3:0
Vorrunde	30.04.1939	H	Rapid Wien	2:5
Vorrunde	16.04.1939	A	Viktoria Augsburg	2:0
2. Runde	11.09.1938	A	VfR Mannheim	1:2
1. Runde	28.08.1938	H	Union Böckingen	7:0
Vorrunde	14.08.1938	A	BC Augsburg	2:1 n.V.
Vorrunde	16.06.1938	H	Teutonia München	6:0
Vorrunde	15.05.1938	A	FC Straubing	4:1
Vorrunde	27.05.1937	H	Bajuwaren München	0:2
Vorrunde	01.05.1937	A	Alte Haide München	2:1 n.V.
1. Runde	14.06.1936	A	SSV Ulm 1846	3:4
Zwischenrunde	17.05.1936	H	Union Augsburg	5:1
Vorrunde	26.04.1936	H	MTV Ingolstadt	5:1
Vorrunde	19.04.1936	A	MTV Ingolstadt	3:3 n.V.
1. Runde	01.09.1935	A	FV Ulm 94	4:5 n.V.
Vorrunde	20.06.1935	H	Jahn Regensburg	3:0
Vorrunde	01.06.1935	A	TSV Schwaben Augsburg	2:1
Vorrunde	19.05.1935	A	MTV Ingolstadt	6:0

Quelle: www.fcb-fanstatistik.de

Druck

Kaum ein Wort fällt im Zusammenhang mit dem FC Bayern wohl so häufig wie das Wörtchen „Druck“, insbesondere vor wichtigen Spielen. „Welch ein Druck“, hieß es z.B. wie schon so oft zuvor auch im April 2015, nachdem der FCB sein Viertelfinal-Hinspiel der Champions League beim FC Porto mit 1:3 verloren hatte. Jeder Bayern-Trainer konnte ein Liedchen vom in München herrschenden Druck singen. „Druck ist beim FC Bayern ein ständiger Wegbegleiter“, meinte Jürgen Klinsmann. „Der unantastbare Hitzfeld unter Druck“, hieß es oftmals über seinen Vorgänger, „der Druck auf van Gaal wächst“, hieß es noch häufiger über seinen Nachfolger. „Druck? Alles wie immer“, meinte Jupp Heynckes vor der Saison 2012/13 entspannt und holte locker das historische Triple. „Auch morgen wird der Druck hoch sein“, stellte Pep Guardiola achselzuckend fest.

Keiner aber sprach seit Max Plancks „Vorlesungen über Thermodynamik“ von 1897 so häufig über den Druck wie Oliver Kahn. „Ich befinde mich seit Jahren in einem Dauerdruckzustand“, bekannte er denn auch im Jahr 2004. „Ich spüre den Druck vor lauter Druck nicht mehr.“ Und so ging es noch vier Jahre weiter, bis er nach seinem Karriereende endlich entspannter werden konnte.

Effizienzberechnungen, beispielhafte

(I) Toreffizienz (siehe dazu auch ⇨ Torschützen, einmalige)

Die Rangliste der effektivsten Bayern-Stürmer in der Bundesliga (bis Ende Saison 2014/15):

- 1. Gerd Müller 0,85 Tore pro Spiel (427 Spiele / 365 Tore)
- 2. Mario Gómez 0,65 (115/75)
- 3. Luca Toni 0,63 (60/38)
- 4. Mario Mandzukic 0,61 (54/33)
- 5. Roy Makaay 0,6 (129/78)
- 6. Arjen Robben 0,57 (127/73)
- 7. Robert Lewandowski 0,55 (31/17)
- 8. Giovane Elber 0,54 (169/92)
- 9. Karl-Heinz Rummenigge 0,52 (310/162)

(II) Spielminuten-Toreffizienz

Besonders pfiffig war „Kobra“ Jürgen Wegmann, der in seinen beiden Spielzeiten 1987/88 und 1988/89 in 58 Spielen 26 Tore schoss. „Die ‚Kobra‘ wurde in dieser Saison nur ab und zu eingewechselt, trotzdem gelangen ihm einige Tore“, erzählte Wegmanns Stürmerkollege Roland Wohlfarth. „Zu Hause rechnete er sich dann immer seine Effektivität aus, die, gemessen an den wenigen Spielminuten, die er im Einsatz war, relativ hoch ausfiel. Damit nervte er mich im Training pausenlos, ich wurde manchmal richtig sauer.“ Trotz zeitweise geringerer Effektivität behielt Wohlfarth über viele Jahre seinen Stammplatz im Sturm. Der Effektivitätsvergleich nach Einsätzen ergibt folgendes Bild:

- Jürgen Wegmann 0,45 (58/26)
- Roland Wohlfarth 0,47 (254/119)

(III) Titeleffizienz

Bernd Dreher, Ersatzkeeper des FC Bayern von 1996 bis 2003 bzw. von 2005 bis 2008, absolvierte insgesamt nur 13 Bundesliga-Spiele für den FCB. Im DFB-Pokal und im Europapokal hatte er keinen einzigen Einsatz. In die Zeit, in der er im Kader stand, fielen sechs Meisterschaften, fünf Pokalsiege, ein Sieg in der Champions League und einer im Weltpokal. 13 Titel mit 13 Spielen – effizienter geht's wohl kaum.

(IV) Transfersummen-Treffer-Effizienzvergleich

- Mazinho 0,22 (49/11)
  2 Mio. DM Ablöse (1991) = 180.000 DM pro Treffer
- Radmilo Mihajlovic 0,12 (34/4)
  1,9 Mio. DM Ablöse (1989) = 475.000 DM pro Treffer
- Mario Gómez 0,65 (115/75)
  30 Mio. Euro Ablöse (2009) = 400.000 Euro pro Treffer
- Miroslav Klose 0,24 (98/24)
  15 Mio. Euro Ablöse (2007) = 625.000 Euro pro Treffer
- Jean-Pierre Papin 0,11 (27/3)
  6 Mio. DM Ablöse (1994) = 2 Mio. DM pro Treffer

Eier, gesuchte, verlorene und wiedergefundene

Verkaufsschlager im Merchandising sind Trikots. Weniger begehrt waren hingegen Utensilien wie das rot-weiß gestreifte FC-Bayern-München-Eierbecher-Set, das im Fan-Shop für 9,95 Euro käuflich erworben werden konnte. Manch ein Bayer mag ja ohnehin lieber Spiegeleier, was einst schon Jean-Marie Pfaff besang: „Ich war ein Belgier und jetzt bin ich ein Bayer / Ich trinke Bier und esse Leberkäs' mit Eier."

In jedem Fall herrscht beim FCB immer wieder ein großer Bedarf an Eiern. „Eier, wir brauchen Eier!", bellte Oliver Kahn am 1. November 2003 bei einem Premiere-Interview als Antwort auf die Frage, was den Bayern beim 0:2 auf Schalke gefehlt habe. Und Thomas Müller meinte vor dem Viertelfinale im DFB-Pokal gegen Bayer Leverkusen am 8. April 2015: „Da ist schon Pfeffer drin, da geht es auch ein bisschen um die Eier." Die hatten die Münchner dann im Elfmeterschießen, das sie mit 5:3 gewannen. Leverkusens Josip Drmic hatte auf dem Weg zum Elfmeterpunkt wohl die seinen verloren, denn Manuel Neuer hatte keine Schwierigkeiten, sein Schüsschen zu halten.

Glücklicher war Bastian Schweinsteiger am 25. April 2012, als er im Champions-League-Halbfinale gegen Real Madrid den entscheidenden Elfmeter zum 3:1 verwandelte. Er sah dabei allerdings cooler aus, als er war. „Auf dem Weg zum Punkt hatte ich kurz meine Eier verloren", gestand er nach vollbrachter Tat, „aber ich habe sie rechtzeitig wiedergefunden."

Eigentore

Wer schoss die meisten Eigentore in der Bundesliga? Franz Beckenbauer, noch heute berühmt für seine angeblich so vielen

Eigentore, traf lediglich viermal ins eigene Netz. Sechs Treffer gegen den eigenen Torwart erzielten hingegen die Führenden in dieser Kategorie, Manfred Kaltz (HSV) und Nikolce Noveski (Mainz 05).

Immerhin: In der Saison 1974/75 gelang es Beckenbauer, in zwei aufeinander folgenden Spielen ein Eigentor zu erzielen. Vor der nächsten Partie fragte Sepp Maier daher bei Trainer Dettmar Cramer nach: „Wer deckt am Samstag eigentlich den Franz?"

In der Bayern-Rangliste folgen auf den „Kaiser" Hans-Georg Schwarzenbeck mit drei sowie Klaus Augenthaler, Norbert Nachtweih, Samuel Kuffour, Martin Demichelis und Jürgen Kohler mit je zwei Eigentoren.

Das vermutlich schönste Bayern-Eigentor geht auf das Konto von Helmut Winklhofer, der beim Saisonauftakt 1985/86 in Uerdingen das Leder aus 35 Metern vehement in den Winkel des eigenen Gehäuses drosch und dabei Keeper Pfaff keine Chance ließ. Der herrliche Treffer wurde als erstes Eigentor überhaupt zum „Tor des Monats" (August 1985) gewählt. Ein folgenreicheres Eigentor unterlief Klaus Augenthaler, in fruchtbarer Zusammenarbeit mit Torwart Raimond Aumann, in der 90. Minute des Europapokal-Halbfinals 1990/91 gegen Roter Stern Belgrad. Die Bayern führten mit 2:1 und träumten nach der 1:2-Hinspiel-Niederlage von der Verlängerung und dem Erreichen des Endspiels. Plötzlich unterlief Libero Klaus Augenthaler ein Querschläger – der Ball schien für Aumann kein Problem zu sein, doch zum Entsetzen der Bayern-Fans lenkte er ihn ins eigene Tor –, und aus waren alle Träume.

Ein- und Auswechslungen

(Alle Zahlen nach der Datenbank des *kicker*. Es gibt andere Statistiken – etwa bei transfermarkt.de, bundesliga.de etc. –, die aber fehlerhaft sind.)

Mit 123 Einwechslungen (davon 109 für den FC Bayern) ist Mehmet Scholl Bundesliga-Rekordhalter. Bei den Auswechslungen führt Gerald Asamoah (139 für Schalke 04 etc.). Mehmet Scholl hat von seinen 334 Spielen nur 126 über die vollen 90 Minuten bestritten, Alexander Zickler nur 71 seiner 214 Spiele. Im Verhältnis die wenigsten 90-Minuten-Spiele hat wohl Roque Santa Cruz: nur 30 von 155.

Die meisten Einwechslungen:

- Mehmet Scholl 109
- Alexander Zickler 99
- Claudio Pizarro 81
- Roque Santa Cruz 63
- Carsten Jancker 54
- Bastian Schweinsteiger 54
- Ludwig Kögl 51
- Reinhold Mathy 48
- Hasan Salihamidzic 46
- Dietmar Hamann 46
- Thorsten Fink 42
- Marcel Witeczek 41

Die meisten Auswechslungen:

- Bastian Schweinsteiger 115
- Mehmet Scholl 100
- Thomas Müller 67
- Roque Santa Cruz 62
- Zé Roberto 62
- Giovane Elber 61
- Hasan Salihamidzic 59
- Roland Wohlfarth 59
- Franck Ribéry 52
- Lothar Matthäus 51
- Toni Kroos 48
- Michael Rummenigge 46
- Alexander Zickler 46
- Franz Roth 44

Einkäufe, die teuersten

Transferrekorde des FC Bayern - Zugänge

(in Klammern: Jahr, alter Verein. Nach transfermarkt.de, nur Angabe Gómez nach *SportBild*, Vidal nach focus.de)

Javier Martínez (2012, Athletic Bilbao)	40 Mio. Euro
Mario Götze (2013, Borussia Dortmund)	37 Mio. Euro
Arturo Vidal (2015, Juventus Turin)	37 Mio. Euro
Mario Gómez (2009, VfB Stuttgart)	35 Mio. Euro
Douglas Costa (2015, Schachtar Donezk)	30 Mio. Euro
Medhi Benatia (2014, AS Rom)	28 Mio. Euro
Thiago Alcántara (2013, FC Barcelona)	25 Mio. Euro
Manuel Neuer (2011, Schalke 04)	25 Mio. Euro
Franck Ribéry (2007, Olympique Marseille)	25 Mio. Euro
Arjen Robben (2009, Real Madrid)	24 Mio. Euro
Roy Makaay (2003, Deportivo La Coruña)	19,75 Mio. Euro
Miroslav Klose (2007, Werder Bremen)	15 Mio. Euro
Marcell Jansen (2007, Bor. Mönchengladbach)	14 Mio. Euro
Jérôme Boateng (2011, Manchester City)	13,5 Mio. Euro
Mario Mandzukic (2012, VfL Wolfsburg)	13 Mio. Euro
Breno (2007, São Paulo FC)	12 Mio. Euro
Lúcio (2004, Bayer 04 Leverkusen)	12 Mio. Euro

Einsätze, die meisten

... Pflichtspiele gesamt:

- Sepp Maier (709)
- Oliver Kahn (632)
- Gerd Müller (607)
- Franz Beckenbauer (584)
- Georg Schwarzenbeck (554)
- Klaus Augenthaler (545)
- Bernd Dürnberger (505)
- Bastian Schweinsteiger (500)
- Mehmet Scholl (469)
- Franz Roth (440)
- Philipp Lahm (434)
- K.-H. Rummenigge (423)
- Lothar Matthäus (410)

... in der Bundesliga:

- Sepp Maier (473)
- Oliver Kahn (429)
- Gerd Müller (427)
- Georg Schwarzenbeck (416)
- Klaus Augenthaler (404)
- Franz Beckenbauer (396)
- Bernd Dürnberger (375)
- Bastian Schweinsteiger (342)
- Mehmet Scholl (334)
- Franz Roth (322)
- K.-H. Rummenigge (310)
- Lothar Matthäus (302)
- Philipp Lahm (280)

... im DFB-Pokal:

- Sepp Maier (63)
- Gerd Müller (62)
- Franz Beckenbauer (61)
- H.-G. Schwarzenbeck (57)
- Oliver Kahn (57)
- Klaus Augenthaler (50)
- Franz Roth (48)
- Bastian Schweinsteiger (47)
- Philipp Lahm (44)
- Bernd Dürnberger (43)
- K.-H. Rummenigge (42)
- Uli Hoeneß (38)
- Paul Breitner (38)

... im Europapokal:

- Oliver Kahn (130)
- Bastian Schweinsteiger (103)
- Philipp Lahm (98)
- Klaus Augenthaler (89)
- Mehmet Scholl (88)
- Hasan Salihamidzic (88)
- Sepp Maier (78)
- Bernd Dürnberger (78)
- Philipp Lahm (77)
- Gerd Müller (74)
- Samuel Kuffour (74)
- Franck Ribéry (72)
- Franz Beckenbauer (71)
- Georg Schwarzenbeck (70)
- Thomas Müller (70)

... und in der Oberliga Süd (1945-1963):

- Hans Bauer (226)
- Jakob Streitle (225)
- Otto Schweizer (186)

Einwurf

Am 30. Spieltag 2014/15 bekam Torwart Manuel Neuer in der 52. Minute des Spiels gegen Hertha BSC in der Allianz Arena Szenenapplaus, als er einen Einwurf in der eigenen Hälfte kurzerhand selbst ausführte. Die Zuschauer empfanden das als Highlight bei einem ansonsten drögen 1:0-Sieg, der letztlich immerhin den 25. Meistertitel bedeutete. Am ersten Spieltag der Saison 1982/83, als die Bayern in Bremen antraten und der Belgier Jean-Marie Pfaff zum ersten Mal das Bayern-Tor hütete, gab auch ein Einwurf das Highlight ab – allerdings mit für die Bayern negativen Konsequenzen.

Die Szene: Werders Uwe Reinders macht einen langen Einwurf in Richtung Tor. Pfaff will nach dem Ball greifen, kann ihn noch mit den Fingerspitzen berühren, doch aufhalten auf seinem Weg ins Netz kann er ihn nicht mehr. Dumm: Der Belgier hatte vergessen, dass er den Ball ruhig hätte durchlassen können. Dann wäre es ein direktes Einwurf-Tor und daher nicht regelkonform gewesen. Durch seine Berührung aber war es ein regulärer Treffer, und noch dazu der einzige und entscheidende in diesem Spiel.

Einziger Verein, der alle möglichen internationalen Titel geholt hat

Der FC Bayern München ist der einzige europäische Verein, der sämtliche offiziellen internationalen Titel geholt hat: alle drei Europapokale (Europapokal der Landesmeister bzw. Champions League, Europapokal der Pokalsieger, UEFA-Pokal), den Weltpokal sowie die Klub-Weltmeisterschaft. Die Ehre, alle drei Europapokale gewonnen zu haben, teilt man sich mit Juventus Turin, Ajax Amsterdam und dem FC Chelsea. Alle vier Vereine haben zudem den Super Cup der UEFA gewonnen. Zusätzlich den Weltpokal gewonnen haben neben dem FC Bayern auch Juventus Turin und Ajax Amsterdam. Nur der FC Bayern hat jedoch darüber hinaus auch noch die Klub-WM gewonnen. Außerdem bemerkenswert: Der FC Bayern ist auch der letzte Verein, der die Champions League bzw. den Europapokal der Landesmeister dreimal in Folge gewinnen konnte (1974 bis 1976).

Elfmeter, der berühmteste gegen den FCB nicht verwandelte

Der Bremer Michael Kutzop war in der Saison 1985/86 der sicherste Elfmeterschütze der Liga. Am 22. April 1986, als die Bayern am vorletzten Spieltag im Weserstadion beim mit zwei Punkten führenden Spitzenreiter antraten, zeigte er erstmals Nerven. Es steht 0:0, in der 89. Minute pfeift Schiri Roth Elfmeter. Es kommt zu Tumulten, die Münchner versuchen, Kutzop zu irritieren. „Pflügler zog mich am Ohr, ein anderer Bayer bespuckte mich", so der Bremer. Kutzop läuft an – und der Ball landet am rechten Außenpfosten. Bayerns Torhüter Jean-Marie Pfaff: „Unser Trainer Udo Lattek hatte mich gut vorbereitet auf Kutzop, Bremens Strafstoßspezialisten. ‚Bleib so lange wie möglich stehen, beweg dich nicht', hatte er mir geraten. Ich hab mich nicht bewegt, als Kutzop anlief, mich erst ganz spät für die rechte Ecke entschieden. Der Ball flog nach links, und das Geräusch, das dann folgte, höre ich noch heute: das Klatschen von Leder gegen einen Aluminiumpfosten. Herrlich." Nach dem letzten Spieltag war Bayern aufgrund des besseren Torverhältnisses Meister.

Elfmeterschießen, lustige, dramatische & heldenhafte

In den DFB- und Europapokalwettbewerben mussten die Bayern immer wieder mal ins Elfmeterschießen. Einige davon blieben besonders in Erinnerung.

► 28.04.2015, DFB-Pokal, Halbfinale: Das Synchron-Wettrutschen
FC Bayern München – Borussia Dortmund 1:3 n.E.
Alle Bayern verschossen: Erst rutschte Lahm aus und hielt drüber, dann Xabi Alonso ebenso; Götzes Schuss parierte Dortmunds Keeper Langerak; schließlich drosch Manuel Neuer den Ball an die Latte. „Rutsch, rutsch, flopp, peng", brachte „Sportal" das lustige Hosenbodengerutsche kurz auf den Punkt (siehe zu weiteren Kommentaren auch ⇨ Rutschpartie, bespöttelte). Die Bayern, zuvor im Spiel klar die bessere Mannschaft, waren ausgeschieden.

Drei Jahre zuvor, beim „Drama dahoam", gab es wenig Anlass zu Spott.

▶ 19.05.2012, Champions League, Finale: Tragischer Schweini
FC Bayern München – FC Chelsea 4:5 n.E.
In der 83. Minute erzielte Müller für starke Bayern endlich das erlösende 1:0. Drogba glich fünf Minuten später per Kopfball aus. Nach einer torlosen Verlängerung dann das Elfmeterschießen: 2:1 Philipp Lahm – Mata verschießt – 3:1 Mario Gómez – 3:2 David Luiz – 4:2 Manuel Neuer – 4:3 Frank Lampard – Ivica Olic verschießt – 4:4 Ashley Cole – Bastian Schweinsteiger hat seine Eier verloren und schießt an den Pfosten – der unerbittliche Didier Drogba versenkt den Siegesball zum 4:5 und beendet so das Drama.

▶ 25.04.2012, Champions League, Halbfinale: Held Schweini
Real Madrid – FC Bayern München 1:3 i.E.
0:1 David Alaba – Neuer hält den Schuss von Cristiano Ronaldo – 0:2 Mario Gómez – Neuer hält den Schuss von Kaká – Casillas hält den Schuss von Toni Kroos – 1:2 Xabi Alonso – Casillas hält den Schuss von Philipp Lahm – Sergio Ramos schießt über das Tor – Bastian Schweinsteiger hat noch Eier in der Hose und trifft zum 1:3.

▶ 23.05.2001, Champions League, Finale: Der Titanen-Tag
FC Bayern München – FC Valencia 5:4 n.E.
Das Spiel der Elfmeter: Erst verschoss Scholl einen Foulelfmeter, dann versenkten Mendieta und Effenberg je einen Handelfmeter, Endstand nach 120 Minuten: 1:1. Im Elfmeterschießen schoss Paulo Sergio drüber, dann parierte Cañizares den Schuss von Andersson. Aber Oliver Kahn machte den Unterschied. Nachdem er bereits Zahovics Schuss unschädlich gemacht hatte, meisterte er auch noch die Elfer von Carboni und Pellegrino. Die Bayern hatten den Titel, und Kahn wurde als Held eines „Welttags der Elfmeter“ *(As)* zum Titan.

▶ 12.06.1999, DFB-Pokal, Finale: Matthäus-Passion (2)
FC Bayern München – SV Werder Bremen 5:6 n.E.
Nach 120 Minuten stand es 1:1. Kahn hielt den Schuss von Jens Todt und schien bereits auf dem Weg zum Elfmeter-Helden. Doch dann drosch „Cheffe“ Effenberg den Ball über den Kasten von Frank Rost. Und eben Rost machte die Bremer zum Pokalsieger, als er den finalen Schuss von Matthäus abwehrte. Und wer Matthäus sagt, erinnert sich an …

► … das DFB-Pokal-Finale vom 31.05.1984: Matthäus-Passion (1)
FC Bayern München – Borussia Mönchengladbach 8:7 n.E.
Als ausgerechnet der zukünftige Münchner Matthäus gleich den ersten Elfer über die Latte schoss, unterstellten die Fohlen-Fans dem „Judas" Absicht: um im nächsten Jahr mit seinen Bayern im Europapokal der Pokalsieger spielen zu können. Die Bayern waren in diesem Jahr nämlich nur Vierter in der Liga und daher für den Europapokal nicht qualifiziert. Über den nachhaltigen Matthäus-Beschimpfungen – und dem einprägsamen Bild des am Boden zerstörten „Sünders" – geriet fast vollkommen in Vergessenheit, dass Matthäus gar nicht der entscheidende Fehlschütze war. Als Gladbachs Torwart Uli Sude im achten Gang den Elfmeter von Klaus Augenthaler hielt, stand es wieder ausgeglichen 3:3. Nach weiteren sechs Elfmetern, die allesamt verwandelt wurden, schraubte sich der Spielstand auf 6:6. Dann lief der Gladbacher Norbert Ringels an – und schoss an den Pfosten. Karl-Heinz Rummenigges kleiner Bruder Michael blieb cool und setzte den Schlusspunkt zum 7:6 für die Bayern. Es war also Ringels. Loddar, dimitte nobis debita nostra („vergib uns unsere Schuld").

Und nur der Vollständigkeit halber:
Dass man auch ohne Gegentor aus dem Pokal ausscheiden kann, bewies der Wettbewerb von 1958/59, als das Elfmeterschießen noch nicht eingeführt war. Der FC Bayern spielte gegen den TSV 1860 München 0:0, beendete das Wiederholungsspiel ebenfalls torlos und schied schließlich per Losentscheid aus.

Elfmeterschützen, die besten

(nach transfermarkt.de, teils korrigiert)

Manfred Kaltz vom Hamburger SV verwandelte 53 von 60 Elfmetern und ist damit in der Geschichte der Bundesliga noch vor Gerd Müller der Mann mit den meisten Treffern vom Punkt (Quote 88 %). Gerd Müller liegt mit 50 Treffern auf Platz 2, mit zwölf vergebenen Strafstößen bei 62 Versuchen hält er aber auch den Rekord in der Kategorie „meiste Fehlversuche". Die meisten Elfmetertore in einer Saison, nämlich neun, gelangen Paul Breitner 1980/81. Bester Elfmetertöter im Bayern-Tor war Jean-Marie Pfaff (11 von 20, davon 6 von 15 in der Bundesliga gehalten = 55 %).

Liste der Bayern-Elfmeterschützen in der Bundesliga nach Anzahl der Treffer

Gerd Müller	51: 63-12 = 81 %
Paul Breitner	27: 33-6 = 82 %
	(gesamt 7. Platz, 31: 37-6)
Lothar Matthäus	27: 29-2 = 93 %
	(gesamt 9. Platz, 30: 33-3)
Stefan Effenberg	12: 16-4 = 75 %
	(gesamt 18. Platz, 18: 23-5)
Mehmet Scholl	11: 11-0 =100 %*
Arjen Robben	10: 11-1 = 91 %
Olaf Thon	9: 14-5 = 64 %
	(gesamt 13: 19-6)
Thomas Müller	8: 9-1 = 89 %
Roy Makaay	8: 8-0 = 100 %*
K.-H. Rummenigge	6: 7-1 = 86 %
Mario Gómez	5: 7-2 = 71 %
	(gesamt 6: 8-2)

*100 % erreichten bei allerdings nur drei Versuchen auch Dieter Brenninger und Jürgen Klinsmann.

Weitere Wettbewerbe

Mit zehn Treffern bei elf Versuchen hat Gerd Müller auch im DFB-Pokal die meisten Eflmetertore für den FC Bayern erzielt. Im Europapokal (EC der Landesmeister, Champions League, UEFA-Pokal, EC Pokalsieger) führt jedoch sein Namensvetter Thomas Müller (6/7) vor Lothar Matthäus und Paul Breitner (jeweils 5/5).

Erfolg ohne Sieg

Zwischen dem 15. und 21. Spieltag 1968/69 leisteten sich die Bayern sieben sieglose Spiele (4:10 Punkte, 3:8 Tore) und hielten dennoch die Tabellenspitze! Am 31. Spieltag kassierten sie dann gegen den noch amtierenden Meister 1. FC Nürnberg eine 0:2-Niederlage. Da aber die Konkurrenten Hamburger SV (1:3 gegen Schalke) und Gladbach (1:1 gegen Braunschweig) ebenfalls patzten, stand der FCB bereits drei Spieltage vor Saisonende als Meister fest.

Erlebniswelt

Am 25. Mai 2012 wurde in der Allianz Arena die FC Bayern Erlebniswelt eröffnet, die in (zunächst) 2.606 Exponaten und über 500 Bildern die Geschichte des Vereins präsentiert. In einem Flyer wird sie so beworben: „Mit über 3.000 qm Ausstellungsfläche ist die FC Bayern Erlebniswelt das größte Vereinsmuseum Deutschlands. Begeben Sie sich auf eine Zeitreise von der Gründung des FC Bayern bis in die Gegenwart. Herausragende Exponate und modernste Medientechnik bieten Ihnen eine faszinierende Mischung aus Information, mitreißender Emotion und erlebnisreicher Interaktion."

Europapokal-Endspiele, sämtliche

Nur zwei Jahre nach dem Aufstieg in die Bundesliga gewann der FC Bayern 1967 mit dem Pokal der Pokalsieger seinen ersten internationalen Titel. Sieben weitere Jahre vergingen, dann war auch der Meistercup fällig, die Krone der europäischen Pokalwettbewerbe. 1982 ging der FCB erstmals als Verlierer aus einem Finale hervor.

Europapokal der Pokalsieger

31. Mai 1967 (Städtisches Stadion, Nürnberg):
FC Bayern München – Glasgow Rangers 1:0 n.V.
Tor: Roth

Europapokal der Landesmeister

- 15. Mai 1974 (Heysel-Stadion, Brüssel):
  FC Bayern München – Atlético Madrid 1:1 (0:0) n.V.
  Tor: Schwarzenbeck
- Wh. 17. Mai 1974 (Heysel-Stadion, Brüssel):
  FC Bayern München – Atlético Madrid 4:0 (1:0)
  Tore: U. Hoeneß (2), Müller (2)

- 28. Mai 1975 (Prinzenparkstadion, Paris):
  FC Bayern München – Leeds United 2:0 (0:0)
  Tore: Roth, Müller
- 12. Mai 1976 (Hampden Park, Glasgow):
  FC Bayern München – AS Saint-Étienne 1:0 (0:0)
  Tor: Roth
- 26. Mai 1982 (De Kuip, Rotterdam):
  Aston Villa – FC Bayern München 1:0 (0:0)
- 27. Mai 1987 (Praterstadion, Wien):
  FC Porto – FC Bayern München 2:1 (0:1)
  Tor: Kögl

UEFA-Pokal

- 1. Mai 1996 (Olympiastadion, München):
  FC Bayern München – Girondins Bordeaux 2:0 (1:0)
  Tore: Helmer, Scholl
- 15. Mai 1996 (Stade du Parc Lescure, Bordeaux):
  Girondins Bordeaux – FC Bayern München 1:3 (0:0)
  Tore: Scholl, Kostadinow, Klinsmann

Champions League

- 26. Mai 1999 (Camp Nou, Barcelona):
  FC Bayern München – Manchester United 1:2 (1:0)
  Tor: Basler
- 23. Mai 2001 (Giuseppe-Meazza-Stadion, Mailand):
  FC Bayern München – FC Valencia 1:1 n.V. (1:1, 0:1) / 5:4 i.E.
  Tor: Effenberg
  Elfmeterschießen: Salihamidzic, Zickler, Effenberg, Lizarazu, Linke; verschossen: Sergio, Andersson; Kahn hält drei Elfmeter
- 22. Mai 2010 (Santiago-Bernabéu-Stadion, Madrid):
  Inter Mailand – FC Bayern München 2:0 (1:0)
- 19. Mai 2012 (Allianz Arena, München):
  FC Chelsea – FC Bayern München 1:1 n.V. (1:1, 0:0), 4:3 i.E.
  Tor: Müller
  Elfmeterschießen: Lahm, Gómez, Neuer; verschossen: Olic, Schweinsteiger; Neuer hält gegen Mata

► 25. Mai 2013 (Wembley-Stadion, London):
Borussia Dortmund – FC Bayern München 1:2 (0:0)
Tore: Mandzukic, Robben

Europapokal der Landesmeister

Gesamtbilanz bis 1991/92

	Spiele	G	U	V	Tore	Gegentore	Differenz	Punkte
Heim	44	38	5	1	132	28	+104	119
Auswärts	50	21	13	16	80	60	+20	76
Gesamt	94	59	18	17	212	88	+124	195

Tore im Elfmeterschießen wurden mitberechnet.

Alle Spiele

Runde	Datum	Ort	Team	Ergebnis
Halbfinale	24.04.1991	A	Roter Stern Belgrad (Serbien)	2:2
Halbfinale	10.04.1991	H	Roter Stern Belgrad (Serbien)	1:2
Viertelfinale	20.03.1991	A	FC Porto (Portugal)	2:0
Viertelfinale	06.03.1991	H	FC Porto (Portugal)	1:1
Achtelfinale	06.11.1990	A	ZSKA Sofia (Bulgarien)	3:0
Achtelfinale	23.10.1990	H	ZSKA Sofia (Bulgarien)	4:0
1. Runde	03.10.1990	H	APOEL Nikosia (Zypern)	4:0
1. Runde	19.09.1990	A	APOEL Nikosia (Zypern)	3:2
Halbfinale	18.04.1990	H	AC Mailand (Italien)	2:1 n.V.
Halbfinale	04.04.1990	A	AC Mailand (Italien)	0:1
Viertelfinale	21.03.1990	A	PSV Eindhoven (Niederlande)	1:0
Viertelfinale	07.03.1990	H	PSV Eindhoven (Niederlande)	2:1
Achtelfinale	01.11.1989	A	KS 17 Nentori Tirana (Albanien)	3:0
Achtelfinale	18.10.1989	H	KS 17 Nentori Tirana (Albanien)	3:1
1. Runde	27.09.1989	H	Glasgow Rangers (Schottland)	0:0
1. Runde	13.09.1989	A	Glasgow Rangers (Schottland)	3:1
Viertelfinale	16.03.1988	A	Real Madrid (Spanien)	0:2
Viertelfinale	02.03.1988	H	Real Madrid (Spanien)	3:2
Achtelfinale	04.11.1987	H	Neuchâtel Xamax FC (Schweiz)	2:0
Achtelfinale	21.10.1987	A	Neuchâtel Xamax FC (Schweiz)	1:2
1. Runde	30.09.1987	A	ZSKA Sofia (Bulgarien)	1:0
1. Runde	16.09.1987	H	ZSKA Sofia (Bulgarien)	4:0
Finale	27.05.1987	A	FC Porto (Portugal)	1:2
Halbfinale	22.04.1987	A	Real Madrid (Spanien)	0:1
Halbfinale	08.04.1987	H	Real Madrid (Spanien)	4:1
Viertelfinale	18.03.1987	A	RSC Anderlecht (Belgien)	2:2
Viertelfinale	04.03.1987	H	RSC Anderlecht (Belgien)	5:0

Achtelfinale	05.11.1986	A	Austria Wien (Österreich)	1:1
Achtelfinale	22.10.1986	H	Austria Wien (Österreich)	2:0
1. Runde	01.10.1986	H	PSV Eindhoven (Niederlande)	0:0
1. Runde	17.09.1986	A	PSV Eindhoven (Niederlande)	2:0
Viertelfinale	19.03.1986	A	RSC Anderlecht (Belgien)	0:2
Viertelfinale	05.03.1986	H	RSC Anderlecht (Belgien)	2:1
Achtelfinale	06.11.1985	A	Austria Wien (Österreich)	3:3
Achtelfinale	23.10.1985	H	Austria Wien (Österreich)	4:2
1. Runde	02.10.1985	H	Gornik Zabrze (Polen)	4:1
1. Runde	18.09.1985	A	Gornik Zabrze (Polen)	2:1
Finale	26.05.1982	A	Aston Villa (England)	0:1
Halbfinale	21.04.1982	H	ZSKA Sofia (Bulgarien)	4:0
Halbfinale	07.04.1982	A	ZSKA Sofia (Bulgarien)	3:4
Viertelfinale	17.03.1982	H	Universitatea Craiova (Rumänien)	1:1
Viertelfinale	03.03.1982	A	Universitatea Craiova (Rumänien)	2:0
Achtelfinale	04.11.1981	H	Benfica Lissabon (Portugal)	4:1
Achtelfinale	21.10.1981	A	Benfica Lissabon (Portugal)	0:0
1. Runde	30.09.1981	H	Östers IF (Schweden)	5:0
1. Runde	16.09.1981	A	Östers IF (Schweden)	1:0
Halbfinale	22.04.1981	H	FC Liverpool (England)	1:1
Halbfinale	08.04.1981	A	FC Liverpool (England)	0:0
Viertelfinale	18.03.1981	A	Banik Ostrava (Tschechien)	4:2
Viertelfinale	04.03.1981	H	Banik Ostrava (Tschechien)	2:0
Achtelfinale	05.11.1980	A	Ajax Amsterdam (Niederlande)	1:2
Achtelfinale	22.10.1980	H	Ajax Amsterdam (Niederlande)	5:1
1. Runde	01.10.1980	H	Olympiakos Piräus (Griechenland)	3:0
1. Runde	17.09.1980	A	Olympiakos Piräus (Griechenland)	4:2
Viertelfinale	16.03.1977	A	Dynamo Kiew (Ukraine)	0:2
Viertelfinale	02.03.1977	H	Dynamo Kiew (Ukraine)	1:0
Achtelfinale	03.11.1976	H	Banik Ostrava (Tschechien)	5:0
Achtelfinale	20.10.1976	A	Banik Ostrava (Tschechien)	1:2
1. Runde	29.09.1976	H	Köge BK (Dänemark)	2:1
1. Runde	15.09.1976	A	Köge BK (Dänemark)	5:0
Finale	12.05.1976	A	AS St. Étienne (Frankreich)	1:0
Halbfinale	14.04.1976	H	Real Madrid (Spanien)	2:0
Halbfinale	31.03.1976	A	Real Madrid (Spanien)	1:1
Viertelfinale	17.03.1976	H	Benfica Lissabon (Portugal)	5:1
Viertelfinale	03.03.1976	A	Benfica Lissabon (Portugal)	0:0
Achtelfinale	05.11.1975	H	Malmö FF (Schweden)	2:0
Achtelfinale	22.10.1975	A	Malmö FF (Schweden)	0:1
1. Runde	01.10.1975	H	Jeunesse Esch (Luxemburg)	3:1
1. Runde	17.09.1975	A	Jeunesse Esch (Luxemburg)	5:0
Finale	28.05.1975	A	Leeds United (England)	2:0
Halbfinale	23.04.1975	H	AS St. Étienne (Frankreich)	2:0
Halbfinale	09.04.1975	A	AS St. Étienne (Frankreich)	0:0
Viertelfinale	19.03.1975	A	FC Ararat (Armenien)	0:1

Viertelfinale	05.03.1975	H	FC Ararat (Armenien)	2:0
Achtelfinale	06.11.1974	A	1. FC Magdeburg	2:1
Achtelfinale	23.10.1974	H	1. FC Magdeburg	3:2
Finale	17.05.1974	A	Atlético Madrid (Spanien)	4:0
Finale	15.05.1974	A	Atlético Madrid (Spanien)	1:1 n.V.
Halbfinale	24.04.1974	H	Ujpesti Dozsa SC (Ungarn)	3:0
Halbfinale	10.04.1974	A	Ujpesti Dozsa SC (Ungarn)	1:1
Viertelfinale	20.03.1974	A	ZSKA Sofia (Bulgarien)	1:2
Viertelfinale	05.03.1974	H	ZSKA Sofia (Bulgarien)	4:1
Achtelfinale	07.11.1973	A	SG Dynamo Dresden	3:3
Achtelfinale	24.10.1973	H	SG Dynamo Dresden	4:3
1. Runde	03.10.1973	A	Atvidabergs FF (Schweden)	3:4 n.E.
1. Runde	19.09.1973	H	Atvidabergs FF (Schweden)	3:1
Viertelfinale	21.03.1973	H	Ajax Amsterdam (Niederlande)	2:1
Viertelfinale	07.03.1973	A	Ajax Amsterdam (Niederlande)	0:4
Achtelfinale	26.10.1972	A	Omonia Nikosia (Zypern)	4:0
Achtelfinale	24.10.1972	H	Omonia Nikosia (Zypern)	9:0
1. Runde	27.09.1972	H	Galatasaray Istanbul (Türkei)	6:0
1. Runde	13.09.1972	A	Galatasaray Istanbul (Türkei)	1:1
1. Runde	01.10.1969	A	AS St. Étienne (Frankreich)	0:3
1. Runde	17.09.1969	H	AS St. Étienne (Frankreich)	2:0

Quelle: www.fcb-fanstatistik.de

Fair-Play-Tabelle der Bundesliga, Platzierungen

Angegeben ist die Platzierung des FCB in der Fair-Play-Tabelle nach Anzahl der in Punkte umgerechneten Karten seit 2000. Es gilt, möglichst wenige Punkte zu sammeln (Rot: 5 Punkte; Gelb-Rot: 3 Punkte; Gelb: 1 Punkt). Danach landete der FCB in der nationalen Fair-Play-Wertung fünfmal auf Platz 1 (2003, 2007, 2010, 2013, 2014). In die Fair-Play-Wertung der UEFA, nach der die fairsten Landesverbände Europas zusätzliche Startplätze in der ersten Qualifikationsrunde der UEFA Europa League erhalten, gehen allerdings noch weitere Kriterien ein: Positives Spiel, Respekt vor dem Gegner, Respekt vor den Offiziellen, Verhalten der Mannschaftsoffiziellen, Verhalten des Publikums. Veröffentlicht wird von der DFL jedoch nur die Tabelle der Gelben und Roten Karten. Als deutsche Vereine erhielten bislang Mainz 05 (2005) und Hertha BSC (2008) einen Startplatz über die Fair-Play-Wertung.

Spieljahr	Platz	Gelb / Gelb-Rot / Rot
2000/01	11.	88 / 2 / 1
2001/02	3.	66 / 0 / 1
2002/03	1.	50 / 0 / 0
2003/04	7.	63 / 2 / 3
2004/05	8.	60 / 1 / 3
2005/06	7.	57 / 1 / 2
2006/07	1.	58 / 0 / 0
2007/08	2.	46 / 2 / 1
2008/09	8.	63 / 2 / 1
2009/10	1.	44 / 1 / 0
2010/11	2.	43 / 0 / 2
2011/12	3.	42 / 1 / 2
2012/13	1.	36 / 1 / 0
2013/14	2.	45 / 0 / 2
2014/15	1.	37 / 0 / 2

Fanklubs

Von den Fans des FCB waren Anfang 2015 über 300.000 in etwa 4.000 Fanklubs organisiert.

Das sind die zehn größten Fanklubs (nach einer Auflistung der *tz* im November 2014):

- ▷ Die Red-Dogs Stopfenheim
- ▷ Der Fanclub Nabburg i.d. Oberpfalz
- ▷ Der FC Bayern Mexico aus Guadalajara
- ▷ Die 13 Höslwanger vom Chiemsee
- ▷ Der FCB-Fanclub Floss e.V. aus Floss
- ▷ De rodn Waginga aus Waging am See
- ▷ Die Pomperl-Buam (Hüter der Hoeneß-Mütze) aus Bad Griesbach
- ▷ Der FCB Fanclub Union Natternbach aus Österreich
- ▷ Der Rot-Weiße Traun e.V. aus Traunstein
- ▷ Der Fanclub OAL-Power aus Beichelstein im Ostallgäu

Wie sich in dieser Rangliste bereits andeutet, sind die allermeisten Fanklubs nicht in München angesiedelt. Denn die Basis des FC Bayern ist nicht die bayerische Landeshauptstadt, sondern das

Bundesland Bayern. Kein anderer Bundesligist verfügt über eine so dichte Fanklubstruktur auf einer derartig großen Fläche. Aber auch außerhalb Bayerns, nicht zuletzt auch im Ruhrgebiet, haben die Bayern so viele Fanklubs wie kein anderer Verein. Und das schon seit den 1970er Jahren. Als die Bayern ihre ersten Europapokal-Triumphe einfuhren, waren sie neben Borussia Mönchengladbach jene deutsche Mannschaft, deren Spiele man in voller Länge im Fernsehen verfolgen konnte. Sie hatten stellvertretend für die Bundesliga Erfolge und wurden auf diese Weise ein „gesamtdeutscher Verein“, der überall im Bundesgebiet Anhänger generierte.

Fanzines

Ein Fanzine (Wortspiel aus „fan“ und „magazine“) ist ein (in Fotokopie oder Offsetdruck erscheinendes) Heft, das von Fans für Fans gemacht wird. Bayern-Fanzines hatten (und haben) Namen wie „Bavaria News“, „Gegen den Strom“ (Schickeria), „Der Pflästerstein“, „Red News“, „Red United“ oder „Südkurve73“. Das „Sauerland Echo“ erschien 2015 bereits im 22. Jahr. Die allermeisten Fanzines erscheinen heute allerdings nicht mehr in Papierform, sondern elektronisch als „E-Zines“. (siehe ⇨ Infos im Internet).

Farben

Als Vereinsfarben wählten die elf Gründungsmitglieder des FC Bayern im Jahr 1900 – echt bayerisch – die Farben „Weiß-Blau“. Nur wenig später spielte die Mannschaft jedoch aus praktischen Erwägungen in weißen Blusen und schwarzen Hosen. Nach dem Beitritt zum Münchner Sport-Club im Jahr 1906 mussten die Bayern statt schwarzer rote Hosen tragen. Vom Volksmund wurden die Spieler daher bald die „Roten“ bzw. „Rothosen“ getauft. Nach der erneuten Eigenständigkeit 1923 waren die offiziellen Vereinsfarben dann Rot und Weiß. Auf den Bayern-Publikationen der Saison 1996/97 befand sich erstmals ein Bayern-Emblem, dessen äußere Umrandung nicht mehr rot war, sondern blau. Diese Farbverschiebung sollte einen höheren und unverwechselbareren Wiedererkennungswert garantieren, da die Farbkombination Blau/Rot relativ selten ist.

Feiern, ausgelassene und weniger gescheite

25-mal hatten die Bayern bis 2015 Grund, eine Meisterschaft zu feiern. Rauschende Feste waren es nicht immer. Bei der Premiere 1932 ging es zünftig zu. Nach den offiziellen Festlichkeiten zur ersten Deutschen Meisterschaft fuhr die Mannschaft mit Freunden und Verwandten per „Radl“ auf eine Hütte, wo acht Tage weitergefeiert wurde.

Bei den Feierlichkeiten 1972/73, als man die Kölner mit elf Punkten und 49 Toren (!) distanzierte, kam es zum Eklat, als eine Boulevardzeitung Fotos der nackten Spieler veröffentlichte, die ausgelassen im Entmüdungsbecken tobten. Paul Breitner sah sich daraufhin zu der Frage genötigt: „Kann denn in diesem Scheißverein niemand gescheit feiern?“ Als der FC Bayern dann 1979/80 nach sechs flauen Jahren unter der Führung des Spanien-Rückkehrers wieder Meister wurde, gab es die wohl größte und ausgelassenste Feier in der Geschichte des Vereins. Breitner durfte sein altes Urteil revidieren: „Mensch, kann dieser Scheißverein jetzt feiern.“

Das übliche Prozedere nach einem Titelgewinn besteht in einem Autokorso über die Leopoldstraße mit anschließender Meisterfeier auf dem Marienplatz. Die in rotkarierten Hemden und Lederhosen steckenden Spieler auf dem Rathausbalkon machen Party mit ihren zu Abertausenden gekommenen Fans. Richtig lustig wird es, wenn sie dabei angeführt werden von einem launigen Feierbiest aus den Niederlanden (spanische Fußballphilosophen sind als Stimmungskanonen eher weniger geeignet). Und grundsätzlich hängt die Feierqualität auch vom Zeitpunkt des Meister-Gewordenseins ab. Der Titelgewinn in letzter Sekunde im Jahr 2001 hatte eine Explosion zur Folge. Die 25. Meisterschaft 2015 wurde am 30. Spieltag so beiläufig eingefahren, dass man es kaum gemerkt hat. Und weil ein anderer, wichtigerer Titel erst noch errungen werden wollte, fiel die Meisterfeier erst mal aus. Obwohl dieser bekanntlich nach Barcelona ging, wurde es doch noch fröhlich: Denn erstmals feierten auf dem Rathausbalkon die Bayern-Frauen mit, die in diesem Jahr ebenfalls den Meistertitel gewannen.

Fernsehgelder 1. Bundesliga

Rangliste 2014/15

(Stand: 20.04.2015, in Euro ©Fussball-Geld.de)

1. Bayern München	50.605.378 (37.236.000 national, 3.000.000 für Platzierung, 10.369.378 international)
2. Borussia Dortmund	42.559.555 (36.273.000, 1.250.000, 5.036.555)
Durchschnitt Liga:	32.190.344 (28.540.344, 1.500.000, 2.149.999)

Fertig

Am Dienstag, dem 10. März 1998, zwei Tage nach einer 0:1-Auswärtsniederlage bei Schalke 04, trat der sichtlich erregte Bayern-Trainer Giovanni Trapattoni in München vor die Mikrofone der Medien. Die Bayern hatten dreimal in Folge verloren (gegen Hertha, Köln und eben Schalke), Thomas Strunz, Mario Basler und Mehmet Scholl hatten Trapattonis Taktik öffentlich kritisiert. In einer dreiminütigen Brandrede schlug der Trainer nun zurück. Hier der volle Wortlaut:

„Es gibt im Moment in diese Mannschaft, oh, einige Spieler vergessen ihnen Profi was sie sind. Ich lese nicht sehr viele Zeitungen, aber ich habe gehört viele Situationen:

Wir haben nicht offensiv gespielt. Es gibt keine deutsche Mannschaft spielt offensiv und die Namen offensiv wie Bayern. Letzte Spiel hatten wir in Platz drei Spitzen: Elber, Jancker und dann Zickler. Wir mussen nicht vergessen Zickler. Zickler ist eine Spitzen mehr Mehmet e mehr Basler. Ist klar diese Wörter, ist möglich verstehen, was ich hab' gesagt? Danke. Offensiv, offensiv ist wie machen in Platz.

Ich habe erklärt mit diese zwei Spieler: Nach Dortmund brauchen vielleicht Halbzeit Pause. Ich habe auch andere Mannschaften gesehen in Europa nach diese Mittwoch. Ich habe gesehen auch zwei Tage de Training.

Ein Trainer ist nicht ein Idiot! Ein Trainer sehen, was passieren in Platz. In diese Spiel es waren zwei, drei oder vier Spieler, die waren schwach wie Flasche leer! Haben Sie gesehen Mittwoch, welche Mannschaft hat gespielt Mittwoch? Hat gespielt Mehmet, oder gespielt Basler, oder gespielt Trapattoni? Diese Spieler beklagen mehr als spielen! Wissen Sie, warum die Italien-Mannschaften kaufen nicht diese Spieler? Weil wir haben gesehen viele Male solche Spiel. Haben gesagt, sind nicht Spieler für die italienische Meisters.

Strunz! Strunz ist zwei Jahre hier, hat gespielt zehn Spiele, ist immer verletzt. Was erlauben Strunz? Letzte Jahre Meister geworden mit Hamann eh... Nerlinger. Diese Spieler waren Spieler und waren Meister geworden. Ist immer verletzt! Hat gespielt 25 Spiele in diese Mannschaft, in diese Verein! Musse respektieren die andere Kollegen! Haben viel nette Kollegen, stellen sie die Kollegen in Frage! Haben keinen Mut an Worten, aber ich weiß, was denken über diese Spieler! Mussen zeigen jetzt,

ich will, Samstag, diese Spieler mussen zeigen mich e seine Fans, mussen alleine die Spiel gewinnen. Musse allein die Spiel gewinnen. Ich bin müde jetzt Vater diese Spieler, eh, verteidige immer diese Spieler!! Ich habe immer die Schulde über diese Spieler. Einer ist Mario, einer, ein anderer ist Mehmet! Strunz dagegen, egal, hat nur gespielt 25 Prozent diese Spiel!

Ich habe fertig!"

Filme & Dokus

▷ 1967: Wenn Ludwig ins Manöver zieht
Regie: Werner Jacobs
Lausbubenfilm mit Zlatko Cajkovski, Sepp Maier, Gerd Müller.

▷ 1973: Libero
Regie: Wigbert Wicker
Semi-dokumentarischer Spielfilm über Franz Beckenbauer zwischen Sport und Alltag.

▷ 1975: Potato Fritz
Regie: Peter Schamoni
Western mit Paul Breitner als Sergeant Stark neben Hardy Krüger.

▷ 1978: Profis
Regie: Christian Weisenborn, Michael Wulfes
Doku über Paul Breitner und Uli Hoeneß.

▷ 1979: Wehe, wenn Schwarzenbeck kommt
Regie: May Spils
Deutsche Filmkomödie, in der es mehrere Anspielungen auf den „Katsche“ gibt, Schwarzenbeck selbst ist in einem Gastauftritt am Ende des Films als Postbote zu sehen.

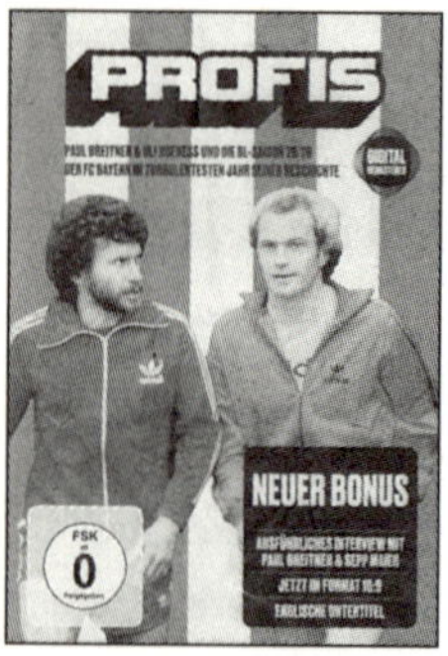

▷ 1987: Zärtliche Chaoten
Jean-Marie Pfaff neben Thomas Gottschalk, Helmut Fischer & Pierre Brice.

▷ 2003: De Pfaffs
Start einer Doku-Soap mit 267 Folgen im belgischen Fernsehen.

▷ 2004: Ja gut, ich sachmal
Regie: Jirka Schink
Allerlei Kurioses mit Loddar und Habe-Fertig-Trap.

▷ 2007: Frei:Gespielt – Mehmet Scholl: Über das Spiel hinaus
Regie: Ferdinand Neumayr und Eduard Augustin
Filmisches Denkmal für Mehmet Scholl.

▷ 2009: Lukas Podolski – Der Film
Doku über Poldis Weg bis zu seinem Wechsel zu den Bayern.

- ▷ 2010: Kick it like Kurt
  Dokumentarfilm über das Leben des Bayern-Präsidenten Kurt Landauer, erstellt vom Kreisjugendring München-Stadt in Kooperation mit dem NS-Dokumentationszentrum. Der Film wurde 2011 mit dem Münchner Bürgerpreis „Gegen Vergessen – Für Demokratie“ ausgezeichnet.

- ▷ 2010: Meister vs. Meister
  Regie: Johannes Grebert
  Doku über eine Kampagne von Mercedes Benz mit Sepp Maier, Mario Basler, Jürgen Kohler, Andreas Brehme.
- ▷ 2013: Wembley – Football is coming hoam
  Regie: René Hiepen
  Doku über die Erfolgssaison 2012/13 des FC Bayern, kommentiert von Philipp Lahm und Bastian Schweinsteiger.
- ▷ 2014: Wer ist Thomas Müller?
  Doku von Christian Heynen ohne Thomas Müller.
- ▷ 2014: Die Mannschaft
  WM-Doku mit Thomas Müller im Dirndl.
- ▷ 2014: Landauer – Der Präsident
  Regie: Hans Steinbichler
  Fernseh-Spielfilm über das Leben Kurt Landauers (Erstausstrahlung am 15.10.2014 in der ARD).

Firlefranz

Wegen seiner häufigen Meinungswechsel bezeichnete der *Spiegel* Franz Beckenbauer als „Firlefranz“ (*Spiegel* 50/1998). Das geschah wohl nicht zu Unrecht, wie die folgende Zitatesammlung beispielhaft dokumentiert.

- ▷ Joa … Was fragt’s immer mich?
- ▷ I weiß es net. Frag’ den Löw, der weiß es auch net.
- ▷ Ich habe noch nie eine große Rede gehalten. Ich habe immer nur gesagt, was mir gerade eingefallen ist.

- ▷ Ja gut… Johan (Cruyff) war der bessere Spieler, aber ich bin Weltmeister.
- ▷ Sokrates, Aristoteles, Platon und diese Leute haben sich vor 2.000 Jahren Gedanken gemacht, da sind wir noch auf den Bäumen gesessen und haben uns vor den Wildschweinen gefürchtet. Seither haben sich nur ganz wenige weiterentwickelt.
- ▷ Ja gut, es gibt nur eine Möglichkeit: Sieg, Unentschieden oder Niederlage.
- ▷ Morgen werden Tore fallen. In der laufenden Spielzeit.
- ▷ Sie werden provozieren, sie werden alle Tricks der Welt anwenden, da wird es richtig viele Nickligkeiten geben.
- ▷ Ich bin davon überzeugt, dass beim Spiel Fair Play walten wird. Nichts mehr wollte ich sagen.
- ▷ Man spielt ja nicht allein, man spielt gegen elf Gegner.
- ▷ Das sind alles gute Fußballer. Nur: Sie können nicht Fußball spielen.
- ▷ Beide sind Weltklasse-Spieler, natürlich können sie miteinander spielen.
- ▷ Die beiden passen nicht zusammen.
- ▷ Alle Profis spielen unter ihren Möglichkeiten, und zwar zwischen 10 und 20 Prozent.
- ▷ Weltklasse – aber mental völlig labil.
- ▷ Wenn einer in der Schülermannschaft so einen Fehler macht, sagt man ihm: „Such dir eine andere Sportart."
- ▷ Wenn das jetzt ein Isländer wäre, oder wenn er vom Nordpol kommt, dann würde ich sagen, gut, der hat seine Skistiefel noch an. Aber so: fürchterlich.
- ▷ Stell dir vor, der zieht wirklich mal richtige Fußballschuhe an.
- ▷ Ja gut, am Ergebnis wird sich nicht mehr viel ändern, es sei denn, es schießt einer ein Tor.
- ▷ Der Grund war nicht die Ursache, sondern der Auslöser.
- ▷ Das Einzige, was sich in der ersten Hälfte bewegt hat, war der Wind.
- ▷ Fußball ist kein Wunschkonzert.
- ▷ Ich bin immer noch am Überlegen, welche Sportart meine Mannschaft an diesem Abend ausgeübt hat. Fußball war's mit Sicherheit nicht.

- ▷ Das war ein bisschen wie Obergiesing gegen Untergiesing.
- ▷ Da hat wirklich der Riese gegen Goliath gespielt.
- ▷ Ich habe gesagt: Man kann alle in einen Sack stecken und so weiter. Kritik kam dann auf mich zu, aber ich hab' das nicht so negativ gemeint.
- ▷ Wir haben das Zaubern und den schönen Fußball noch nie erfunden. Der Deutsche muss arbeiten, um erfolgreich zu sein.
- ▷ In einem Jahr hab' ich mal 15 Monate durchgespielt.
- ▷ Ich finde es großartig, dass sich die Frauen immer mehr vermehren in der Bundesliga.
- ▷ Die haben unter den freiwilligen Helfern so viele hübsche Mädchen ausgesucht, dass ich in den Stadien ein paar Mal hintereinander rein- und rausgegangen bin.
- ▷ Ich habe mal einen Stammbaum machen lassen: Die Wurzeln der Beckenbauers liegen in Franken. Das waren lustige Familien, alles uneheliche Kinder. Wir sind dabei geblieben.
- ▷ Der liebe Gott freut sich über jedes Kind.
- ▷ Ich denke, der Ball ist immer länger.
- ▷ Der WM-Ball ist ja kein Lederball mehr, sondern eine Mischung aus Marsstaub, Mondstaub, Gold und Platin.
- ▷ Für Tennis bin ich zu alt, ich mache jetzt was anderes. Da habe ich meinen eigenen Ball, den schlage ich irgendwohin, dann gehe ich ihm nach, und wenn ich ihn finde, schlage ich ihn wieder weg.
- ▷ Was ist schon so eine Scheiß-Meisterschaft? Wir legen überhaupt keinen Wert auf Titel.
- ▷ Ich bedauere, dass diese attraktive Mannschaft nicht in der Champions League ist. Na gut, man hat diesen Weg ja selbst gewählt.
- ▷ Ich hab' mich immer durchgesetzt. Gott sei Dank, die Erfolge sprechen für sich.
- ▷ Da ist man ein bisschen stolz, weil man auch etwas dazu beigetragen hat. Als Spieler, als Trainer, als Präsident und was weiß ich nicht noch was.
- ▷ Ich möchte einmal wissen, in welcher Kommission ich nicht bin.
- ▷ Ich würde mich als Gelegenheitsarbeiter bezeichnen.
- ▷ Mit Fußball möchte ich später nichts mehr zu tun haben.
- ▷ Ich bin ja gelernter Versicherungskaufmann, stellen Sie sich

mal vor, ich wäre heute noch jeden Tag in der Versicherung – gut, die Allianz wäre dann mit Abstand das größte Unternehmen der Welt.

- ▷ Ich war 45 Jahre lang unterwegs. Jetzt kann ich nicht den ganzen Tag daheim sitzen und auf die Kinder aufpassen.
- ▷ Ich kann mit Sicherheit ausschließen, eines Tages nicht DFB-Präsident zu werden.
- ▷ Ich entschuldige mich, wenn meine Aussagen missverstanden worden sind.
- ▷ Schau'n mer mal.
- ▷ Jo mei.
- ▷ Erfolg ist ein scheues Reh. Der Wind muss stimmen, die Witterung, die Sterne und der Mond.
- ▷ Geht's raus und spielt's Fußball.

Flugzeug

Am 12. September 2001 wurde ein Airbus A 321 der Aero Lloyd auf den Namen „FC Bayern München" getauft und entsprechend gestylt, das Vereinsemblem prangte am Leitwerk. So etwas hatte es bis dahin in Deutschland noch nicht gegeben. Nur zwei Jahre später stellte Aero Lloyd einen Insolvenzantrag. So musste der FC Bayern im Oktober 2003 mit einer LTU-Maschine ohne Bayern-Branding zu seinem CL-Auswärtsspiel nach Lyon fliegen.

Fouls, unmöglich zu vermeidende

Als der Titelkonkurrent SV Werder Bremen am vorletzten Spieltag der Hinrunde 1985/86 in München gastierte, verletzte sich Rudi Völler bei einem Foul von Augenthaler so schwer, dass er erst wieder im Rückspiel gegen die Bayern mitwirken konnte. Völler war von der Mittellinie aus aufs Bayern-Tor gestürmt, als ihm Augenthaler von der Seite in die Beine trat und dafür dann lediglich eine Gelbe Karte sah. Die Rechtfertigung des Fouls durch Udo Lattek nährte den Verdacht, dass es sich bei der Attacke um einen kalkulierten Akt von Körperverletzung gehandelt hatte – mit dem Ziel, die Meisterchancen eines Titelkonkurrenten zu schmälern: „Spielen Sie mal gegen einen Rudi Völler. Gegen so einen Mann den Ball zu spielen, das ist unmöglich; der ist zu schnell."

Bei der DFB-Pokal-Viertelfinalpartie zwischen Bayer Leverkusen und dem FC Bayern München (3:5 i.E.) am 8. April 2015 sorgte erneut ein schweres Foul eines Bayern-Spielers für Schlagzeilen: Beim Versuch, den Ball aus der Luft zu holen, streckte Thiago das rechte Bein weit von sich und erwischte statt des Balls mit voller Wucht die Brust des Leverkuseners Stefan Kießling. Kießling musste behandelt und schließlich ausgewechselt werden. Thiago sah Gelb und entschuldigte sich damit, dass er den Leverkusener Stürmer nicht gesehen habe. Ob es unvermeidlich war?

„Es war natürlich eine klare Rote Karte, da braucht man nicht zu diskutieren", sagte Bayers Sportdirektor Rudi Völler, der einst als Stürmer so viele Fouls hatte einstecken müssen.

Frauenfußball beim FC Bayern

Die Frauenfußballabteilung des FC Bayern München besteht seit 1970. In den Anfangsjahren des modernen deutschen Frauenfußballs zählte das Team zu den Besten. Von 1972 bis 1990 wurden die Frauen des FC Bayern 19 Mal in Folge bayerischer Frauen-Meister. Größter Erfolg war im Jahr 1976 der Sieg im Finale um die Deutsche Meisterschaft gegen Tennis Borussia Berlin (4:2 nach Verlängerung). Der FC Bayern wurde damit zum ersten Verein, für den sowohl die Männer als auch die Frauen eine deutsche Meisterschaft gewannen, und er blieb lange Zeit auch der einzige (inzwischen haben die Männer und Frauen des VfL Wolfsburg dieses Kunststück wiederholt). 1979, 1982 und 1985 gelangten die Bayern-Frauen jeweils erneut ins Endspiel, mussten aber jedes Mal als Verliererinnen den Platz verlassen. 1988 und 1990 fuhren die FCB-Kickerinnen nach Berlin zum Endspiel um den DFB-Pokal, verloren aber ebenfalls beide Male.

1990 gehörte die Mannschaft zu den Gründungsmitgliedern der neuen eingleisigen Bundesliga. Nach einem fünften Platz in der ersten Saison folgte 1992 der Abstieg in die Bayernliga. Erst acht Jahre später gelang der Wiederaufstieg – und bald sollte die beste Zeit der Bayern-Frauen beginnen. In der Saison 2008/09 verfehlten sie den ersten Platz nur um ein Tor und qualifizierten sich als Vizemeister für die UEFA Women's Champions League. Dort drangen sie bis ins Achtelfinale vor, wo sie nur ganz knapp (0:0, 0:1 n.V.) am Hérault Sport Club Montpellier aus Frankreich scheiterten.

2011/12 war dann wieder eine besondere Premiere fällig: Als erster deutscher Verein brachte der FC Bayern das Kunststück fertig, seine Männer- und Frauenmannschaft gleichzeitig in die Endspiele um den DFB-Pokal zu bringen. Das Ergebnis war einigermaßen überraschend: Während es die sieggewohnten Männer versäumten, in Berlin gegen Dortmund ihren 16. Titel zu holen, triumphierten die Frauen wenige Stunden zuvor in Köln und holten bei ihrer dritten Finalteilnahme nach 1988 und 1990 gegen die mit Nationalspielerinnen gespickte Spitzenmannschaft des 1. FFC Frankfurt erstmals den Pokal nach München! In der 63. Minute köpfte Sarah Hagen nach einem von Katharina Baunach perfekt getretenen Eckball zum 1:0 ein. In der Schlussminute gelang Ivana Rudelic nach einem Konter der Treffer zum 2:0-Endstand.

Zur Saison 2014/15 machten die Bayern-Fußballfrauen mit ihrem Umzug in das just umgebaute und renovierte Stadion an der Grünwalder Straße ihre gewachsenen Ambitionen deutlich. Im kleinen Sportpark Aschheim hatten sie jahrelang vor nur wenigen hundert Interessierten gekickt. Nun war Platz für 12.500 Zuschauer, mehr als viermal so viel wie bisher.

Tatsächlich gelang dem unter Trainer Thomas Wörle runderneuerten Team der ganz große Triumph. In einem spannenden Dreikampf mit dem VfL Wolfsburg und dem 1. FFC Frankfurt sicherten sich die Bayern-Frauen am letzten Spieltag gegen die SGS Essen den Meistertitel! Vor über 5.000 Zuschauern an der Grünwalder Straße sorgten Melanie Leupolz und Vivianne Miedema für einen 2:0-Sieg. Das reichte für den Triumph, da die Wolfsburgerinnen, die zuvor noch mit einem Punkt Vorsprung in Führung gelegen hatten, in Frankfurt nur ein 1:1 erreichten. Zudem war erneut eine außergewöhnliche Premiere fällig: Als erster Verein im deutschen Fußball konnte der FC Bayern 2015 das gemischte Titel-Double feiern! Am 24. Mai gab es eine gemeinsame Meisterparty der Männer und der Frauen auf dem Münchner Rathausbalkon.

Bekannte Spielerinnen

Berühmteste Spielerin des Meisterteams von 1976 war die 59-malige Nationalspielerin und spätere Trainerin Sissy Raith. Die spätere Welttorhüterin Nadine Angerer stand von 1999 bis 2001 für zwei Spielzeiten im Tor des FC Bayern, bevor sie nach Potsdam wechselte. Ebenfalls nach Potsdam ging die in München geborene Stürmerin Petra Wimbersky, die zuvor noch ihren Teil zum Bundesliga-Aufstieg 2000 beigetragen hatte. Auch die Nationalstürmerin Simone Laudehr kickte eine Zeitlang beim FC Bayern (2003/04). Sie erzielte 2007 im WM-Finale gegen Brasilien per Kopf den 2:0-Endstand und sicherte damit wenige Minuten vor dem Abpfiff den Sieg der deutschen Mannschaft, zu der auch Angerer und Wimbersky gehörten.

Mit über 100 Länderspiel-Einsätzen die erfolgreichste Spielerin des Meisterteams von 2014/15 war Rückkehrerin Melanie Behringer. Die schussstarke Nationalspielerin hatte vor ihrem Intermezzo beim 1. FFC Frankfurt bereits von 2008 bis 2010 das Bayern-Trikot getragen. Zum Titel-Triumph trugen auch die japanische Weltmeisterin Mana Iwabuchi, die torgefährliche Amerikanerin Katie Stengel, die U19-Europameisterin Vivianne Miedema aus den Niederlanden sowie die finnische National-Torfrau Tinja-Riikka Korpela bei. Einen berühmten Namen trägt die Amerikanerin Gina Lewandowski, die allerdings nicht mit dem gleichnamigen Starstürmer verwandt ist. Leonie Maier, Melanie Leupolz und Lena Lotzen zählen zu den größten deutschen Nachwuchshoffnungen. Sie holten 2013 mit der deutschen Nationalelf in Schweden den EM-Titel und standen zusammen mit Behringer auch im deutschen Aufgebot bei der WM 2015 in Kanada. Eine weitere Zukunftshoffnung ist Jenny Gaugigl, die 2014 mit der U20 den Weltmeistertitel holte.

Frauenhüter

Oliver Kahns Affäre mit dem Disco-Girl und Promi-Luder Verena K. beherrschte Anfang des Jahrtausends wochenlang die Schlagzeilen der Boulevardpresse. Warum eigentlich? Affären der FC-Bayern-Prominenz waren ja nichts Besonderes: Lothar Matthäus sammelte Ehefrauen wie Meistertitel, Effenberg spannte Strunz die Spielerfrau aus, Ottmar Hitzfeld ließ sich von einer brasilianischen Sambatänzerin die Sinne verwirren, der „Kaiser" wurde am Rande der FCB-Weihnachtsfeier bei einer Heidi aus der Lüneburger Heide schwach und heiratete bald zum dritten Mal.

In ganz frühen Bayern-Zeiten war das alles noch anders gewesen. Da gab es – ganz im Gegensatz zu Otto Rehhagels Spruch „Die eigene Frau ist das beste Trainingslager" – das Eheleben und eben das Trainingslager. „Mir hat unser Koch, der Sauhund, immer was ins Essen reingetan, da hat sich da unten nichts mehr gerührt", meinte Sepp Maier einmal sibyllinisch. „Und wenn, dann hab' ich auf Handbetrieb geschaltet. Aber wenn's was zum Verzeihen gegeben hätte, dann hätte mir die Agnes schon verziehen – es ist ja alles nur menschlich." Von Jean-Marie Pfaff, seinem Nachfolger im Bayern-Tor, wurde hinter vorgehaltener Hand berichtet, dass er als einziger Bayern-Spieler im Trainingslager seine Ehefrau nicht betrogen habe – und sich eben deswegen geradezu unbeliebt gemacht hatte.

Freistoßkünstler

Wer war der beste im Bayern-Trikot?

Freistoß-Hämmer gab es schon viele, von Augenthaler etwa oder von Effenberg, Tarnat und Ballack. Mehr noch aber begeisterte der Filigrantechniker Mehmet Scholl. Über Jahre und zahllose Mauern hinweg schlenzte er die Bälle ins gegnerische Netz. Einen seiner schönsten Treffer erzielte er am 15. Februar 2003, als er in der 58. Minute des Derbys gegen die Löwen den Ball aus 25 Metern spektakulär und unhaltbar zum 1:0 ins linke Winkelkreuz setzte und damit einen 5:0-Kantersieg einleitete, zu dem er noch zwei weitere Treffer beisteuerte.

Unvergessen natürlich auch Mario Basler, der 1995/96 noch im Trikot von Werder Bremen mit sieben Freistoß-Saisontoren einen Bundesliga-Rekord aufstellte. Super-Mario konnte sogar Ecken direkt verwandeln. Sein toller Freistoß zum 1:0 im Champions-League-Finale 1999 hätte dem FCB beinahe den Titel beschert, wenn nicht in der Nachspielzeit... Noch schöner war sein Treffer am 19. Oktober 1998 in Gelsenkirchen, als er in der 15. Minute den Ball mit einem derartigen Effet um die königsblaue Mauer zirkelte, dass der hilflose Schalker Keeper Schober eine Fernsteuerung im Ball vermutete.

Immer noch das Bayern-Trikot trägt mit Arjen Robben ein weiterer toller Freistoß-Schütze. Besonders nachhaltig in Erinnerung: Sein 3:2-Siegtreffer am 25. Januar 2010 in Bremen, als ihm von der Strafraumgrenze ein traumhafter Schuss in den Winkel gelang. Irre zudem die Jubel-Szene danach: Robben rannte über den halben Platz Richtung Trainerbank, und Louis van Gaal fiel vor Schreck auf die Nase, als er dem Heranstürmenden auszuweichen versuchte.

Häufiger seine Qualitäten am ruhenden Ball bewies auch Bastian Schweinsteiger, und 2014/15 gab dann der Neuzugang Xabi Alonso zwei Kostproben. Als Freistoß-Könner mit der anspruchsvollsten Technik darf aber wohl David Alaba gelten. Am 7. Februar 2015 war er per Scharfschuss zum 2:0 gegen den VfB Stuttgart erfolgreich, noch schöner war sein Treffer kurz darauf im Achtelfinale des DFB-Pokals gegen Eintracht Braunschweig, als er den Ball kurz vor dem Halbzeitpfiff von halblinks aus rund 20 Metern Entfernung punktgenau unter die Latte zirkelte. Man darf von Alaba weiterhin ähnlich schöne Treffer erwarten. Denn erstens haben sich die Chancen von Freistoß-Schützen seit der Einführung des Schiedsrichter-Sprays deutlich erhöht – anders als früher bleiben die Mauern wie vorgeschrieben auf Distanz –, und zweitens nutzt er das Internet zur Perfektionierung seiner Künste: Indem er Videos der drei Freistoß-Heroen Juninho, Cristiano Ronaldo und David Beckham eingehend studiert.

Füße, besondere

Der Fußball ist reich an Mythen, und ebenso reich an Bildern sind die blumigen Beschreibungen der außergewöhnlichen Fähigkeiten, die Fußballschreiber den Stars andichten. Nachvollziehbar ist die These, dass kleine Spieler mit außergewöhnlich tief liegendem Körperschwerpunkt – solche etwa wie Gerd Müller – besonders wendig sind und daher gewisse Vorteile haben. Andere Aussagen zum Sonderwuchs klingen aber schon merkwürdiger. Etwa Hans Blickensdörfers These, dass sich die Akkuratesse der Beckenbauer'schen Ballbehandlung unmittelbar aus der Länge und der Konstellation seiner „an Finger erinnernden Zehen“ herleiten ließe. Oder die von Bayerns technischem Direktor Michael Reschke im Jahr 2015 geäußerte Beobachtung, der famose Edeltechniker Thiago (Schuhgröße 42) habe „Hände in den Füßen". Der schlichte „Zauberfuß" hingegen ist laut *Abendzeitung* ein Körperteil von Mehmet Scholl. Gesehen wurde er am 15. Februar 2003 beim 5:0 der Bayern gegen den Lokalrivalen 1860 im 197. Stadtderby. Scholl hatte drei Tore erzielt und dabei, so die *AZ*, mehr Gefühl in seinem „Zauberfuß" bewiesen „als 22 Löwen-Füße".

Füßigkeit

Jeder einigermaßen Fußballkundige weiß, dass linksfüßige Spieler eher selten sind. Weil sie Bedarf hatten, verpflichteten die Bayern 2004/05 erneut den bereits 35-jährigen Franzosen Lizarazu. Am besten ist natürlich, wenn man möglichst viele beidfüßige Spieler hat wie etwa Brehme und Boateng. Während Kollege Badstuber als Linksfuß auf die linke Innenverteidiger-Position abonniert ist, kann Boateng links wie rechts spielen. Aber man kann die Sache natürlich auch um- und verdrehen. So spielte Philipp Lahm als Rechtsfuß in früheren Jahren häufig auf der Position des Linksverteidigers. Im Falle Robben & Ribéry wurde das sogenannte seitenverkehrte Stürmen – „Linksfuß" Robben auf rechts und „Rechtsfuß" Ribéry auf links – geradezu zu einem Markenzeichen des FC Bayern. Sie wurden dadurch besonders torgefährlich: Wenn sie nach innen eindrehen, haben sie den Ball nämlich immer auf dem richtigen (Schuss-)Fuß.

Fußballer des Jahres

- **Europa (Ballon d'Or und UEFA Best Player):**
  Gerd Müller (1970)
  Franz Beckenbauer (1972, 1976)
  Karl-Heinz Rummenigge (1980, 1981)
  Franck Ribéry (2013)
- **Welt:**
  Platz 1: –
  Platz 2: Oliver Kahn (2002)
  Platz 3: Jürgen Klinsmann (1995), Manuel Neuer (2014)

- **Deutschland:**
  Franz Beckenbauer (1966, 1968, 1974, 1976)
  Gerd Müller (1967, 1969)
  Sepp Maier (1975, 1977, 1978)
  Karl-Heinz Rummenigge (1980)
  Paul Breitner (1981)
  Lothar Matthäus (1999)
  Oliver Kahn (2000, 2001)
  Michael Ballack (2003, 2005)
  Franck Ribéry (2008)
  Arjen Robben (2010)
  Bastian Schweinsteiger (2013)
  Manuel Neuer (2014)
- **Bosnien-Herzegowina:**
  Hasan Salihamidzic (2000, 2004–2006)
- **Dänemark:**
  Brian Laudrup (1992)
- **Frankreich:**
  Franck Ribéry (2007, 2008, 2013)
- **Ghana:**
  Samuel Kuffour (1998, 1999, 2001)
- **Kroatien:**
  Mario Mandzukic (2012, 2013)
  Ivica Olic (2009, 2010)
- **Österreich:**
  David Alaba (APA-Wahl 2011, 2012, 2013, 2014)
- **Paraguay:**
  Roque Santa Cruz (1999)
- **Polen:**
  Robert Lewandowski (2014)
- **Schweden:**
  Patrik Andersson (2001)

Gehaltsrangliste

Laut dem französischen Fachmagazin *France Football* war Lionel Messi im Jahr 2014 der Spitzenverdiener im Fußball. Angeblich verdiente er (Gehalt, Prämien und Werbeeinnahmen zusammengerechnet) 65 Mio. Euro. Cristiano Ronaldo belegte mit 54 Mio. den zweiten Platz. Bestplatzierter Deutscher war Bayernstar Mario Götze, der mit 16,9 Mio. Euro auf Rang 20 landete. Noch besser lag sein Vereinskollege Robert Lewandowski. Mit geschätzten Einnahmen von 20,2 Mio. Euro ist er der Spitzenverdiener der Bundesliga. Der erste deutsche Profi, der die 10-Mio.-Euro-Marke durchbrach, war Michael Ballack im Jahr 2006 (nach seinem Wechsel vom FCB zum FC Chelsea).

Der Lizenzspieler-Etat des FCB betrug 2014/15 geschätzte 160 Mio. Euro. Angeführt wurde die Gehaltsrangliste (laut *SportBild* vom 11.9.2014) von Franck Ribéry, Mario Götze und Philipp Lahm mit je 12 Mio. Euro Grundgehalt, Bastian Schweinsteiger lag wohl knapp dahinter. Nach den (nicht zwingend zuverlässigen) Ermittlungen von fussball-geld.de (Stand: 7.11.2014) folgten mit Gehältern zwischen 6 und 8 Mio. Thomas Müller, Thiago Alcántara, Robert Lewandowski, Xabi Alonso, Manuel Neuer, Arjen Robben, David Alaba, Javi Martínez und Jérôme Boateng.

Obwohl das in Anbetracht solcher Zahlen wohl durchaus denkbar wäre, spricht heute kaum einer mehr von einer „Überbezahlung" im Fußball. Früher, als noch das Vertragsspielerstatut von 1949 galt, war das anders. Erlaubt war damals ein Monatsgehalt von 320 DM zuzüglich Reisekosten, Verpflegung sowie Sonderprämien für den Gewinn eines Titels. Die Pokalsieger des FC Bayern bekamen 1957/58 allerdings deutlich zu viel, wie der DFB ermittelte, nämlich Urlaubsgeld in Höhe von 16.000 DM und weitere 6.000 DM „Überbezahlung". Die Folge: Der FC Bayern wurde zu acht Punkten Abzug (später auf vier Punkte reduziert) in der Saison 1959/60 und 10.000 DM Geldstrafe verurteilt. Die betroffenen Spieler mussten ihre „Überbezahlung" zurückgeben und zusätzlich je 150 DM Strafe zahlen. Nur vier Jahre später kam übrigens mit Gerd Müller der Hauptverantwortliche für den Aufstieg des FCB nach München. Er blieb bei einem nach heutigen Maßstäben immer noch relativ bescheidenen Verdienst bis 1979 und ließ sich auch vom FC Barcelona nicht verführen, der ihn mit einem Jahresgehalt von 600.000 DM gelockt hatte.

Geldrangliste, europäische

(nach Umsatz in Mio. Euro. Quelle: Deloitte)

2013/14	1. Real Madrid 549,5
	2. Manchester United 518
	3. FC Bayern München 487,5
	4. FC Barcelona 484,6
	5. Paris Saint-Germain 474,2
2012/13	1. Real Madrid 518,9
	2. FC Barcelona 482,6
	3. FC Bayern München 431,2
	4. Manchester United 423,8
	5. Paris Saint-Germain 398,8
2011/12	1. Real Madrid 512,6
	2. FC Barcelona 483
	3. Manchester United 395,9
	4. FC Bayern München 368,4
	5. FC Chelsea 322,6
2010/11	1. Real Madrid 479,5
	2. FC Barcelona 450,7
	3. Manchester United 367
	4. FC Bayern München 321,4
	5. FC Arsenal 251,1

Gewissen, schlechtes

▷ „Ich brauche kein schlechtes Gewissen zu haben."
Franz Beckenbauer (in welchem Zusammenhang auch immer)

▷ „Wir gingen nach einem vermeintlichen Foul an mir – es war aber eine Schwalbe – per Elfmeter durch Matthäus nach einer halben Stunde mit 2:0 in Führung. Für die restliche Spielzeit hatte ich ein total schlechtes Gewissen."
Hans Dorfner zum Europacup-Halbfinale 1986/87 gegen Real Madrid (4:1)

▷ „Ich habe eine große Torheit begangen, einen Riesenfehler, den ich so gut wie möglich korrigieren will. Wissen Sie, nur eine Sache ist wirklich gut an meiner katastrophalen Situation. Ich

hatte all die Jahre ein schlechtes Gewissen wegen dieses Kontos in der Schweiz."
Uli Hoeneß (2. Mai 2013)

▷ „Im besten Fall bist du unser andauerndes schlechtes Gewissen, und im schlimmsten eben auch."
Die Trainer-Figur Conny Heidkamp (gespielt von Andreas Lust) zu Kurt Landauer (gespielt von Sepp Bierbichler) im Film „Landauer – Der Präsident"

Gott, Papst und Teufel

Als er beim Elfmeterschießen im Champions-League-Finale 2001 den Ball über die Latte schoss, habe er, so der Brasilianer Paulo Sergio, „nur gebetet – zu Gott und Olli Kahn". Er wurde erhört, denn mit drei übermenschlichen Paraden wurde Kahn an diesem Abend zum Titan.

Gott spielt aber nicht nur für betfreudige brasilianische Kicker eine Rolle. Auf einem speziell für die Weltmeisterschaft 2006 hergestellten Turnierfußball aus fairer Produktion war eine Aussage Bastian Schweinsteigers zu lesen: „Ich glaube einfach, dass Gott mit im Spiel meines Lebens ist." Als der Weltmeister am 18. April 2015 nach langer Verletzungspause im Spiel gegen die TSG Hoffenheim eingewechselt wurde, betrat er selbst unter „Fußballgott"-Gesängen der Fans den Platz. Sein Teamkollege Arjen Robben war schwer beeindruckt: „Der Fußballgott ist wieder da! Das war schon Gänsehaut, als Basti reinkam."

Bayerns Nummer eins Manuel Neuer, der schon als kleiner Schalke-Fan den Bischof von Rom im Stadion von Gelsenkirchen hatte bewundern dürfen, ist eher Papst-affin. Jedenfalls überreichten die Bayern, als sie nach ihrem glorreichen 7:1-Sieg gegen die Roma am 21. Oktober 2014 in Rom beim Heiligen Vater vorstellig werden durften, ein von allen Spielern unterschriebenes Bayern-Trikot mit der „1". Der Gedanke dahinter war wohl, dass der Stellvertreter Gottes auf Erden nur die Nummer eins sein kann – und nicht etwa die 10 oder die 5. *Spiegel-Online* betitelte die Begegnung indes – zugleich pfiffig und verwirrend – so: „Papst-Audienz für den FC Bayern: Grüß Gott!" Die Bayern kündigten dann auch noch eine Millionenspende an, über deren Verwendung Franziskus nach Gutdünken entscheiden möge. Der Papst revanchierte sich, indem er jedem Besucher einen kleinen Rosenkranz schenkte.

Den kann wohl selbst der superakribische Über-Trainer Pep Guardiola gut gebrauchen. „Ich kann nicht immer gewinnen, ich bin nicht Gott", bekannte er nach dem 0:3 gegen Borussia Dortmund am 30. Spieltag 2013/14. Anders war da einer seiner Vorgänger, Louis van Gaal. Der sprach nicht nur davon, ein Womanizer und Cäsar zu sein, sondern er hatte auch ein spezielles Verhältnis zu Gott. „Es gibt Leute, die total in Gott vertrauen", meinte er einmal. „Ich vertraue total in mich selbst." Der große Diego Maradona hingegen, dessen Fans einst eine eigene Kirche der Maradonisten gründeten, bezeichnete den inzwischen bei Manchester United tätigen Trainer wegen seines wenig netten Umgangs mit Spielern als „näher am Teufel als sonst irgendwas". Tatsächlich hatte van Gaal schon in München bekannt: „Ich bin nicht immer freundlich, ich bin auch böse zu meinen Spielern, und das sage ich ihnen auch."

Wenn hingegen Karl-Heinz Rummenigge die Allianz Arena „zur Hölle" machen will und die *Bild*-Zeitung fordert: „Bayern müssen stürmen wie die Teufel!", geht das nicht immer gut. Nach dem 0:1 im CL-Halbfinale 2013/14 in Madrid verloren sie auch das Rückspiel gegen Real mit 0:4. „Die Königlichen schickten den Meister zum Teufel", schrieb die Berliner *Morgenpost* voller Häme.

Größte & Kleinste

Der durchschnittliche Bundesligaspieler ist laut bundesliga.de knapp 1,84 Meter groß und wiegt fast 79 Kilogramm. Mit 1,57 Metern der kleinste aller Fußballprofis dürfte der Argentinier Diego Buonanotte sein (u.a. von 2006 bis 2013 bei River Plate sowie Málaga), der den legendären 162-Zentimeter-BVB-Winzling Dieter „Hoppy" Kurrat (1960 bis 1974) noch deutlich unterbietet. Der belgische Torwart Kristof Van Hout (u.a. 2009 bis 2011 bei Standard Lüttich) gilt mit einer Körpergröße von 2,08 Metern als weltgrößter Profifußballer. Ein 2,02-Meter-Riese (wie der Dortmunder Jan Koller) kickte auch schon bei den Bayern: der Österreicher Stefan Maierhofer (zwei Einsätze 2006/07). Stattliche Maße hatte auch Daniel Van Buyten (1,97 Meter). Die Kader des FCB zählten oft zu den kleinsten der Bundesliga, entsprechend hatten die „Roten“ schon viele kleine Spieler. Manni Schwabl, Olaf Thon, Philipp Lahm, Franck Ribéry – alle messen genau 1,70 Meter. Unter 1,70 Meter schafften es nur wenige. Zur 1,69-Meter-Zwergen-Riege zählen Kalle Del'Haye, Bixente Lizarazu und Xherdan Shaqiri. Pjotr Trochowski (2002 bis 2005) ist noch einen Zentimeter kleiner.

Gründungsversammlung

Im Jahr 1900 kam es zu einem großen Streit innerhalb der Fußballabteilung des Männerturnvereins (MTV) München, bei dem schon seit 1897 gekickt wurde. Einige Fußballer forderten den Anschluss an den Verband Süddeutscher Fußballvereine (VSFV), da sie endlich richtige Meisterschaftsspiele austragen wollten. Gustav Rudolf Manning, einer der maßgeblichen Mitbegründer des VSFV und des DFB, hatte seine inzwischen in München kickenden ehemaligen Mitstreiter aus Berliner bzw. Freiburger Tagen, Franz John und Josef Pollack, zu diesem Schritt angeregt: Ein Süddeutscher Fußballverband sei ohne Münchner Vereine, so Manning, nicht vollständig, eigentlich gar nicht vorstellbar. „Wir müssen die Fesseln der Turnerbewegung abstreifen!“, forderten also die Rebellen um ihren Anführer Franz John. Und so signierten insgesamt 17 mit den Turnern unzufriedene Fußballer ein Papier, das heute als Urkunde zur Vereinsgründung des FC Bayern gilt. Sie wollten damit ursprünglich eine Art Drohung zum Ausdruck bringen: Sollte der MTV das Bestreben der Fußballer, in den Süddeutschen Fußballverband einzutreten und damit am Ligabetrieb teilzunehmen, nicht unterstützen, werde man einen eigenen Verein gründen, hieß es.

Zur Abstimmung über die Frage des Beitritts zum Süddeutschen Fußballverband wurde am 27. Februar 1900 – ausgerechnet einem Faschingsdienstag – im MTV-Vereinslokal „Bäckerhöfel“ an der Schäfflerstraße (unweit vom Marienplatz) eine Sitzung einberufen. Als klar war, dass sich die Hauptversammlung der Turner gegen den Beitritt entscheiden würde, verließen elf der Rebellen aus Protest das Lokal. Sie liefen einige hundert Meter Richtung Odeonsplatz und begaben sich in das „Café Gisela“ in der Fürstenstraße (heute Kardinal-Döpfer-Straße). Da man die Turner im „Bäckerhöfel" nicht hatte überzeugen können, war man wild entschlossen, die Drohung nun sofort in die Tat umzusetzen. Und so gründete man im Nebenraum dieses schmucken Jugendstil-Cafés noch am selben Abend einen eigenen Klub: den FC Bayern.

Das Protokoll der Gründungsversammlung (zitiert nach http://www.fcbayern1.de/historisches/vereinsgeschichte.pdf) hat folgenden Wortlaut:

„Beginn: 10.00 Uhr, Vorsitzender: F. John, anwesend 11 Herren. Herr John übernimmt das Präsidium und begrüßt die Anwesenden. Zwei Fragen stellen sich: 1. Was wollen wir? 2. Liegt das Bedürfnis zur Gründung eines neuen Clubs vor? Herr John bespricht diese Fragen sachlicherweise und seine Ausführungen finden lebhaften Anklang. Es schließt sich hieran eine Debatte wegen der Begründung des Austritts aus der Fußballmannschaft des M.T.V.. Ein Antrag von Herrn Pollack, diese Angelegenheit durch Herrn John in der nächsten Sitzung des M.T.V. erledigen zu lassen, wird zum Beschluss erhoben. Hierauf wird die Debatte über die Gründung eines Klubs fortgesetzt. Nach kurzen Reden der Herren John, Francke und Pollack werden die Anträge: 1. Gründung eines neuen Clubs. 2. Benennung dieses Club mit dem Namen: Münchner Fußballklub ‚Bayern' einstimmig angenommen. Da die Wahl einer Vorstandschaft nach den Ausführungen des Herrn John vorläufig nicht rätlich ist, wird eine aus fünf Mitgliedern bestehende Kommission bestehend aus den Herren John, Francke, Pollack, Focke und Friederich gewählt. Als 1. Vorsitzender wird Herr John, als 1. Beisitzer Herr Pollack bestimmt, während die Besetzung anderer Chargen dem ‚Geschäftsleitenden Ausschuss' überlassen bleibt. Nach einer größeren Debatte wird sich auf einen Monatsbeitrag von 1,- Mark und einem Eintrittsgeld von 2,- Mark geeinigt. Als Clubfarben werden ‚Weiß-blau' erkoren. Die Diskussion wegen der Spielkleidung wird bis zur nächsten Sitzung verschoben. Die Ausarbeitung der Statuten bleibt dem Ausschuss überlassen und sollen diese in der nächsten Sitzung, die auf Beschluss am 07. März stattfindet, im Entwurf vorgelegt werden.

Der Vorsitzende teilt hierauf den Anwesenden mit, dass die Spielerlaubnis auf dem Schyrenplatz vom Magistrat erteilt sei, und dankt Herrn Francke als Vater dieser Idee, sowie den Herren Wamsler als eifrige Förderer. Hierauf wird ein Betrag von 3,– Mark für die Miete des Nebenzimmers von den Anwesenden zu gleichen Teilen gedeckt. Herr Focke erklärt sich bereit, die Kosten zu übernehmen, was der Vorsitzende mit Dank annimmt. Ein Antrag von Herrn John auf Abhaltung eines Kommerses* wird dem geschäftsführenden Ausschuss zur weiteren Ausarbeitung überwiesen. Da Weiteres nicht vorliegt, schließt der Vorsitzende um 11¼ Uhr die Sitzung.

München, 27. Februar 1900 gez. Franz John, Vors. gez. J. Pollack, Schriftführer."

Die vier wichtigsten der elf Gründungsmitglieder waren allesamt zugewanderte „Preißn":

- ▷ Franz John aus Pritzwalk in Mecklenburg, Fotograf, zuvor Spieler beim VfB 1893 Pankow und später in Berlin-Pankow Betreiber eines Fotoateliers (erster Präsident des FCB)
- ▷ Josef Pollack aus Freiburg, zuvor Spieler des Freiburger FC 1897, Sohn eines jüdischen Kaufmanns und später erfolgreicher Unternehmer in den USA (erster Schriftführer des FCB)
- ▷ Paul Francke aus Leipzig, zuvor Spieler beim FC Wacker 1895 Leipzig (erster Kapitän des FCB)
- ▷ Wilhelm Focke aus Bremen, zuvor beim Verband Bremer Ballspielvereine, Sohn des Bremer Senatssyndikus Dr. Johann Focke, später Maler und Flugzeugpionier (übernahm die gesamte Zeche bei der Gründungsversammlung und wurde erster stellvertretender Kapitän des FCB)

Zum ersten „Sponsor" des Vereins wurde Fritz Wamsler senior, Vater der Bayern-Gründungsmitglieder Fritz und Carl Wamsler. Er finanzierte die ersten richtigen Tore auf der Schyrenwiese und besorgte dem Verein dann ein Grundstück an der Clemensstraße in Schwabing als Spielstätte. Von den weiteren Gründungsmitgliedern – Otto Nägele, Georg Schmid, Arthur Ringler, Kuno Friederich und Albert Zoepffel – ist nichts weiter überliefert.

Die sogenannte Gründungsurkunde, die wie erwähnt schon vor dem 27. Februar von 17 Personen unterzeichnet worden war,

* Abendlicher Umtrunk in feierlichem Rahmen

trägt unter anderem auch die Unterschriften von Benno Elkan und Adolph von Neger. Elkan, Sohn eines jüdischen Schneidermeisters und Textilhändlers aus Dortmund, war Student an der Münchner Kunstakademie und avancierte später zu einem berühmten Bildhauer. Bei dem Mann mit dem auffälligen Namen Adolph von Neger kann es sich eigentlich nur um den 1880 in Dießen am Ammersee geborenen Studenten handeln, der später Tierarzt in Dachau werden sollte, vor allem aber als Kegler und ambitionierter Bergsteiger von sich reden machte und sich am 24. Februar 1938, dem „unsinnigen Donnerstag“ (Weiberfastnacht), um 14 Uhr im Laubengang des Dachauer Hofgartens „in Folge einer Nervenzerrüttung“ erschoss.*

Grüße gegen das Vergessen

„Manchmal sind es die kleinen Dinge, die wahre Größe zeigen“, schrieb die *Welt* in einer Vorbesprechung des Films „Landauer – Der Präsident“, der am 15. Oktober 2014 in der ARD ausgestrahlt wurde: „Ein Lächeln, ein Blick, ein Wort. Eine Geste, die unmissverständlich sagt, dass nichts den Menschen abhält, zu seiner Überzeugung zu stehen oder zu seiner Zuneigung.“

Gemeint war eine Szene, die am 7. November 1943 in Zürich anlässlich einer Gastspielreise des FC Bayern in die Schweiz stattfand. Während die Trainer nach dem Spiel Interviews gaben, gingen die Bayern-Spieler zur Tribüne, wo ihr in die Schweiz emigrierter ehemaliger Präsident dem Spiel zugesehen hatte. Obwohl sie Repressalien zu befürchten hatten, ließen sie sich auch von den als Überwacher mitgereisten Gestapo-Leuten in Ledermänteln nicht davon abhalten, dem Mann zuzuwinken, den sie immer noch als ihren Präsidenten betrachteten. Für Kurt Landauer war es ein wichtiges Zeichen, dass er trotz Flucht und Verfolgung in seiner Heimat nicht vergessen war – und wohl auch eine Motivation, nach dem Krieg wieder nach München zurückzukehren.

* vgl. Cornelius Wittmann: Dachau um 1900. Bürger, Bauern und Künstler im Alten Markt. Selbstverlag, Dachau 2004, S. 31

Hattricks, lupenreine

Als lupenreinen Hattrick bezeichnet man einen dreimaligen Torerfolg hintereinander in einer Halbzeit, ohne dass zwischenzeitlich ein anderer Spieler trifft. Die Sache klingt schwierig, kommt aber gar nicht so selten vor. Gerd Müller erzielte nicht nur die meisten Tore und meisten Dreierpacks überhaupt (31 in allen seinen Spielen), in der Bundesliga (18) und innerhalb einer Saison (sechs in der Spielzeit 1971/72), sondern natürlich auch die meisten lupenreinen Hattricks in der Geschichte der Bundesliga, nämlich sieben:

Am 7. Spieltag 1969/70 beim 4:1 gegen Werder Bremen, am 33. Spieltag 1969/70 beim 6:2 gegen RW Oberhausen, am 13. Spieltag 1971/72 in Hamburg gegen den HSV, am 21. Spieltag 1971/72 beim 7:0 gegen RW Oberhausen, am 30. Spieltag 1972/73 beim 6:0 gegen den 1. FC Kaiserslautern, am 34. Spieltag 1975/76 beim 7:4 gegen Hertha BSC sowie am 2. Spieltag 1977/78 beim 4:2 gegen St. Pauli.

Weitere Hattrick-Torschützen des FC Bayern:

▷ Karl-Heinz Rummenigge, 7. Spieltag 1983/84, 6:0 gegen Waldhof Mannheim
▷ Dieter Hoeneß, 23. Spieltag 1983/84, 6:0 gegen Eintracht Braunschweig
▷ Hans Dorfner, 27. Spieltag 1988/89, 4:0 gegen Hannover 96
▷ Luca Toni, 20. Spieltag 2007/08, 3:0 in Hannover gegen 96
▷ Mario Gómez, 30. Spieltag 2010/11, 5:1 gegen Bayer Leverkusen
▷ Mario Gómez, 5. Spieltag 2011/12, 7:0 gegen den SC Freiburg

Der Hattrick, den Gómez am 10. September 2011 in der zweiten Halbzeit gegen Freiburg erzielte (4:0 52., 5:0 55., 6:0 71.), war bereits der 94. in der Geschichte der Bundesliga.

Heimsiege mit 5 Toren und mehr

Saison	Spieltag	Datum	Gegner	Tore	Zuschauer
1971/72	16	27.11.1971	Borussia Dortmund	11:1	17.000
1983/84	21	13.03.1984	Kickers Offenbach	9:0	6.000
1976/77	5	10.09.1976	Tennis Borussia Berlin	9:0	15.000
2012/13	27	30.03.2013	Hamburger SV	9:2	71.000 a
2014/15	21	14.02.2015	Hamburger SV	8:0	75.000 a

1987/88	27	09.04.1988	FC Schalke 04	8:1	16.500
2011/12	5	10.09.2011	SC Freiburg	7:0	69.000 a
2009/10	31	17.04.2010	Hannover 96	7:0	69.000 a
1990/91	15	24.11.1990	SG Wattenscheid 09	7:0	19.000
1981/82	21	06.02.1982	Fortuna Düsseldorf	7:0	15.000
1979/80	28	12.04.1980	SV Werder Bremen	7:0	21.000
1971/72	21	19.02.1972	RW Oberhausen	7:0	20.000
1970/71	31	15.05.1971	1. FC Köln	7:0	28.000
2011/12	25	10.03.2012	TSG Hoffenheim	7:1	69.000 a
1977/78	25	11.02.1978	1. FC Saarbrücken	7:1	10.500
1977/78	9	24.09.1977	FC Schalke 04	7:1	70.000
1980/81	32	30.05.1981	Eintracht Frankfurt	7:2	48.000
1972/73	12	11.11.1972	Hannover 96	7:2	20.000
1969/70	31	11.04.1970	Hannover 96	7:2	12.000
1990/91	31	25.05.1991	Hertha BSC	7:3	44.000
1975/76	34	12.06.1976	Hertha BSC	7:4	21.000
2014/15	8	18.10.2014	SV Werder Bremen	6:0	71.000 a
2010/11	26	12.03.2011	Hamburger SV	6:0	69.000 a
2001/02	24	23.02.2002	FC Energie Cottbus	6:0	28.000
1992/93	27	23.04.1993	1. FC Saarbrücken	6:0	24.000
1987/88	21	27.02.1988	FC Homburg	6:0	8.500
1987/88	2	08.08.1987	Hamburger SV	6:0	63.000
1985/86	34	26.04.1986	Bor. Mönchengladbach	6:0	70.000
1985/86	4	08.10.1985	Hannover 96	6:0	13.000
1984/85	25	30.03.1985	Fortuna Düsseldorf	6:0	17.000
1983/84	23	25.02.1984	Eintracht Braunschweig	6:0	7.500
1983/84	7	17.09.1983	SV Waldhof Mannheim	6:0	32.000
1979/80	32	17.05.1980	Fortuna Düsseldorf	6:0	31.000
1972/73	30	05.05.1973	1. FC Kaiserslautern	6:0	28.000
1969/70	27	14.03.1970	TSV Alemannia Aachen	6:0	11.500
1969/70	17	25.02.1970	FC Schalke 04	6:0	22.000
1968/69	28	29.03.1969	SV Werder Bremen	6:0	17.000
1965/66	4	04.09.1965	Borussia Neunkirchen	6:0	30.000
2012/13	23	23.02.2013	SV Werder Bremen	6:1	71.000 a
2012/13	2	02.09.2012	VfB Stuttgart	6:1	71.000 a
1999/00	12	20.11.1999	SC Freiburg	6:1	46.000
1998/99	3	09.09.1998	FC Hansa Rostock	6:1	53.000
1990/91	11	20.10.1990	Hamburger SV	6:1	25.000
1985/86	28	22.03.1986	VfL Bochum	6:1	11.000
1982/83	20	05.02.1983	Karlsruher SC	6:1	10.000
1979/80	30	10.05.1980	TSV 1860 München	6:1	77.500 a
1978/79	6	16.09.1978	Eintracht Braunschweig	6:1	36.600
2002/03	2	17.08.2002	Arminia Bielefeld	6:2	60.000
2000/01	11	04.11.2000	Borussia Dortmund	6:2	62.000
1984/85	15	24.11.1984	Karlsruher SC	6:2	16.000

1981/82	1	08.08.1981	Bayer 04 Leverkusen	6:2	26.000
1978/79	2	19.08.1978	MSV Duisburg	6:2	32.000
1976/77	11	30.10.1976	Hamburger SV	6:2	35.000
1971/72	27	08.04.1972	SV Werder Bremen	6:2	15.000
1970/71	24	13.03.1971	Hamburger SV	6:2	26.000
1969/70	33	30.04.1970	RW Oberhausen	6:2	8.000
2004/05	33	14.05.2005	1. FC Nürnberg	6:3	63.000 a
1974/75	4	14.09.1974	1. FC Köln	6:3	36.000
1971/72	32	03.06.1972	Eintracht Frankfurt	6:3	28.000
2013/14	19	02.02.2014	Eintracht Frankfurt	5:0	71.000 a
2012/13	13	24.11.2012	Hannover 96	5:0	71.000 a
2011/12	3	20.08.2011	Hamburger SV	5:0	69.000 a
2007/08	28	13.04.2008	Borussia Dortmund	5:0	69.000 a
2007/08	7	26.09.2007	FC Energie Cottbus	5:0	69.000 a
2004/05	22	19.02.2005	Borussia Dortmund	5:0	53.000
1999/00	10	30.10.1999	VfL Wolfsburg	5:0	47.000
1996/97	29	26.04.1997	Fortuna Düsseldorf	5:0	61.000
1993/94	32	03.05.1994	1. FC Nürnberg	5:0	63.000 a
1993/94	3	22.08.1993	1. FC Dynamo Dresden	5:0	28.000
1988/89	34	17.06.1989	VfL Bochum	5:0	68.000
1988/89	32	03.06.1989	Bayer Uerdingen 05	5:0	18.000
1985/86	30	05.04.1986	1. FC Kaiserslautern	5:0	18.000
1982/83	22	26.02.1983	Arminia Bielefeld	5:0	12.000
1982/83	4	04.09.1982	Bayer 04 Leverkusen	5:0	20.000
1976/77	32	07.05.1977	Karlsruher SC	5:0	28.000
1975/76	5	30.08.1975	Fortuna Düsseldorf	5:0	42.000
1972/73	6	07.10.1972	FC Schalke 04	5:0	67.000
1966/67	31	13.05.1967	FC Schalke 04	5:0	10.000
1966/67	15	03.12.1966	1. FC Kaiserslautern	5:0	16.000
2013/14	23	01.03.2014	FC Schalke 04	5:1	71.000 a
2010/11	30	17.04.2011	Bayer 04 Leverkusen	5:1	69.000 a
2010/11	19	22.01.2011	1. FC Kaiserslautern	5:1	69.000 a
2008/09	23	07.03.2009	Hannover 96	5:1	69.000 a
1989/90	9	16.09.1989	VfL Bochum	5:1	26.000
1989/90	5	23.08.1989	1. FC Köln	5:1	68.000
1988/89	5	27.08.1988	1. FC Kaiserslautern	5:1	24.000
1987/88	31	03.05.1988	VfL Bochum	5:1	8.500
1985/86	22	08.02.1986	1. FC Saarbrücken	5:1	8.500
1985/86	18	07.12.1985	Bayer Uerdingen 05	5:1	13.000
1983/84	25	17.03.1984	VfL Bochum	5:1	15.000
1980/81	28	11.04.1981	MSV Duisburg	5:1	20.000
1980/81	22	21.02.1981	Arminia Bielefeld	5:1	19.000
1980/81	4	03.09.1980	FC Schalke 04	5:1	28.000
1978/79	29	21.04.1979	1. FC Köln	5:1	31.000
1976/77	31	23.04.1977	RW Essen	5:1	15.000

1976/77	13	13.11.1976	1. FC Saarbrücken	5:1	21.000
1975/76	13	08.11.1975	RW Essen	5:1	17.500
1973/74	25	09.03.1974	Hannover 96	5:1	13.000
1973/74	23	09.02.1974	FC Schalke 04	5:1	68.000
1973/74	19	12.01.1974	Fortuna Köln	5:1	18.000
1972/73	32	26.05.1973	VfL Bochum	5:1	14.000
1972/73	26	24.03.1973	VfB Stuttgart	5:1	33.000
1971/72	34	28.06.1972	FC Schalke 04	5:1	80.000 a
1971/72	25	18.03.1972	VfL Bochum	5:1	20.000
1971/72	12	23.10.1971	MSV Duisburg	5:1	24.000
1969/70	23	14.02.1970	Eintracht Braunschweig	5:1	15.000
1968/69	32	24.05.1969	Kickers Offenbach	5:1	15.000
1968/69	3	31.08.1968	Hamburger SV	5:1	16.000
1965/66	6	18.09.1965	Karlsruher SC	5:1	35.000
2013/14	32	26.04.2014	SV Werder Bremen	5:2	71.000 a
2009/10	17	19.12.2009	Hertha BSC	5:2	69.000 a
2006/07	34	19.05.2007	FSV Mainz 05	5:2	69.000 a
2005/06	23	25.02.2006	Eintracht Frankfurt	5:2	69.000 a
2003/04	26	27.03.2004	Bor. Mönchengladbach	5:2	56.000
1997/98	3	09.08.1997	VfL Wolfsburg	5:2	57.000
1996/97	20	01.03.1997	MSV Duisburg	5:2	39.000
1991/92	35	01.05.1992	SG Wattenscheid 09	5:2	27.000
1983/84	32	12.05.1984	1. FC Kaiserslautern	5:2	18.000
1965/66	24	05.03.1966	Bor. Mönchengladbach	5:2	15.000
1998/99	5	19.09.1998	Hamburger SV	5:3	50.000
1995/96	11	28.10.1995	VfB Stuttgart	5:3	63.000 a
1992/93	29	30.04.1993	VfB Stuttgart	5:3	56.000
1980/81	2	19.08.1980	Borussia Dortmund	5:3	50.000
1972/73	18	20.01.1973	RW Oberhausen	5:3	18.000

a = ausverkauft

Quelle: www.fcb-fanstatistik.de

Heimspielstätten des FC Bayern

In zeitlicher Reihenfolge

▷ Spielplatz an der Schyrenstraße in den Isar-Auen (1900)
Die „Schyrenwiese“ war Schauplatz der ersten Trainingsspiele des FC Bayern.

▷ Theresienwiese (1900 bis 1901)
Noch im Gründungsjahr trug der FC Bayern hier seine ersten Wettspiele aus.

▷ Clemensstraße in Schwabing (Mai 1901 bis 1905)
Erster offizieller Fußballplatz des FC Bayern.

- ▷ Sportplatz an der Karl-Theodor-Straße (1906 bis 1907)
  Sportplatz des Münchner SC, als dessen Fußballabteilung der FC Bayern ab 1906 antrat.
- ▷ Sportplatz an der Äußeren Leopoldstraße (Sept. 1907 bis 1922)
  Die neue Sportanlage des Münchner SC beim heutigen Parzivalplatz war Münchens erster Platz mit einer überdachten Sitztribüne.
- ▷ Sportplatz des MTV 1879 an der Marbachstraße (1922 bis 1923)
  Vorübergehende Ausweichspielstätte.
- ▷ Sportplatz des FC Teutonia am Oberwiesenfeld (1923 bis 1925)
  Das Fassungsvermögen des Teutonia-Platzes betrug offiziell 12.000 Zuschauer, auf der Westseite des Platzes erstreckte sich auf rund 50 Metern Länge eine hölzerne Sitztribüne mit Satteldach, damals die größte in München.
- ▷ Stadion an der Grünwalder Straße (1925 bis 1943)
  Die im September 1926 in Giesing auf dem Sechzigerplatz neu eröffnete Arena, die ein Fassungsvermögen von 40.000 Zuschauern hatte, war lange Jahre im Besitz der Löwen. Erst 1937 ging sie in städtischen Besitz über. Der FCB musste seine Heimspiele aber immer noch in einer Arena austragen, die im Volksmund „Sechziger-Stadion“ hieß. Nachdem das Stadion im Herbst 1943 bei zwei Flächenbombardierungen schwer getroffen worden war, wurde ein Umzug in andere Spielstätten nötig.
- ▷ Dantestadion an der Dantestraße (1943 bis 1944)
  Das Stadion verfügte bei der Eröffnung 1928 über 32.000 Plätze.
- ▷ Sportplatz an der Schlierseestraße (1944 bis 1945)
- ▷ Sportplatz der Bayerischen Hypotheken- und Wechselbank an der Grünwalder Straße (1945)
- ▷ Stadion an der Grünwalder Straße (1945 bis 1972)
  Nachdem man die Bombentrichter zugeschüttet und neue Tore aufgestellt hatte, wurde das Stadion als Städtisches Stadion an der Grünwalder Straße wieder freigegeben. 12.000 Zuschauer drängten sich am 26. August 1945 auf den Resten der Tribünen, als die Bayern das Derby gegen die Sechziger mit 4:0 gewannen.
- ▷ Olympiastadion (1972 bis 2005)
  Am 28. Juni 1972 bestritt der FC Bayern sein erstes Heimspiel im vom Stararchitekten Günther Benisch mit luftiger Zeltdach-

Konstruktion entworfenen Olympiastadion. 80.000 sahen das die Meisterschaft entscheidende Heimspiel gegen Schalke 04 (5:1) und bescherten dem FCB die erste Millioneneinnahme seiner Geschichte (1,2 Mio. DM).

Die neue Arena kam genau zur rechten Zeit. Als das ursprünglich billige Team um Beckenbauer, Maier und Müller aufgrund seiner Erfolge immer teurer wurde, besaß der Verein durch die Zunahme der Zuschauereinnahmen das Geld, um es zusammenzuhalten: Das Olympiastadion konnte mehr als doppelt so viele Zuschauer fassen wie das alte Stadion an der Grünwalder Straße. Es erwies sich als wahre Goldgrube, die dem FCB einen finanziellen Vorteil gegenüber der Konkurrenz verschaffte, zumal es dem FC Bayern von Bund, Stadt und Land nach der Olympiade 1972 quasi „geschenkt" wurde. Allerdings war dieser Vorteil nicht für die Ewigkeit, denn die Entwicklung des Fußballs forderte in den 1980er Jahren zunehmend komfortable Stadien ohne störende Laufbahn.

Anlässlich der EM 1988 wurde zwar die Sitzplatzkapazität erhöht, dennoch genügte das Stadion schon zu diesem Zeitpunkt kaum mehr den gewachsenen Ansprüchen. „Das Zeltdach und die Anlage sind zwar schön anzusehen, aber nicht mehr zeitgemäß", fasste Uli Hoeneß die Bayern-Forderung nach einer modernen Arena zusammen. Nach langem Hin und Her, während dessen die Bayern wiederholt mit dem Bau eines eigenen Stadions drohten, schien noch im Januar 1999 ein Umbau des Olympiastadions wahrscheinlich, bei dem u.a. das Spielfeld abgesenkt werden sollte. Dann jedoch fiel die Entscheidung zugunsten der Allianz Arena in Fröttmaning. Das 6:3 gegen den 1. FC Nürnberg am 33. Spieltag der Bundesliga-Saison 2004/05 war das letzte Pflichtspiel im Olympiastadion.

▷ Allianz Arena (seit 2005)

Die Allianz Arena wurde Ende Mai 2005 fertiggestellt. Im Rahmen der Eröffnung fand am 2. Juni 2005 das 201. Derby gegen den TSV 1860 statt, das überraschend mit 0:1 verloren ging. Am 9. Juni 2006 war die Allianz Arena Schauplatz des Eröffnungsspiels der WM 2006 (Deutschland – Costa Rica 4:2). Besonders bemerkenswert an dem vom Architektenteam Herzog

& de Meuron mit drei Rängen konzipierten Stadion ist die Hülle aus 2.760 Luftkissen, die in den Farben Weiß, Rot und Blau beleuchtet werden können. Wegen seiner kommerziellen Auslegung – mit Logen, Business-Seats, VIP-Restaurants und Shopping-Meilen – war das neue Stadion bei den Fans zunächst nicht besonders beliebt. Dennoch erwies sich der Neubau auf Anhieb als Zuschauermagnet. Bereits in der ersten Arena-Saison wurde mit 65.197 Zuschauern pro Spiel der alte Zuschauerrekord aus dem Olympiastadion gebrochen. Die Gesamtkapazität 2014 betrug international (ohne Stehplätze) 67.812 und national 71.137 komplett überdachte Plätze (inkl. Logen und Business-Seats), davon 13.794 als Stehplatz nutzbare Vario-Sitze bei Ligaspielen in der Süd- und Nordkurve. Seit 2015 darf die Kapazität der Allianz Arena bei nationalen Spielen um 4.000 auf 75.000 Besucher und bei internationalen Spielen auf knapp 70.000 Zuschauer erhöht werden. Die neu zu vergebenden Plätze (rund 1.500 Sitzplätze und 2.500 Stehplätze) befinden sich im Oberrang der Westtribüne und in der Südkurve.

Heimspielstätten - Bundesliga-Zuschauervergleich

(⇨ vgl. http://www.fcb-fanstatistik.de/Vergleich%20der%20Heimstaetten.htm)

Grünwalder Stadion	(von 1965/66 bis zum 16. Heimspiel der Saison 1971/72) 2.786.881 Zuschauer gesamt Ø 398.126 Zuschauer pro Saison / 23.419 Zuschauer pro Spiel
Olympiastadion	(vom 17. Heimspiel 1971/72 bis Ende Saison 2004/05) 22.910.974 Zuschauer gesamt Ø 673.852 Zuschauer pro Saison / 40.694 pro Spiel
Allianz Arena	(seit der Saison 2005/06) 11.834.000 Zuschauer gesamt Ø 1.183.400 Zuschauer pro Saison / 69.612 Zuschauer pro Spiel

Heimspielstätten - Ergebnisse

(Ein Vergleich von Allianz Arena, Olympiastadion und Grünwalder Stadion)

	G	O	A		G	O	A		G	O	A		G	O	A		G	O	A		G	O	A		G	O	A
0:0	5	13	8	0:1	2	16	5	0:2	3	4	1	0:3	1	4	1	0:4	1	1	0	0:5	0	0	0	0:7	0	1	0
1:0	10	54	11	1:1	6	49	11	1:2	5	9	6	1:3	0	7	1	1:4	1	2	0	1:5	0	0	0	1:7	0	0	0
2:0	12	44	21	2:1	10	37	24	2:2	7	27	2	2:3	1	4	0	2:4	0	0	0	2:5	0	1	1	2:7	0	0	0
3:0	12	49	18	3:1	9	51	10	3:2	0	23	2	3:3	0	11	3	3:4	0	3	0	3:5	0	0	0	3:7	0	0	0
4:0	2	31	11	4:1	8	22	9	4:2	1	18	3	4:3	2	1	0	4:4	0	0	0	4:5	0	0	0	4:7	0	0	0
5:0	2	13	5	5:1	6	20	4	5:2	1	5	4	5:3	0	5	0	5:4	0	0	0	5:5	0	0	0	5:7	0	0	0
6:0	4	11	2	6:1	0	7	2	6:2	3	6	0	6:3	1	2	0	6:4	0	0	0	6:5	0	0	0	6:7	0	0	0
7:0	2	3	2	7:1	0	2	1	7:2	1	2	0	7:3	0	1	0	7:4	0	1	0	7:5	0	0	0	7:7	0	0	0
8:0	0	0	1	8:1	0	1	0	8:2	0	0	0	8:3	0	0	0	8:4	0	0	0	8:5	0	0	0	8:7	0	0	0
9:0	0	2	0	9:1	0	0	0	9:2	0	0	1	9:3	0	0	0	9:4	0	0	0	9:5	0	0	0	9:7	0	0	0

G = Grünwalder Stadion / O = Olympiastadion / A = Allianz Arena

Stadion	Sp.	G	U	V	Tore	Diff.	Pkt.3
Allianz Arena	170	131	24	15	443:124	+319	417
Olympiastadion	563	411	100	52	1506:537	+969	1.333
Grünwalder Stadion	119	87	18	14	322:107	+215	279
Gesamtbilanz	852	629	142	81	2271:768	+1503	2029

Quelle: www.fcb-fanstatistik.de

Herbstmeister, Weihnachten und Ferngläser

In der Saison 2014/15 wurde der FC Bayern zum 19. Mal Herbstmeister. Bis dahin folgte dem Herbsttitel nur dreimal nicht die

Deutsche Meisterschaft: 1970/71 wurde Gladbach Meister, 1992/93 Werder Bremen, 2011/12 Dortmund.

1998/99 galt die übliche Formel: Bayern Herbstmeister, Bayern Meister. „Wenn wir in den bisherigen Spielen alle Chancen verwertet hätten, wäre die Meisterschaft schon Weihnachten entschieden", meinte Uli Hoeneß zur Chancenverwertung in der Vorrunde, in der sich die Bayern dennoch einen Vorsprung von sechs Punkten vor Leverkusen erarbeiteten. Am Ende hatten sie 15 Punkte mehr auf dem Konto.

Anfang November 2006 war der Bayern-Manager wenig entzückt, als seine Bayern nach dem 10. Spieltag nur auf Tabellenplatz drei herumdümpelten, und haute einen seiner berühmtesten Sprüche heraus. „Die sollen ruhig oben stehen bis Weihnachten", formulierte er an die Adresse der führenden Bremer. „Aber der Nikolaus war noch nie ein Osterhase. Am Ende wird der FC Bayern wie immer oben stehen." Das stimmte allerdings nur für die Stuttgarter, die am Ende den Titel holten – vor Schalke, Werder und den Bayern. Hoeneß richtete nun einen Appell an die Seinen. „Wir müssen dafür sorgen, dass wieder das Wehklagen einsetzt, wenn die anderen uns in der Tabelle mit dem Fernglas anschauen." Es wurden 88 Mio. Euro für neue Spieler lockergemacht, und ein Jahr später wurden die Bayern mit zehn Punkten Vorsprung Meister vor Bremen, das bereits am 26. Spieltag das Zehn-Punkte-Rückstands-Fernglas hatte auspacken müssen.

Bliebe noch vom 11. Spieltag 2009/10 zu berichten, als der FCB nach einem schwachen 0:0 in Stuttgart gar nur auf Rang 6 stand und Uli Hoeneß sich zu einer deftigen Kampfansage an die Konkurrenten motiviert sah: „Ich denke, vor Weihnachten stehen wir auf Platz 1." Das stimmte jedoch nicht ganz. Nach dem 17. Spieltag standen die Bayern zwar schon auf Platz 3, hatten aber noch zwei Punkte Rückstand auf den Tabellenführer Leverkusen. Immerhin eroberten sie noch vor Ostern, nämlich am 28. Februar 2010, die Tabellenführung. Am Ende wurden die Bayern mit fünf Punkten Vorsprung vor Schalke Meister, Leverkusen landete abgeschlagen auf Platz 4 – und es war einmal mehr, nämlich aus FCB-Sicht bereits zum achten Mal, bewiesen, dass der Herbstmeister-Nikolaus kein Meister-Osterhase war.

Hymnen & Lieder

Der Torwart der zweiten Bayern-Mannschaft, H. Bome-Hamburg, dichtete nach der Melodie der Bayern-Hymne („Gott mit Dir, Du Land der Bayern“) im Jahr 1905 das erste Vereinslied. Die zweite Strophe lautet: „Rot zieht sich durch unsre Farben, / Treuer Liebe edle Zier; / Nur die wahrhaft um dich warben, / Stehen treu versammelt hier. / Treu woll'n wir den Sport verehren, / Zu ihm steh'n um jeden Preis, / Treu woll'n alle wir nur schwören / Auf die Farben: Rot und Weiß!“

Die aktuelle offizielle Vereinshymne ist das von Willy Astor komponierte Lied „Stern des Südens“. So beginnt es: „Welche Münchner Fußballmannschaft kennt man auf der ganzen Welt? Wie heißt dieser Klub, der hierzulande die Rekorde hält? Wer hat schon gewonnen, was es jemals zu gewinnen gab? Wer bringt seit Jahrzehnten unsere Bundesliga voll auf Trab?“ Und der Refrain lautet: „FC Bayern, Stern des Südens, / Du wirst niemals untergeh'n, / weil wir in guten wie in schlechten Zeiten zueinander steh'n. / FC Bayern, Deutscher Meister, / ja, so heißt er, mein Verein, / ja so war es und so ist es und so wird es immer sein!“

Davor war jahrelang das Lied „Forever Number One“ die Hymne des Vereins. Das Lied „Mir san die Bayern“ und der alte Schlager von Franz Beckenbauer „Gute Freunde kann niemand trennen“ zählen ebenfalls zu den Hits in der Allianz Arena.

Infos im Internet

Offizielle Seiten:

- http://www.fcbayern.de
- http://www.fcb.tv
- http://www.fcb-erlebniswelt.de
- http://www.allianz-arena.de

Fanseiten mit statistischen Infos:

- http://www.bayernbaeda.de
  Täglich aktualisierte Fanpage mit einem großem Statistikteil.
- http://www.bayernkurve.de
  Fan- und Community-Seite mit eigenem Forum.

- http://www.unser-fcb.de
  Fanseite mit Statistiken.
- http://www.fcb-fanstatistik.de
  Interessante Statistikseite.
- http://www.holzlandfuechse.de
  Vieles über Spieler, Spiele usw.

Weitere Internetseiten von Bayern-Fans, -Fanzines und -Fanklubs (Auswahl):

- http://www.bayernfreunde.de
- http://www.bayernfans-united.de
- http://www.fanclub-fcb.org
- http://www.bayern-fanseite.de
- http://www.baziblogger.de
- http://www.inferno-bavaria.de
- http://www.Südkurve73.de
- http://www.suedkurve-muenchen.org
- http://www.suedkurvenbladdl.org
- http://www.miasanrot.de
- http://www.schickeria-muenchen.org
- http://www.clubnr.12.org
- http://www.bayernfans-nrw.de
- http://www.bayernfront-frieda.de (Nordhessen)
- http://www.bayern-fanclub96-konnersreuth.de
- http://www.miasanmia.com (Schalding l.d. Donau)
- http://www.fcb-fanclub-nachtschwaermer.de (Waldkirchen im Bayer. Wald)
- http://www.giessenbulls.de
- http://www.schlosspanther.de (Höchstädt a.d. Donau)
- http://www.bayernfanclub.su-ro.de.vu (Sulzbach-Rosenberg)
- http://www.bayernfanclub.ch (Schweiz)
- http://www.eifelpower.be (Manderfeld, Belgien)
- http://www.bayernfreunde-unterallgaeu.de
- http://www.rwb81.de (Regensburg)
- http://www.koenigsrote-fcb.de.vu (München für Jugendliche)
- http://www.clubs.pathfinder.gr/bayern (Thessaloniki, Griechenland)

- http://www.fcb-fans-parkstein.de
- http://www.fc-hollywood-peine.com (Peine, Niedersachsen)
- http://www.bfc-h.de (Hoppstädten, Hunsrück)
- http://www.rotweisseadler.com (Südtirol)
- http://www.dieduetetalbayern.de (Holzhausen)
- http://www.schwabinger-deife.de
- http://www.fcb-fanclub-wettenhausen.de
- http://www.bfc-offingen.de (Landkreis Günzburg)
- http://www.bfc-gneiding.de
- http://www.grizzlys-ober-breidenbach.de
- http://www.redwhitepadermunichs.de.tl (Paderborn)
- http://www.hotzenwald-haenner.de.tl
- http://www.a8-101.de (Rohrdorf)
- http://www.bayernfans-babenhausen.de (Allgäu)
- http://www.bfc-zwiesel.de
- http://www.forever94.de (Schönbrunn)
- http://www.bayernfanclub-fridolfing.de
- http://www.fcb-fanclub-trusetal.de (Thüringen)
- http://www.bayern-fan-club-gammertingen.de
- http://www.sds95.de (Villingen-Schwenningen)
- http://www.bayern-fanclub96-konnersreuth.de
- http://www.anzinger-katzen.de (Philippsburg)
- http://www.queerpassbayern.de (Schwul-Lesbischer Fanclub München)
- http://www.bayern-schergen.de (Bad Gandersheim)
- http://www.fcb-fanclub-manila.com (Manila, Philippinen)
- http://www.supporters-dillingen.de
- http://www.kornlupferbazi.de (Offenau)
- http://www.fcbayernfanclub-moosbach.de
- http://www.treue-rhein-main.de (Bischofsheim)
- http://www.fcbayern.lu (Luxemburg)
- http://www.fanclub-hohenschambach.de
- http://www.sportfreunde-bavaria.de (Eiterfeld, Hessen)
- http://www.krostitzer-lederhosen.de
- http://www.bayern-fanclub.info/ (Ottenhofen)
- http://www.bayern-bazis-bous.de (Bous, Saarland)
- http://www.rote-woelfe.com (Roßtal)

- http://www.fcb2012.jimdo.com (Graz, Österreich)
- http://www.fcb-boerde-fanclub.de (Werl)
- http://www.red-power.de (Nettetal)
- http://www.bfc-cityslickers.de/ (Hohenthann)
- http://www.bfc75kleinostheim.de
- http://www.bavarianredstars.de (Weilheim)
- http://www.fcb-fc-ffm.de (Frankfurt am Main)
- http://www.red-white-dogs-theilenhof.repage.de/ (Franken)
- http://www.bayernfanclub-wuestensachsen.de/
- http://www.fcb-fanclub-kleinemuehl.at.tf (Peilstein, Österreich)
- http://www.fair-fans.de (Hamburg)
- http://www.fcb-hochrhein.de
- http://www.fcbayern.ro (Rumänien)
- http://www.paderbazis.de/ (Paderborn)
- Http://www.fcb-fanclub-zwanzig13.de (Pfaffenwinkel)
- http://www.Red-Dynamite.de (Nordeifel)
- http://www.fcb2001.cabanova.de
- http://www.klausisreptilien.de
- http://www.fanclub-hohenschambach.de

Intellektuelle

Der FC Bayern war ein Schwabinger Klub, also in keinem Arbeiterviertel beheimatet, sondern in einem bürgerlich-akademischen Milieu. Dementsprechend galten die Bayern, bei denen vorwiegend Studenten, Künstler, Kaufleute und andere Selbständige Mitglieder waren, spätestens seit ihrem Anschluss an den noblen Münchner SC als ein elitärer Akademiker- und „Kavaliersklub". Bis zum Ersten Weltkrieg durfte beim FCB nur kicken, wer mindestens die Mittelschule absolviert hatte. Die Klubmitglieder pflegten die Bohème-Kultur, gaben sich modebewusst, intellektuell und kosmopolitisch. Auch wenn die Bayern diese soziale Exklusivität nicht beibehalten haben, so umgibt sie doch bis heute eine ganz andere Aura als beispielsweise die Arbeitervereine Borussia Dortmund und Schalke 04.

Diese Ursprünge der Bayern gerieten im Laufe der Jahrzehnte zwischenzeitlich in Vergessenheit. Doch spätestens als Udo Lattek zur Saison 1970/71 die beiden Jugendnationalspieler Uli Hoeneß und

Paul Breitner nach München geholt hatte, kam es zu einer Renaissance des Intellektuellenklubs: Beide hatten Abitur und verfügten über enormes Selbstbewusstsein und entsprechende Eloquenz. Weitere Abiturienten beim FCB dieser Jahre waren Rainer Zobel, Edgar Schneider, Charly Mrosko, Bernd Gersdorff sowie der spätere Arzt Jupp Kapellmann. Kein Wunder, dass die Trainer-Philosophen Pal Csernai und Dettmar Cramer bei den Spielern sehr beliebt waren.

Zu einem der erfolgreichsten Bayern-Trainer überhaupt avancierte der Mathematik-Lehrer Ottmar Hitzfeld, der sich selbst dann nicht von seiner Rotations-Interpretation des Fußball-Einmaleins abbringen ließ, als ihm von Karl-Heinz Rummenigge vorgehalten wurde, dass Fußball „keine Mathematik" sei. Als konzeptfreudiger Querdenker enthusiastisch begrüßt wurde im Sommer 2008 Jürgen Klinsmann. Nur zehn Monate später hatte Uli Hoeneß von der Querdenkerei allerdings genug. „Alle wichtigen Spiele haben wir verloren", meinte er bei der Entlassung des einstigen Wunschkandidaten. „Bei aller Liebe – das beste Konzept nutzt dir nichts, wenn nicht die Ergebnisse kommen."

Louis van Gaal lieferte dann Ergebnisse, obwohl seine Positionsspiel-Philosophie manchen Spieler an die Grenze zur intellektuellen Überforderung brachte. „Der Trainer hat seine eigene Philosophie, die ich zunächst schwierig fand", meinte Franck Ribéry im Herbst 2009. „Aber wir haben gemerkt, dass er sehr intelligent ist und viel Erfahrung hat. Wir brauchten Zeit, um uns an ihn zu gewöhnen." Im Wissen, dass Fußball eine „intellektuelle Herausforderung" ist, bewies van Gaal die nötige Geduld. „Ich trainiere mehr das Gehirn als die Beine. Das ist schwierig für die Spieler."

Dass der Katalane Pep Guardiola als der Fußball-Intellektuelle schlechthin gilt, ist in zahllosen Artikeln und zahlreichen Büchern so hinreichend erläutert worden, dass dies hier nur der Vollständigkeit halber kurz erwähnt wird. Ebenso, dass es nicht wenige unter den Bayern-Fans gibt – etwa die Mitglieder des 1985 gegründeten Ruhrgebiets-Fanklubs „Die Elche" –, die ihr hohes Bildungsniveau nicht verbergen. Am stolzesten auf seine Intelligenz war aber mit Sicherheit der eitle Ex-Manager Robert Schwan: „Ich kenne nur zwei intelligente Menschen: Schwan am Vormittag und Schwan am Nachmittag."

Italien-Connection

Ins ehemalige Lira-Paradies Italien abgewanderte Bayern-Stars: Karl-Heinz Rummenigge (1984, Inter Mailand), Andreas Brehme (1988, Inter Mailand), Lothar Matthäus (1988, Inter Mailand), Jürgen Kohler (1991, Juventus Turin), Stefan Reuter (1991, Juventus Turin), Stefan Effenberg (1992, AC Florenz), Brian Laudrup (1992, AC Florenz), Christian Ziege (1997, AC Mailand), Jürgen Klinsmann (1997, Sampdoria Genua), Carsten Jancker (2002, Udinese Calcio), Samuel Kuffour (2005, AS Rom), Robert Kovac (2005, Juventus Turin), Hasan Salihamidzic (2007, Juventus Turin), Lúcio (2009, Inter Mailand), Mark van Bommel (2011, AC Mailand), Miroslav Klose (2011, Lazio Rom), Mario Gómez (2013, AC Florenz). Den umgekehrten Weg gingen nur drei Italiener: Ruggiero Rizzitelli (1996, von Turin Calcio), Massimo Oddo (2008, vom AC Mailand ausgeliehen) und, mit dem weitaus größten Erfolg, Luca Toni (2007, vom AC Florenz).

Jahrhundertelf

Am 30. Mai 2005 präsentierte der FC Bayern bei der Eröffnung der Allianz Arena die per Internet-Abstimmung gewählte Jahrhundertelf. Im Tor votierten die Fans für Sepp Maier, in der Abwehr für Klaus Augenthaler, „Katsche“ Schwarzenbeck, Franz Beckenbauer und Paul Breitner. Das Traum-Mittelfeld bildeten Mehmet Scholl, Stefan Effenberg und Lothar Matthäus. In den Sturm wurden Gerd Müller, Karl-Heinz Rummenigge und als einziger Ausländer der Brasilianer Giovane Elber gewählt. Zum Trainer des „Dream-Teams“ kürten die Fans Ottmar Hitzfeld.

Jerry und Willy

Mehmet Scholl hatte seine schönsten Erlebnisse auf dem Platz mit Jerry und Willy. Aus seinen Erzählungen:

„Einmal haben wir in der Champions League bei Arsenal in London gespielt, die haben da richtig Dampf gemacht. Und plötzlich rauscht Jens Jeremies dem Patrick Vieira im Mittelfeld in die Beine, aber wie! Die beiden stehen wieder auf, da geht Jerry zu ihm hin und zeigt mit seinem Arm auf die Mittellinie. ‚Siehst du die Mittellinie? Kommst du drüber, macht es aua! Hier drüben aua, da drüben gut!‘ Darüber lache ich heute noch, genauso wie über diese unglaubliche Nummer von Willy Sagnol. Wir spielen in Stuttgart, Schiedsrichter ist Markus Merk. Irgendwann steht Willy mal neben dem und sagt: ‚Schiri, wir wechseln.‘ Merk schaut zum Spielfeld und antwortet: ‚Da steht aber keiner.‘ Und Willy sagt: ‚Nee, wir wechseln dich!‘ Normalerweise hätte der Merk da erst einmal unterbrechen müssen, bis sich jeder wieder vom Lachen beruhigt hatte.“

Joker, die besten

Wenn Spieler eingewechselt werden, um doch noch einen Torerfolg zu erzielen, spricht man davon, dass der „Joker gestochen hat“. Bayern-Rekordhalter in Sachen „Joker-Tore“ (nach bundesliga.de):

- 18 Alexander Zickler
- 13 Mehmet Scholl
- 11 Claudio Pizarro
- 10 Dieter Hoeneß
- 9 Franck Ribéry

Der effektivste Joker war Paolo Guerrero: In der BL-Hinrunde 2004/05 erzielte er in nur 6 Spielen als Einwechselspieler 5 Tore.

Jubel

Gerd Müller riss nach seinen Toren einfach nur die Arme hoch. „Ich habe mir nie Gedanken ums Jubeln gemacht“, sagte der Mann, der so viele Jubel-Anlässe geschaffen hat wie kein Zweiter. Paul Breitner strengte sich in den 1980er Jahren schon mehr an: Nach wichtigen Toren von Karl-Heinz Rummenigge nahm er dessen Kopf in beide Hände und drückte ihm einen Kuss ins Gesicht. Seitdem konnte man alle möglichen Jubel-Arten beobachten: Etwa den „Diver“ (Klinsmann), einen Kuss auf den Ring (Carsten Jancker), einen Salto (Klose), ein seltsames Drehen am Ohr (Luca Toni), eine Torero-Geste (der spanischstämmige Mario Gómez), ein Herz mit überkreuzten Fingern (Mario Götzes Liebesgruß für seine Freundin) oder – recht häufig und in verschiedenen Varianten – den Dank nach oben (Jérôme Boateng u.a.). Der Mann mit den innovativsten Jubel-Varianten beim FCB war sicherlich Giovane Elber: Er tanzte nicht nur Samba an der Eckfahne, sondern rollte sich auch schon mal in einen Teppich ein wie am 19. Dezember 1998 nach seinem 2:0 gegen den VfL Wolfsburg (womit er wohl ironisch auf die Kritik an den kurz zuvor von ihm veröffentlichten Nacktfotos reagieren wollte). Favorit für den besten Gruppen-Jubler dürfte das von der kompletten Bayern-Mannschaft nachgestellte Golfer-„Hole-in-one" 2009/10 im Spiel gegen Mönchengladbach sein. Größter Spezialist für einstudierte Jubel-Posen in Guardiolas Bayern-Team ist Arjen Robben. Stets weiß er, wo die Kamera steht, dann rutscht er auf den Knien, streckt seine Brust raus und breitet die Arme majestätisch wie ein Adler. Und dann gibt es noch den meist schlichten Thomas-Müller-Jubler. Der brüllt, ballt die Fäuste oder reißt die Arme hoch. Er freut sich eben einfach. Wie einst der Gerd. Wobei: Vielleicht überlegt er sich ja noch was. Den Batman-und-Robin-Jubel der Dortmunder Aubameyang und Reus beim 3:0-Derbysieg gegen Schalke 04 im Februar 2015 fand er jedenfalls lustig. Er könne sich vorstellen, auch mal als Comic-Held einen Treffer zu bejubeln, meinte Müller: „Lucky Luke ist cool."

„Judenklub"

Da die Geschichte des FC Bayern wesentlich von Fußballbegeisterten jüdischen Glaubens geprägt wurde, hatte der Verein schon in seiner Frühzeit einen Ruf als „Judenklub".

Anton Löffelmeier schrieb in seinem Buch „München und der Fußball": „Die Tatsache, dass der FC Bayern viele jüdische Mitglieder hatte, die teilweise in leitender Funktion mitarbeiteten, und dass noch dazu ein Jude jahrelang den Verein geleitet hatte und man sich im März 1933 nicht sofort von ihm getrennt hatte, sollte den Bayern das ganze ‚Dritte Reich' hindurch als Makel anhängen."

In der Nachkriegszeit wurde dieses jüdische Erbe des FCB allerdings viele Jahre lang eher stiefmütterlich behandelt. Erst in den letzten Jahren bekam es die ihm gebührende Aufmerksamkeit. Vor allem das Wirken Kurt Landauers, der mit Unterbrechungen über vier Jahrzehnte als Präsident die Geschicke des FC Bayern maßgeblich mitbestimmt hat, wurde auf vielfältigste Weise gewürdigt.

Der Wendepunkt in der öffentlichen Würdigung Landauers wurde am Pfingstwochenende 2006 eingeleitet, als der Fanklub „Schickeria" zum Gedenken an den ehemaligen Bayern-Präsidenten sein erstes antirassistisches Fanklub-Turnier veranstaltete. Am 28. Juli 2009 wurde dann eine Gedenkfeier anlässlich des 125. Geburtstages von Kurt Landauer im Konzentrationslager Dachau veranstaltet, an der auch die führenden Persönlichkeiten des FC Bayern teilnahmen. Parallel dazu gab es Aktionen der Bayern-Fans, die mit Spruchbändern im Stadion an den großen Präsidenten erinnerten. 2011 erschien das preisgekrönte Buch „Der FC Bayern und seine Juden" von Dietrich Schulze-Marmeling, 2014 folgten Dirk Kämpers Landauer-Biografie („Der Mann, der den FC Bayern erfand") und der vielbeachtete Film „Landauer – Der Präsident" mit Sepp Bierbichler in der Hauptrolle.

Der Kaufmannssohn Landauer, den Schulze-Marmeling als einen „der großen Visionäre und treibenden Kräfte im deutschen Klubfußball" beschreibt, prägte den FC Bayern und formte ihn zu einem modernen, weltoffenen Klub. Bayern-Mitglied seit 1901, wurde er 1913 erstmals Vereinspräsident. Der Ausbruch des Ersten Weltkriegs setzte seiner Amtszeit ein frühes Ende, aber nach seiner Rückkehr übernahm er erneut den FC Bayern. Die zweite Amtsperiode währte mit einer kurzen Unterbrechung vom Frühjahr 1919 bis zum März 1933. Unter Landauers Regie wurde die Jugendarbeit systematisch gefördert, zudem verpflichtete er international renommierte und professionelle Spitzentrainer wie William Townley oder Kalman Konrad. Unter Richard „Dombi" Kohn, den er 1930 nach München gelockt hatte, gelang zwei Jahre später der große Wurf: Der FC Bayern wurde erstmals Deutscher Meister.

Die Machtübernahme der Nazis verhinderte, dass dieser erste Triumph zu einer Erfolgsära ausgebaut werden konnte. Landauer musste im März 1933 zurücktreten und verlor kurz darauf auch seine Anstellung als Anzeigenleiter der *Münchner Neuesten Nachrichten*. Der Bayern-Macher war nun auf Hilfe von Freunden angewiesen, blieb aber trotz allem zunächst noch in München. Nach den Pogromen im November 1938 wurde er schließlich verhaftet und kam ins KZ Dachau. Die Tatsache, dass er ein ehemaliger Frontkämpfer des Ersten Weltkriegs war, half ihm, nach 33 Tagen entlassen zu werden. Er floh in die Schweiz. 1947 kehrte Landauer nach München zurück und wurde abermals zum Präsidenten des FC Bayern gewählt. Sein größtes Verdienst in seiner letzten, vier Jahre währenden Amtszeit war, dass er dem Verein das heutige Vereinsgelände an der Säbener Straße verschaffte. Kurt Landauer verstarb im Dezember 1961 im Alter von 77 Jahren.

In der Geschichte des FC Bayern spielten noch weitere Männer jüdischen Glaubens als Spieler, Trainer und Förderer eine wichtige Rolle:

- Aus den Gründungsjahren wären Gus Rudolf Manning zu nennen, der Initiator für den Beitritt der Münchner zum Verband Süddeutscher Fußballvereine, sowie Benno Elkan und Joseph Pollack, zwei der 17 Unterzeichner der Gründungsurkunde. Manning und Pollack lebten bereits ab 1905 bzw. 1903 in den USA, Elkan flüchtete 1934 nach London.
- Alfred Bernstein, der als Sohn eines jüdischen Vaters und einer evangelischen Mutter den NS-Rassegesetzen zufolge als „Halbjude" galt, war Torwart der Bayern-Mannschaft, die 1926 und 1928 die Süddeutsche Meisterschaft errang.
- Kalman Konrad war von 1928 bis 1930 ein renommierter Trainer des FC Bayern. Zuvor war er in den 1920er Jahren als Stürmer von Austria Wien einer der berühmtesten Fußballer Europas.
- Der Meistermacher von 1932, der gebürtige Wiener Richard Kohn, war nicht nur Trainer, er wirkte beinahe rund um die Uhr auch als Manager und Physiotherapeut der Bayern. Seinen aus dem Ungarischen abgeleiteten Künstlernamen „Dombi" (etwa „kleine Eminenz") hatte er als Spieler bei dem damals berühmten MTK Budapest angenommen. Vor den Bayern hatte er bereits erfolgreich Hertha BSC und den FC Barcelona trainiert. 1933 emigrierte er in die Schweiz, später holte er mit Feyenoord Rotterdam Titel. Richard „Dombi" Kohn, der während des Kriegs zum christlichen Glauben konvertierte, verstarb 1963 in den Niederlanden.
- Otto Albert Beer war einer der wichtigsten Förderer des Bayern-Nachwuchses. In der Saison 1927/28 hatte der FCB über 500 Nachwuchsspieler in 36 Mannschaften – so viele wie kein anderer

Verein in Deutschland. 1941 wurden Beer, seine Frau und ihre beiden Kinder nach Litauen deportiert und dort ermordet.

► Kurt Horwitz, ein bekannter Schauspieler und Theaterregisseur in München, war ein begeistertes Mitglied des FC Bayern – bis er 1933 in die Schweiz flüchten musste.

► Berthold Koppel, jüdischer Textilunternehmer, unterstützte den FC Bayern – bis die Nazis 1933 sein Unternehmen schlossen. 1942 wurde er zusammen mit seiner Frau und seiner Tochter nach Polen deportiert und dort ermordet.

► Leopold Moskowitz, ebenfalls in der Textilbranche tätig, machte sich bis 1933 auch als Förderer des FC Bayern verdient. Er konnte im August 1939 in die USA fliehen.

► Hermann Schülein, Generaldirektor der Löwenbräu-Brauerei und Bayern-Mitglied, floh 1936 in die USA. Nach Kriegsende kehrte er vorübergehend nach München zurück und unterstützte den Verein beim Bau eines neuen Sportplatzes.

Jüngste

Jugend und Erfolg sind kein Widerspruch. Beim Aufstieg in die Bundesliga 1964/65 betrug das Durchschnittsalter des FCB-Kaders lediglich 21,8 Jahre. Den jüngsten Bundesliga-Kader gab es 1966/67 (23,4 Jahre). Das geringste Durchschnittsalter einer Bayern-Startelf, nämlich 21,7 Jahre, hatte das Team vom 3. September 1966 (0:0 gegen Hannover 96):

▷ 18 Jahre: Klaus Walleitner
▷ 19 Jahre: Hans Rigotti
▷ 20 Jahre: Gerd Müller, Franz Beckenbauer, Franz Roth
▷ 21 Jahre: Rudolf Nafziger
▷ 22 Jahre: Sepp Maier, Dieter Brenninger
▷ 24 Jahre: Peter Kupferschmidt
▷ 25 Jahre: Rainer Ohlhauser
▷ 28 Jahre: Werner Olk

Jüngste Bundesligaspieler des FC Bayern:

▷ Pierre Emile Højbjerg (13.04.2013, 17 Jahre, 8 Monate, 8 Tage)
▷ David Alaba (06.03.2010, 17 Jahre, 8 Monate, 13 Tage)

▷ Toni Kroos (26.09.2007, 17 Jahre, 8 Monate, 22 Tage)
▷ Gianluca Gaudino (22.08.2014, 17 Jahre, 9 Monate, 11 Tage)
Am 30. Spieltag 2014/15 debütierte Sinan Kurt im Alter von 18 Jahren und 276 Tagen. Er war damit einer von bis dahin 32 (!) Spielern, die mit maximal 18 Jahren für Bayern debütiert haben.

Jüngster Meistertrainer war Udo Lattek 1971/72 im Alter von 37 Jahren. In der Bundesligageschichte war nur noch der spätere FCB-Sportdirektor Matthias Sammer jünger (2002 mit 34 Jahren als Trainer des BVB).

Kaisergrollen

Nach der 0:3-Pleite in Lyon am 6. März 2001 in der Zwischenrunde der Champions League hielt Bayern-Präsident Franz Beckenbauer beim Bankett eine außergewöhnliche Wutrede.

„Über das Spiel wird man sicherlich das eine oder andere (Wort) verlieren müssen. Ich sage immer, man kann jedes Spiel verlieren. Die Frage ist immer nur, wie man ein Spiel verliert. Das war heute eine Blamage. So, wie wir gespielt haben, aber das hat sich schon in den letzten Wochen und Monaten angedeutet, das hat nichts mit Fußball zu tun. Das ist eine andere Sportart, die wir spielen. Lyon hat Fußball gespielt. Wir haben nicht Fußball gespielt. Wir haben zugeschaut, wir haben körperlos gespielt. Das ist nicht Fußball, das ist Uwe-Seeler-Traditionsmannschaft, Altherrenfußball. Tut mir leid, wenn ich das so sagen muss. Es ist so.

Es hat von der Tribüne vermutlich noch schlimmer ausgesehen, als ihr es unten auf dem Platz mitbekommen habt. Das hat nichts mit Fußball zu tun. Wir sind jetzt sicherlich in einer Situation, wo wir noch einiges retten können. Wir sind noch in der Meisterschaft mit einem Punkt Rückstand Zweiter. Wir sind noch in der Champions League Tabellenführer. Nur, wir müssen, oder ihr müsst, ich nicht, ich schaue nur oben auf der Tribüne zu. Ich sehe einiges. Ihr müsst euer Spiel komplett umstellen. Wenn ihr so weiterspielt wie jetzt, werden die ganzen Trophäen sicherlich nicht nach München gehen.

Wir haben noch Zeit, aber es ist sicherlich fünf Minuten vor zwölf. Anschauungsunterricht war der heutige Gegner. Das ist Olympique Lyon, das ist nicht Real Madrid, Barcelona oder Manchester United –

und wir haben heute eine Vorführung bekommen. Warum? Weil die Einstellung nicht gestimmt hat. Weil wir zurzeit einen Fußball spielen, der einfach nicht mehr adäquat ist. Den hat man vielleicht mal gespielt vor 30 Jahren. So etwas spielt man heute nicht mehr. Ihr müsst euch schleunigst wieder daran gewöhnen, an das Einmaleins des Fußballs: Zweikämpfe. Wenn die Zweikämpfe nicht angenommen werden, bist du immer zweiter Sieger. Auch gegen eine Mannschaft wie heute, die sicherlich eine gute ist, aber nicht zu den besten gehört.

Da schaust du aus wie ein Lehrbub, und zum Schluss kannst noch froh sein und sagen: ‚Vielen Dank, dass wir nur 3:0 verloren haben.' In Zukunft könnt ihr das nicht machen, sonst müssen wir uns alle einen anderen Beruf suchen, das ist vielleicht gescheiter. Bitte schleunigst darüber nachdenken und euer Spiel komplett umstellen. Sonst haben wir wirklich Probleme.

Man kann das noch korrigieren. Aber dann müsst ihr morgen anfangen. An die Leistungsgrenze gehen, den inneren Schweinehund überwinden. Sonst stehen wir am Saisonende mit leeren Händen da. Das ist genau das, was wir nicht wollen. Tut mir leid, wenn ich das so schonungslos sagen muss. Wenn einer Nachhilfeunterricht braucht, dann werde ich ihm noch etwas ganz anderes sagen. Ich stehe auch heute noch und die nächsten Tage zur Verfügung. Denn ich habe sicherlich noch mehr gesehen, als ich jetzt gesagt habe. Aber ich glaube, das genügt.

Es war eigentlich bis auf das Spiel ein schöner Ausflug. Es ist noch nicht zu spät. Also werden wir versuchen, aus diesem Spiel die Lehren zu ziehen und es in den nächsten Monaten besser zu machen. Es wird uns auch nichts anderes übrig bleiben. Vielen Dank."

Kapitäne

Alle Kapitäne des FC Bayern in der Bundesliga:

- Werner Olk (1965-70)
- Franz Beckenbauer (1970-77)
- Sepp Maier (1977–79)
- Gerd Müller (1979)
- H.-G. Schwarzenbeck (1979/80)
- Paul Breitner (1980–83)
- K.-H. Rummenigge (1983/84)
- Klaus Augenthaler (1984–91)
- Raimond Aumann (1991-94)
- Lothar Matthäus (1994-97)
- Thomas Helmer (1997-99)
- Stefan Effenberg (1999-2002)
- Oliver Kahn (2002–08)
- Mark van Bommel (2008-11)
- Philipp Lahm (seit 25.01.2011)

Katar und andere Trainingslager

Im Januar 2015 bezog der FC Bayern zum fünften Mal in Folge sein Wintertrainingslager in Katar. Wegen der umstrittenen Vergabe der WM 2022 und der in den Medien diskutierten menschenverachtenden Arbeitsbedingungen auf den Baustellen im Emirat hatte man auch Alternativen erwogen. Man ließ sich dann aber doch nicht abhalten. Das in Erwägung gezogene Ausweichquartier in Dubai – dort hatten sich die Bayern in früheren Jahren wiederholt eingebucht – wurde dadurch für den Hamburger SV frei.

Medienpolitisch besonders geschickt war das nicht. Nachdem Amnesty International mit erschreckenden Details auf die lebensgefährlichen Arbeitsbedingungen im Golfstaat hingewiesen hatte, war zuvor bereits der „Arabien-Experte" Franz Beckenbauer am 3. November 2013 mit einer befremdlichen Äußerung negativ aufgefallen: „Ich habe noch nicht einen einzigen Sklaven in Katar gesehen, also die laufen alle frei rum, weder in Ketten gefesselt und auch nicht mit irgendwelcher Büßerkappe am Kopf." Viele fühlten sich da an Berti Vogts' berüchtigte Aussage während der WM 1978 in dem damals von einer Militärdiktatur beherrschten Argentinien erinnert: „Ich habe keinen einzigen politischen Gefangenen gesehen."

Vorstandschef Karl-Heinz Rummenigge sah sich daher wiederholt gezwungen, die Entscheidung pro Katar überzeugend zu begründen. Im Dezember 2014 erklärte er:

„Die sportliche Führung hat sich extrem dafür ausgesprochen, dort noch mal hinzugehen, weil es die besten Voraussetzungen gibt. Die Plätze sind wunderbar, das Klima ist perfekt." Und dann sei man auch noch „ein bisschen abergläubisch. Wir haben nach den ganzen Trainingslagern jeweils große, wichtige Titel gewonnen. Das ist für uns auch ein wichtiger Faktor." Eine Verpflichtung des FC Bayern, wegen der dokumentierten Menschenrechtsverletzungen Konsequenzen zu ziehen, erkannte er nicht. „Bayern München ist nicht verantwortlich für Katar. Natürlich lesen wir auch, dass dort gewisse Dinge passieren, die uns hier in Deutschland allen nicht gefallen. Aber ich glaube, das ist eine Aufgabe der Politik und nicht die des Sports beziehungsweise des Fußballs."

Die Aspire Academy in der katarischen Hauptstadt Doha gilt als teuerste und möglicherweise beste Sportanlage der Welt. Genau richtig also für das extrem fordernde Training des besten Kaders der Welt. „Es ist oftmals schwieriger, gegen unsere Trainingsmannschaft zu gewinnen als gegen eine Mannschaft in der Bundesliga", klärte Thomas Müller die anwesenden Medienvertreter während des Trainingslagers über die Ernsthaftigkeit der Bayern-Übungsspiele auf.

Nicht-sportliche Gründe für den Trip nach Doha wurden eher am Rande erwähnt. Etwa der, dass Katar seit 2009 Großaktionär beim wichtigsten FCB-Teilhaber ist, dem Volkswagenkonzern. Oder dass Bayern-Trainer Pep Guardiola schon als Marken-Botschafter des Emirats fungierte, als er noch beim FC Barcelona war. Oder dass der Aufenthalt den Verein keinen Cent kostete: Der Bayern-Partner Lufthansa flog das Team kostenlos hin und zurück, für das Hotel kam der Gastgeber auf. Laut *BamS* erhielten die Bayern als Belohnung für ihre Entscheidung pro Katar auch noch über eine Million Euro als Trainingslager-Gage obendrauf.

Politisch wesentlich unkomplizierter waren da die in den letzten Jahren zur Gewohnheit gewordenen Sommertrainingslager am Gardasee, bei denen sich die Bayern als Förderer der Ferienregion Trentino betätigten. Das FC-Bayern-Emblem leuchtete dann auf Rivas Wahrzeichen, dem Torre Apponale, und ganz besonders freute sich das Vier-Sterne-Superior-Haus „Du Lac et Du Parc Grand Resort" in Riva del Garda, mit dem Besuch der Bayern werben zu können. Das Sommer-Trainingslager 2015 stand allerdings im Zeichen der weltweiten Marketing-Offensive des FC Bayern und fand daher in China statt (Testspiele gab es in Peking, Shanghai und Guanghzou).

Was bleibt zu resümieren? Im heutigen Fußball-Trainingsbetrieb ist alles auf Luxus gestylt und durchgeplant. Klar ist daher, dass es kaum mehr Raum gibt für Lager-Romantik und Lausbubengeschichten wie noch in den 1990er Jahren, wie etwa auf Gran Canaria, als sich die Spieler mit den Journalisten zum Dosenbier am Playa del Inglés trafen, oder wie auf Mallorca, als Hasan Salihamidzic in der Lobby des Hotels eine feucht-fröhliche Party veranstaltete.

Kaufrausch & Transferbilanzen

Als Uli Hoeneß seine Karriere als Manager begann, hatten die Bayern noch kein dickes Festgeldkonto, sondern Schulden. „1982 waren wir mit fünf Millionen Schulden am Tiefpunkt", so Hoeneß. Trotzdem verpflichtete er mit Hilfe des vermögenden Wurstfabrikanten Rudolf Houdek den Mittelfeldstar Sören Lerby von Ajax Amsterdam. Die zwei Millionen DM waren gut angelegt. Noch Jahre später bezeichnete Hoeneß diesen Einkauf als jenen Punkt, von dem an es „nur noch bergauf" gegangen sei. 1984 war der Verein nach dem Verkauf von Karl-Heinz Rummenigge für 11 Mio. DM zu Inter Mailand finanziell gesichert. Der FC Bayern war fortan nicht mehr zu Verkäufen genötigt, er wurde zum „Einkaufsverein", der sich ein Minus in der Transferbilanz leisten konnte. Und obwohl die Bayern eigentlich nie mit dem Geld um sich warfen, sondern den größeren Teil lieber ansparten, lagen sie bei den Transferausgaben – abgesehen von einer kürzeren Phase, in der die Dortmunder mit den Millionen spielten – meist an der Spitze der Liga. Als der FCB etwa vor der Saison 2003/04 für heutige Verhältnisse bescheiden klingende 26 Mio. Euro für neue Spieler anlegte, war das mehr, als die 17 anderen Vereine zusammen ausgegeben hatten. Der erste tiefe Zugriff auf das inzwischen sehr üppige Festgeldkonto fand allerdings erst nach der deprimierenden Saison 2006/07 statt, als der FCB – man kann es aus heutiger Perspektive kaum fassen – hinter Stuttgart, Schalke und Bremen lediglich auf Rang vier gelandet war. Uli Hoeneß geriet in einen Kaufrausch und machte die Rekordsumme von über 88 Mio. Euro locker, um den Kader so gewaltig wie noch nie aufzurüsten. Es kamen Jansen (Mönchengladbach, 14 Mio.), Klose (Werder Bremen, 15 Mio.), Ribéry (Marseille, 25 Mio.), Schlaudraff (Aachen, 1,2 Mio.), Sosa (Estudiantes de La Plata, 9 Mio.), Toni (AC Florenz, 11 Mio.), Breno (FC São Paulo, 12 Mio.) und Zé Roberto (Nacional Montevideo, 1 Mio. Leihgebühr).

Das Jahr 2007 ist bis heute das Transfer-Rekordjahr geblieben und wurde auch in den Jahren 2009, 2012 und 2013, als man mit Gómez, Martínez und Götze die teuersten Spieler holte, nicht übertroffen.

Die Transferbilanzen 1990/91 bis 2014/15

(Angaben in Mio. Euro, nach transfermarkt.de)

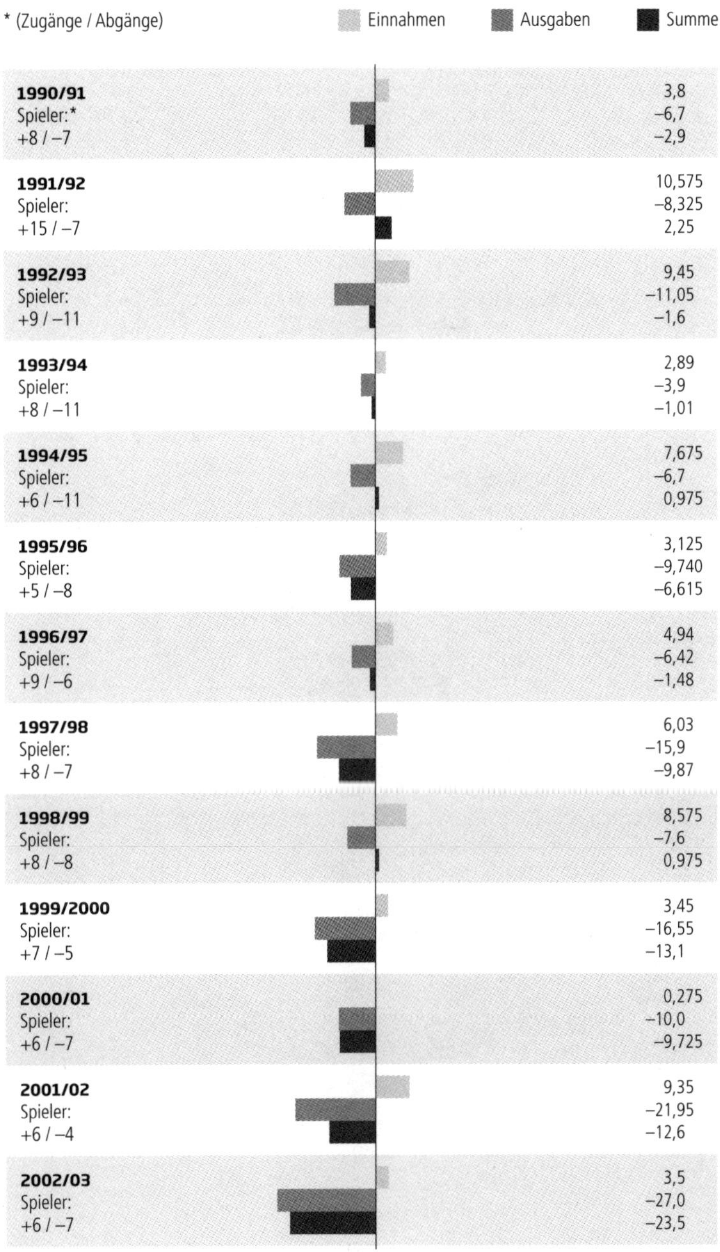

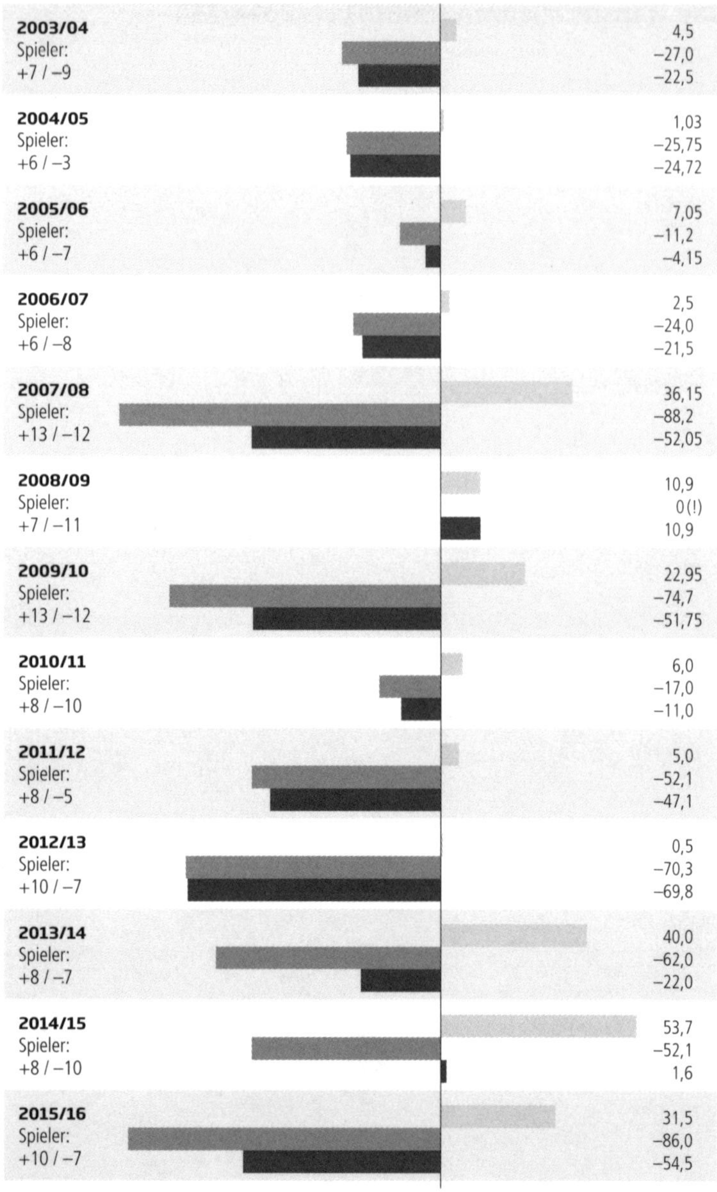

Zu den einzelnen Spielern siehe ⇨ Transferrekorde

Kein Diplomat

Ansichten von Paul Breitner

- ▷ Als Fußball-Profi konnte ich nur eines nicht: Mund halten und Diplomat sein.
- ▷ Fußball lernt man zwischen dem sechsten und zwölften Lebensjahr, dann nie wieder.
- ▷ Wir müssen schon den Jugendlichen beibringen, foul zu spielen.
- ▷ Fußballer werden auch dafür bezahlt, dass sie sich die Beschimpfungen der Zuschauer gefallen lassen.
- ▷ Ich war als Spieler ein Anti-Typ, ein Buhmann. Ich habe darin eine Rolle gesehen und sie ausgekostet.
- ▷ Atypisch war, dass ein Großteil der Mannschaft in den ersten 45 Minuten so gespielt hat, als hätten sie keine Trikots an, sondern eher Schlafanzüge.
- ▷ Da kam dann das Elfmeterschießen. Wir hatten alle die Hosen voll, aber bei mir lief's ganz flüssig.
- ▷ Der Fußball lässt niemanden kalt, das ist positiv, das muss man nutzen.
- ▷ Fußball-Weltmeisterschaften dauern immer länger. Das geschieht doch nur, damit Funktionäre einen möglichst langen Urlaub in den besten Hotels verbringen können.
- ▷ Heute ist Erfolg im Fußball käuflich.
- ▷ Ich gestehe, dass ich eine Schwäche für Underdogs habe. Für die Kleinen, die mit geringsten Mitteln Großes erreichen. Cottbus, Freiburg, Mainz, St. Pauli – ohne solche Farbtupfer wäre unser Fußball ärmer. Und von diesen „armen" Vereinen können auch Fußball-Millionäre viel lernen, was nämlich totaler Einsatz und bedingungslose Hingabe möglich machen können.
- ▷ Ich habe immer die Leistung eines Spielers, eines Trainers, eines Managers beurteilt, aber sehr genau darauf geachtet, jemanden nicht als Privatperson anzugreifen oder gar zu beleidigen.
- ▷ Es gibt Niederlagen, die können ausgebügelt werden. Es gibt aber auch Niederlagen, an denen du jahrzehntelang zu kauen hast. Österreichs 0:1 gegen die Färöer zählt dazu.

- ▷ In meiner Arbeit als Kritiker ging es mir immer in erster Linie um besseren Fußball, wie früher auch als Spieler.
- ▷ Was soll ich mir bei den Trainerkursen von g'scheiten Herrschaften erzählen lassen? Denen könnte doch ich viel mehr erzählen.
- ▷ Nur Gewinnen macht auf Dauer Spaß.

Konkurrentenschwächung, vorsätzliche bzw. beiläufige

Schon seit 1984, als Lothar Matthäus aus Gladbach kam, sahen sich die Bayern immer wieder dem Verdacht ausgesetzt, sie wollten nicht nur die eigenen Reihen stärken, sondern damit zugleich auch die Konkurrenz gezielt schwächen. Zahlreiche Transfers und Transferversuche könnten die These belegen:

Bruno Labbadia (umworben bereits während der Saison 1990/91, als Kaiserslautern Meister wurde); Thomas Helmer (1992 vom Vizemeister Borussia Dortmund); Andreas Herzog und Trainer Rehhagel (1995 vom Dauerkonkurrenten Werder Bremen); die Dortmunder Leistungsträger Steffen Freund, Stefan Reuter und Matthias Sammer, die während der Saison 1995/96 – allerdings erfolglos – umworben wurden; Giovane Elber (1997 von den damals aufstrebenden Stuttgartern); Michael Ballack und Zé Roberto (2003 vom „ewigen Zweiten" Bayer Leverkusen); und natürlich Mario Götze (2013) und Robert Lewandowski (2014) aus dem Dortmunder Meisterteam von 2011 und 2012.

Macht die These von der gezielten Schwächung der Konkurrenz aber Sinn? 2007, als die Bayern hinter Stuttgart, Schalke und Bremen nur auf dem vierten Platz gelandet waren, verpflichteten sie von der Konkurrenz lediglich den Bremer Miroslav Klose. Und 2009, als Wolfsburg Meister wurde, holten sie keinen einzigen Spieler vom Rivalen. 2007 ging vielmehr als das Jahr der Millionentransfers Ribéry und Toni in die Geschichte ein, 2009 war neben Mario Gómez von den schon nicht mehr ganz so ambitionierten Stuttgartern vor allem Arjen Robben von Real Madrid der Königstransfer. Daraus folgt wohl: Es ist nur natürlich, dass ein Klub mit den finanziellen Möglichkeiten und sportlichen Ambitionen des FC Bayern die bestmöglichen Leute verpflichtet. Und zwar von überallher. Und wenn dabei nebenher auch noch die sportlich härtesten Konkurrenten in der Bundesliga geschwächt werden – wird dabei im Lager des FC Bayern natürlich keiner eine Träne weinen.

Wohl nur von einem Verein lässt sich behaupten, dass ihn der FC Bayern „totgekauft" hat: vom Karlsruher SC. In den 1990er Jahren kaufte Uli Hoeneß bei den Badenern so dicke ein – Sternkopf (1990), Kreuzer (1991), Scholl (1992), Kahn (1994), Tarnat und Fink (1997) –, dass ein Absturz und schließlich der Abstieg des KSC kaum abwendbar war.

Lederhosen

Das Wappen von Lederhose in Thüringen.

Nach den Erzählungen Paul Breitners war die Idee mit den Lederhosen als Bayern-Markenzeichen bei einem Rückflug von einem Auswärtsspiel zu Beginn der Saison 1979/80 entstanden. Uli Hoeneß habe ihn, Breitner, gefragt: „Hörst du's noch, diese Melodie?" Breitner: „Welche Melodie?" „Was die Leute im Stadion gesungen haben: ‚Zieht den Bayern die Lederhosen aus'." Das Lied, gesungen nach der Melodie des Beatles-Songs „Yellow Submarine" aus dem Jahr 1968, war schon länger ein Schlager in den Bundesligastadien. Man besprach sich mit dem damaligen Präsidenten Willi O. Hofmann, der war begeistert. Also her mit den Lederhosen. Den Schmähgesang durch selbstbewusste Provokation umzukehren, das war der Gedanke: Seht her, wir haben wirklich Lederhosen an – aber keiner zieht sie uns aus. „Vier Wochen später", so Breitner, „hatten wir maßgefertigte Lederhosen und haben Platzbesichtigung gemacht." Es war im Düsseldorfer Rheinstadion am 1. Dezember 1979. „Das Publikum wurde verrückt, ein Riesen-PR-Gag", so Breitner. Die Lederhosen-Bayern gewannen nach der Präsentation locker mit 3:0.

Heute ist die Lederhose für die Bayern ein nicht mehr wegzudenkendes Markenzeichen, alle neuen Spieler erhalten eine

Die Autobahnabfahrt nach Lederhose.

und müssen sie beim traditionellen Besuch auf dem Oktoberfest auch tragen. Nur in der Gemeinde Lederhose in Thüringen haben sie die Bayern noch nicht vorgeführt. Eigentlich wäre es für die Bayern ein Muss, hier einmal ein Trainingslager abzuhalten – zumal das Örtchen, das sogar an einer Anschlussstelle der A9 namentlich angezeigt ist, eine (allerdings grüne) Lederhose im Wappen trägt.

Lieblingsgegner

(⇨ vgl. auch http://www.fcb-fanstatistik.de/FCB%20Spielbilanz%20gegen.htm)

Auf der Webseite des FCB hieß es vor dem 33. Spieltag 2014/15 unter der Überschrift „Lieblingsgegner“: „Für Freiburg gibt es gegen den FC Bayern selten etwas zu holen. Seit nunmehr 19 Jahren ist der deutsche Rekordmeister gegen die Breisgauer unbesiegt.“ Die letzte Pflichtspiel-Niederlage setzte es im März 1996 (1:3). Am 16. Mai 2015 war es dann wieder so weit: Der FCB verlor in Freiburg mit 1:2. Insgesamt begegneten sich beide Klubs in der Bundesliga 32-mal. 22 Bayern-Siegen stehen sechs Unentschieden und vier Freiburger Erfolge gegenüber.

Wie die Statistik der Gegnerbilanzen ausweist, kennt der FCB in der Bundesliga (fast) nur Lieblingsgegner (siehe hierzu auch ⇨ „Angstgegner“).

Umgerechnet in Punkte pro Spiel ergeben sich folgende Bilanzen:

Punkte pro Spiel (Spiele: Siege-Unentschieden-Niederlagen)

Bester Wert:

▷ 3 (2: 2-0-0) jeweils gegen den VfB Leipzig, Fortuna Köln und Paderborn

Bester Wert über 40 gemeinsame Spielzeiten:

▷ 2,05 VfB Stuttgart (96: 59-20-17)

▷ 1,99 Hamburger SV (100: 59-22-19)

Beste Werte daheim und auswärts

Ganze drei Heimniederlagen in 47 Spielen leistete sich der FCB gegen Borussia Mönchengladbach. Die meisten Siege, nämlich 37, erzielte er gegen den HSV (Tordifferenz +98). Die meisten Siege auswärts holte er in Stuttgart gegen den VfB, nämlich 26 in 48 Spielen. Als besonders gutes Pflaster erwies sich zudem Bochum: Beim VfL verlor der FCB in 34 Spielen nur siebenmal, 20-mal verließ er als Sieger den Platz.

International erwies sich vor allem Real Madrid als ein ausgesprochener Lieblingsgegner des FC Bayern (siehe auch ⇨ Bestia Negra.)

Ligapokal

Der Ligapokal wurde 1997 eingeführt als ein vor jeder Saison ausgespielter Wettbewerb der sechs besten deutschen Teams. Als diese galten die besten fünf der Bundesliga und der Pokalsieger. Später traten die besten vier Bundesliga-Teams, der Pokalsieger und der Meister der 2. Liga an. Bayern gewann den Wettbewerb 1997, 1998, 1999, 2000, 2004 und 2007.

Liga-Ergebnisse

(in den Jahren vor dem Aufstieg in die Bundesliga 1965)

Ostkreis-Liga (A-Klasse bzw. Bezirksliga bis 1933)

Die Ostkreismeisterschaft (bezogen auf den Kreis Ost des Verbandes Süddeutscher Fußballvereine, mit der Bayerischen Meisterschaft gleichzusetzen) im Jahre 1909/10 war der größte Erfolg des FCB vor dem Ersten Weltkrieg. In der zweiten Hälfte der 1920er

Jahre kamen dann die ersten großen Erfolge mit dem Sieg in der Süddeutschen Meisterschaft (1926, 1928) und dem Einzug in die Endrunde um die Deutsche Meisterschaft (Achtelfinale 1926, Halbfinale 1928).

Die Platzierungen in der bayernweiten Liga

(zeitweise gab es mehrere Staffeln in Bayern mit anschließender Endrunde; diese Jahre sind hier nicht aufgeführt):

1. (1910/11), 2. (1911/12), 2. (1912/13), 5. (1913/14), 3. (1923/24), 4. (1924/25), 1. (1925/26), 5. (1926/27), 1. (1927/28).

Die Platzierungen von 1928 bis 1933 in der Bezirksliga Südbayern:

1928/29: 1. (2. Süddeutsche Endrunde; Viertelfinale DM-Endrunde)
1929/30: 1. (3. Süddeutsche Endrunde)
1930/31: 1. (3. Süddeutsche Endrunde)
1931/32: 1. (1. Gruppe Südost – Süddeutsche Endrunde; Sieger DM-Endrunde, erstmals Deutscher Meister)
1932/33: 1. (4. Gruppe Ost/West Süddeutsche Endrunde)

Gauliga Bayern (1933-1945)

Die Jahre der Gauliga (seit der Saison 1933/34) waren für den FC Bayern sportliche Krisenjahre. Die Platzierungen des FCB im „Gau 16" (Bayern) von 1933/34 bis 1941/42: 4., 4., 3., 3., 5., 7., 8., 7., 8. 1942/43, als die Gauliga Bayern geteilt wurde, belegte der FCB im Süden Platz 3. In der darauffolgenden Saison schafften die Bayern Platz 1 und errangen damit den Titel eines Südbayerischen Meisters. Der FCB durfte nun erstmals seit seinem Triumph 1932 wieder um die Deutsche Meisterschaft mitspielen. Doch alle Träume platzten bereits im ersten Ausscheidungsspiel gegen den VfR Mannheim, das nach Verlängerung mit 1:2 verloren ging. In der Saison 1944/45, als der Spielbetrieb aufgrund des Krieges fast völlig zusammengebrochen war, wurde der FCB Meister der Gruppe „München-Oberbayern" der mittlerweile in sechs Gruppen aufgeteilten Gauliga.

Oberliga Süd (1945-1963)

Die Oberliga Süd war die erste und in der Saison 1945/46 auch die einzige der später insgesamt fünf Oberligen. Die Bilanz des FCB in den Oberligajahren war mager. Die Platzierungen: 6. (45/46), 11. (46/47), 4. (47/48), 3. (48/49), 13. (49/50), 9. (50/51), 8. (51/52), 7. (52/53), 9. (53/54). 1954/55 stürzte man gar auf Platz 16 und damit in die 2. Liga ab. Nach dem prompten Wiederaufstieg 1955/56 lief es in der Erstklassigkeit weiterhin nicht wirklich überragend. Die Platzierungen: 10. (56/57), 7. (57/58), 4. (58/59), 8. (59/60), 8. (60/61), 3. (61/62), 3. (62/63). Trotz der guten Platzierung in den letzten Spielzeiten der Oberliga Süd gehörte der FC Bayern nicht zu den Vereinen, die in der neu gegründeten Bundesliga von Anfang an mitmischen durften. In der ewigen Tabelle der Oberliga Süd belegt der FC Bayern, bei einer Differenz von 185 Zählern zum Erstplatzierten 1. FC Nürnberg, lediglich Platz 5.

Regionalliga Süd (1963-1965)

Nach zwei Spielzeiten in der Regionalliga Süd gelang 1965 der Aufstieg. Die Ergebnisse waren:
1963/64: 2. Platz, 52:24 Punkte, 115:61 Tore
1964/65: 1. Platz, 55:17 Punkte, 146:32 Tore

Lobgesang, pep(p)iger

(zusammengestellt aus den Lobreden Pep Guardiolas auf seine Spieler, 2013 bis 2015)

Super, super
Top, top, top
Ein guter Typ, super
Ein top Mensch, ein top, top Spieler
Ein toller Typ und ein super Spieler
Super, super, super
Ein Toptoptoptop-Spieler
Sehr, sehr gut
Sehr, sehr stark
Schnell im Kopf
Sehr, sehr, sehr, sehr intelligent
Der intelligenteste Spieler, den ich je trainiert habe
Wunderbar
Beeindruckend
Überragend
Unglaublich
Fundamental
Er hat Courage
Er ist clever
Er hat alles
Er wird immer besser
Er wird jeden Tag stärker
Er gibt immer Vollgas
Er ist immer giftig und super schnell
Ein großes Talent
Eine große Persönlichkeit
Ein spezieller Spieler
Ein totaler Spieler
Ein unglaublicher Spieler

Er ist ein Gott in seinem Land
Er ist ein Geschenk für mich
Der beste Spieler der letzten Jahre in der Bundesliga
Einer der Besten der Welt
Einer der Besten der Geschichte
Mit 1.000 Millionen Leidenschaften
Wir brauchen seine Emotionalität
Ein sehr wichtiger Spieler
Einer der wichtigsten Spieler für Bayern München
Super für diesen Verein
Ein Geschenk für diesen Verein
Gut für uns
Unglaublich wichtig für uns

Ich habe keine Zweifel an ihm
Ich bin sehr zufrieden
Ich habe viel Vertrauen zu ihm
Ich brauche ihn
Ich bin froh, dass ich ihn trainieren darf
Ich bin überrascht
Ich wusste nicht, dass er so gut ist
Ich hätte am liebsten 18, 19 solche Typen
Je mehr Spieler wir mit dieser Qualität haben, desto besser sind wir
Aber wir können auch ohne sie gewinnen

Logo

Das Logo (oder Wappen, Abzeichen, Emblem) des FC Bayern München stellt in der Mitte die Fahne Bayerns dar und ist eingerahmt von einem roten Kreis, auf dem in weißen Buchstaben der Vereinsname erscheint. Das Logo des FC Bayern sah nicht immer so aus. Im Lauf der Jahre haben sich die Abzeichen auf den Trikots der Bayern-Spieler immer wieder geändert. Als das erste Logo im Jahr 1900 entstand, war noch nicht einmal die Farbe Rot dabei, denn als Vereinsfarben hatten die Gründer des FC Bayern die bayerischen Farben Weiß und Blau gewählt. Ein Bezug zum Land Bayern in Form der blauen und weißen Rauten wurde erstmals 1954 aufgenommen.

1900 – 1906

1906 – 1919

1919 – 1923

1923 – 1954

1954 – 1961

1961 – 1965

1965 - 1970

1970 - 1979

1979 - 1996

1996 - 2002

2002 - heute

Mehrfacherfolge

National:

► Double aus Meisterschaft und DFB-Pokal (10: 1969, 1986, 2000, 2003, 2005, 2006, 2008, 2010, 2013, 2014):

1: In der Bundesliga siegten die Bayern 1968/69 souverän (46:22 Punkte, 61:31 Tore) mit acht Punkten Vorsprung vor Alemannia Aachen, im Pokalfinale setzten sie sich nach durchwachsenen Leistungen gegen Schalke 04 mit 2:1 durch.

2: 1985/86 behielten die Bayern in einem hauchdünnen Bundesliga-Endspurt gegen Bremen die Oberhand, im DFB-Pokalfinale überfuhren sie den VfB Stuttgart mit 5:2.

3: 1999/2000 waren sie in der Bundesliga Erster vor den punktgleichen Leverkusenern, im Pokalfinale 3:0-Sieger gegen Werder Bremen.

4: 2002/03 hatten sie in der Bundesliga 16 Punkte Vorsprung vor dem VfB Stuttgart, im Pokalfinale folgte ein 3:1 gegen den 1. FC Kaiserslautern.

5: 2004/05 erreichten sie in der Bundesliga 14 Punkte Vorsprung auf Schalke 04, im Pokalfinale gewannen sie 2:1, ebenfalls gegen Schalke.

6: Nur fünf Punkte Vorsprung auf Werder Bremen reichten 2005/06, im Pokalfinale genügte ein 1:0 gegen Eintracht Frankfurt.

7: 2007/08 konnte in der Bundesliga bereits am 31. Spieltag die Meisterschaft gefeiert werden, im Pokalfinale ging es beim 2:1 gegen Dortmund in die Verlängerung.
8: Fünf Punkte Vorsprung in der Bundesliga vor Schalke 04 hieß es, 2009/10, im Pokalfinale gelang ein 4:0 gegen Werder Bremen.
9: In der Rekordsaison 2012/13 liefen die Bayern 25 Punkte vor Borussia Dortmund ein, im Pokal besiegten sie den VfB Stuttgart knapp mit 3:2.
10: 2013/14 reichten „nur“ 19 Punkte vor dem BVB für den Meistertitel, im Pokal rangen die Bayern den BVB in der Verlängerung mit 2:0 nieder.

► Triple aus Meisterschaft, DFB-Pokal und Liga- bzw. Supercup zu Beginn der Saison (4: 2000, 2005, 2008, 2013)

National-international:

► Double aus DFB-Pokal und Europapokal der Pokalsieger (1: 1967)

► Double aus Meisterschaft und Europapokal der Landesmeister (1: 1974)

► Double aus Meisterschaft und Champions League (2: 2001, 2013)

► Triple aus Meisterschaft, DFB-Pokal und Champions League (1: 2013)

► Quintuple aus Meisterschaft, DFB-Pokal, UEFA Champions League, UEFA Super Cup und FIFA-Klub-Weltmeisterschaft (1: 2013)

Meistersterne

Ehrung für errungene Titel, auf dem Trikot über dem Vereinswappen angebracht. Die DFL stellte folgende Regel für Bundesliga-Meisterschaften auf (vorher errungene Meisterschaften werden nicht berücksichtigt!): ab drei Meisterschaften ein Stern; ab fünf Meisterschaften zwei Sterne; ab zehn Meisterschaften drei Sterne; ab zwanzig Meisterschaften vier Sterne. Heißt also seit 2008: vier Sterne für den FC Bayern.

Mitglieder

Als der FC Bayern 1965 in die Bundesliga aufstieg, zählte er 4.700 Mitglieder. 2005 überschritt die Mitgliederzahl die 100.000er-Grenze. Laut Pressemeldungen wurde der FCB mit nun über 250.000 Mitgliedern im November 2014 der größte Sportverein der Welt, da er den bislang führenden Verein, Benfica Lissabon, überholt habe. Am 2. April 2015 behaupteten allerdings die Portugiesen auf ihrer Webseite, die Rangliste mit 270.000 Mitgliedern weiterhin anzuführen. Fest steht derweil, dass der FCB die deutsche Rangliste mit deutlichem Vorsprung vor Schalke und Dortmund anführt (Anfang 2015 hatten diese 132.000 bzw. 120.000 Mitglieder).

Mitgliederentwicklung

Saison	Vereinsmitglieder	Gewinn zum Vorjahr
2014/15	251.315	+17.888
2013/14	233.427	+37.738
2012/13	195.689	+7.824
2011/12	187.865	+16.520
2010/11	171.345	+9.158
2009/10	162.187	+10.960
2008/09	151.227	+4.155
2007/08	147.072	+11.320
2006/07	135.752	+14.633
2005/06	121.119	+16.399
2004/05	104.720	+6.910
2003/04	97.810	+1.370
2002/03	96.440	+1.245
2001/02	95.195	+3.907
2000/01	91.288	???

Zahlen aus den Jahren vor der Saison 2000/01 nicht bekannt.

Quelle: www.fcb-fanstatistik.de
Stand: nach der Saison 2014/15

Münchner, waschechte

... waren früher selbstverständlich – siehe etwa frühe Helden wie Fritz Fürst (*1891), Hans Welker (*1907), Ludwig Goldbrunner (*1908), Sigmund Haringer (*1908), Josef Bergmaier (*1909) oder Wilhelm Simetsreiter (*1915) –, sind aber inzwischen schon lange eine ziemliche Seltenheit beim FC Bayern. Der einzige gebürtige Münchner mit großer Bayern-Karriere war in den letzten Jahren Philipp Lahm. Andere – etwa Christian Lell, Andreas Ottl, Mehmet Ekici oder Diego Contento – hatten nicht das Potential zum dauerhaften Stammspieler.

Nationalspieler des FC Bayern, deutsche

(Daten bis 13.06.2015, mit Angabe von WM- und EM-Titeln, in Klammern Gesamtzahl der Länderspiele)

- Franz Beckenbauer 103, WM, EM
- Lothar Matthäus 96 (150), WM, EM
- Sepp Maier 95, WM, EM
- Oliver Kahn 86
- K.-H. Rummenigge 78 (95), EM
- Gerd Müller 62, WM, EM
- Thomas Helmer 58 (68), EM
- Markus Babbel 51, EM
- Jens Jeremies 47 (55)
- Paul Breitner 46 (48), WM, EM
- G. Schwarzenbeck 44, WM, EM
- Thomas Linke 41 (43)
- Ludwig Goldbrunner 39
- Mehmet Scholl 36, EM
- Uli Hoeneß 35, WM, EM
- Christian Ziege 31 (72), EM
- Carsten Jancker 29 (33)
- Jürgen Klinsmann 23 (108), WM, EM
- Thomas Strunz 21 (41), EM
- Klaus Augenthaler 27, WM
- Wolfgang Dremmler 27
- Stefan Reuter 18 (69), WM, EM
- Ludwig Hofmann 18
- Sebastian Deisler 17 (36)
- Stefan Effenberg 14 (35)
- Michael Tarnat 15 (19)
- Jakob Streitle 15
- Josef Pöttinger 14
- Torsten Frings 13 (79)
- Jürgen Kohler 12 (105), WM, EM
- Andreas Brehme 12 (86), WM
- Dietmar Hamann 12 (59)
- Marcell Jansen 12 (45)
- Olaf Thon 12 (52), WM
- Alexander Zickler 12
- Mario Basler 11 (30)
- Sigmund Haringer 11 (15)
- Willi Giesemann 11 (14)
- Hans Pflügler 11, WM
- Norbert Eder 9
- Conrad Heidkamp 8 (9)
- Josef Bergmaier 8
- Emil Kutterer 8
- Wilhelm Simetsreiter 8
- Hans Dorfner 7
- Hans Bauer 5, WM
- Dieter Hoeneß 4 (6)
- Gerhard Siedl 4 (6)
- Raimond Aumann 4
- Max Gablonsky 4
- Oskar Rohr 4
- Franz Roth 4
- Karl Mai 3 (21), WM
- Jupp Kapellmann 3 (5)
- Georg Schneider 3
- Tobias Rau 2 (7)
- Ludwig Kögl 2
- Franz Krumm 2
- Michael Rummenigge 2
- Roland Wohlfarth 2
- Herbert Erhardt 1 (50), WM
- Ludwig Hofmeister 1 (2)
- Bruno Labbadia 1 (2)
- Dieter Brenninger 1
- Fritz Fürst 1
- Rudolf Nafziger 1
- Ernst Nagelschmitz 1
- Kurt Niedermayer 1
- Rainer Ohlhauser 1
- Werner Olk 1
- Hans Welker 1

Aktive Spieler (Stand: 13.6.2015)

- Bastian Schweinsteiger 111, WM
- Philipp Lahm 98 (113), WM
- Thomas Müller 63, WM
- Toni Kroos 46 (58), WM

- Miroslav Klose 43 (137), WM
- Manuel Neuer 38 (58), WM
- Jérôme Boateng 39 (52), WM
- Lukas Podolski 34 (125), WM
- Mario Gómez 33 (60)
- Holger Badstuber 31
- Mario Götze 23 (45), WM

Niederlage, schönste

Im Viertelfinale der Champions League 2009/10 lagen die Bayern in Manchester mit 0:3 hinten. Das hätte, nach einem 2:1 im Hinspiel, das Aus bedeutet. Aber die Bayern kamen noch auf 2:3 heran (Tore: Olic, Robben), und das reichte zum Weiterkommen. Es war die erste Niederlage im Old Trafford. Aber die Bayern akzeptierten sie gerne. „Es war eine der schönsten Niederlagen in der Geschichte des FC Bayern", schwärmte etwa Franz Beckenbauer.

Niederlagen, bitterste

(ohne Elfmeterschießen; siehe ⇨ Elfmeterschießen, lustige, dramatische & heldenhafte)

- **26. Mai 1982, Rotterdam:**

Ein einziger Treffer eines Spielers namens Peter White genügte Aston Villa, um das Finale im Pokal der Landesmeister für sich zu entscheiden und die Bayern-Spieler um „Breitnigge" in Schockstarre zu versetzen.

- **26. Mai 1985, Berlin:**

Gegen Bayer Uerdingen brachte Dieter Hoeneß seine Bayern im Pokalfinale mit 1:0 in Führung. Dann trafen Horst Feilzer sowie Wolfgang Schäfer und machten Uerdingen zum Pokalsieger. Eine Riesen-Sensation war das damals aber eigentlich nicht. Uerdingen war in der Bundesliga immerhin Siebter geworden.

- **27. Mai 1987, Wien:**

Im Endspiel des Europapokals der Landesmeister 1986/87 gegen den FC Porto versetzte der Algerier Madjer den Bayern den K.-o. Die Bayern führten in Wien durch ein Kögl-Tor mit 1:0, dann aber erzielte Madjer in der 78. Minute per sehenswertem Hackentrick den 1:1-Ausgleich. Die Bayern waren schockiert, Madjer hingegen war so aufgedreht, dass er nur zwei Minuten später dem Brasilianer Juary den Siegtreffer auflegte.

▶ **26. Mai 1999, Barcelona:**

Das Champions-League-Endspiel gegen Manchester United ging in die Geschichte ein – wegen der letzten zwei Minuten der Nachspielzeit, in denen die Engländer zwei Tore schossen. Ecke Beckham, der Ball trudelt zu Giggs, dessen Schuss verlängert Sheringham. Nur eineinhalb Minuten später: Wieder tritt Beckham eine Ecke, Sheringham verlängert, Solskjaer köpft – 2:1, und die eben noch in Triumphgefühlen schwelgenden Bayern sind am Boden zerstört. Oliver Kahn prägte für diesen „Sekundentod" in der Nachspielzeit, für diese knappste und schnellste negative Wende in der Geschichte der Champions League den Ausdruck „Mutter aller Niederlagen".

▶ **22. Mai 2010, Madrid:**

Im Champions-League-Finale gegen die extrem abwehrstarke Mannschaft von Inter Mailand platzte der Traum vom Gewinn des „Triples". Meisterschaft und DFB-Pokal hatte der FCB bereits unter Dach und Fach gebracht, im CL-Halbfinale gegen Lyon (1:0, 3:0) eine überragende Leistung gezeigt, es fehlte nur noch die Krönung. Beim Endspiel versuchten die Bayern – wie in dieser Saison schon oft gezeigt –, ihren Gegner mit viel Ballbesitz auszuspielen, aber sie fanden kaum eine Lücke und kamen nur zu wenigen Chancen. Inter dagegen wartete ab und startete überfallartige Gegenangriffe. Diego Milito, der beste Mann auf dem Platz, war zweimal erfolgreich und stürzte die Bayern-Spieler in tiefe Trauer.

▶ **19. Mai 2012, München:**

Das „Finale dahoam" gegen den FC Chelsea wurde durch Didier Drogbas Kopfball-Hammer in der 88. Minute zum 1:1-Ausgleich ein „Drama dahoam" – denn die Bayern verloren am Ende mit 3:4 im ⇨ Elfmeterschießen.

▶ **29. April 2014, München:**

0:1 hatten die Bayern das Halbfinal-Hinspiel in Madrid verloren, es schien also alles noch drin zu sein, um den Einzug ins Finale der Champions League perfekt zu machen. Doch dann gab es einen der fürchterlichsten Abende in der Geschichte des FC Bayern, der auch den bis dahin so hochgelobten Supertrainer Guardiola erstmals in Frage stellte:

16. Minute: Eckball Modric von rechts, Hammer-Kopfball von Sergio Ramos – 0:1.

20. Minute: Flanke di Maria, Verlängerung Pepe, Flugkopfball Ramos – 0:2.

34. Minute: Fehlpass Ribéry, Konter über Bale, Rechtsschuss Cristiano Ronaldo – 0:3.

89. Minute: Freistoß Cristiano Ronaldo halblinks vor dem Strafraum, die Mauer der FCB-Spieler springt hoch, der Ball flutscht untendurch – 0:4.

Offensivfußball

Die Torrekorde der Bayern in jüngster Zeit sind allbekannt. In der Bundesliga erwiesen sich die Bayern bis 2015 in insgesamt 21 Spielzeiten als die torgefährlichste Mannschaft. Schon in den 1920er und 1930er Jahren galten die „Roten" als eine äußerst torgefährliche Mannschaft. Die Tradition, die von den Goalgettern Josef Pöttinger und Oskar Rohr begründet wurde, fand eine eindrucksvolle Fortsetzung in der Aufstiegsmannschaft von 1964/65 unter Tschik Cajkovski, die mit einer Tordifferenz von +114 (146:32) Meister der Regionalliga Süd wurde! 1971/72, als die Bayern mit 101 Treffern den Titel holten, schafften sie auch in der Bundesliga ein dreistelliges Ergebnis. Dennoch galten sie im Vergleich zu den nun aufkommenden Gladbachern bald als Vertreter des rationellen, nur auf das Ergebnis ausgerichteten Zweckfußballs. Berechnend und effektiv kickten die Bayern, so hieß es, die Gladbacher hingegen würden pausenlos atemberaubenden Offensivfußball zelebrieren. Ein Vergleich der Fakten ergibt freilich ein anderes Bild. Addiert man die von Bayern und Gladbach im Zeitraum von 1968/69 bis 1976/77, dem letzten Meisterjahr der „Fohlen", geschossenen Tore, dann liegt der FCB mit 715:676 Toren vorn. Bei der Abwehrarbeit sieht es umgekehrt aus: Gladbach kassierte 374 Treffer, Bayern hingegen 402. Diese Daten sprechen nicht dafür, dass die damaligen Bayern kontrollierter gekickt haben.

Pep (11 Sätze aus den Lobreden der Bayern-Spieler auf ihren Trainer Guardiola)

▷ Er ist top-top-top, er ist genau zur rechten Zeit gekommen.
▷ Er ist sehr aktiv und analysiert schnell.
▷ Er arbeitet an allem, jeder kann davon profitieren.
▷ Er zwingt uns Spielern seine Denkweise nicht auf.
▷ Er überzeugt uns von seinen Ideen.
▷ Er ist jemand, der weiß, was du brauchst.
▷ Er sorgt für viel Schwung, er erfrischt uns.
▷ Er ist sehr flexibel, was die Aufstellung angeht.
▷ Er vertritt eine Philosophie, mit der man viel anfangen kann.
▷ Er ist der stärkste Coach, den ich kenne.
▷ Er spricht fast schon perfektes Deutsch.

Phantomtor

23. April 1994, Olympiastadion München, FC Bayern – 1. FC Nürnberg: In der 21. Minute herrscht ein Getümmel im Nürnberger Strafraum. Thomas Helmer versucht, den Ball mit der Hacke ins Tor zu bugsieren, doch aus kürzester Distanz schiebt er ihn vorbei. Helmer rauft sich die Haare, plötzlich bricht Jubel los: Der Linienrichter hat die Fahne gereckt, und Schiedsrichter Osmers rennt zum Anstoßpunkt. Osmers hinterher: „Ich hätte nicht auf Tor entschieden, ich habe mich auf meinen Linienrichter verlassen.“ Thomas Helmer erklärte Jahre später: „Dass es kein Tor war, hätte der Schiedsrichter auch ohne Videobeweis erkennen können. Ich selbst wusste damals in dem Moment zunächst gar nicht, was los ist. Natürlich wusste ich, dass der Ball neben dem Tor war. Aber der Ball war zuvor immer zwischen meinen Beinen. Und da der Andreas Köpke hinter der Linie lag, hätte er in dem Moment vielleicht drin sein können. Viele behaupteten später, ich wäre jubelnd abgedreht, was aber gar nicht stimmt. Aus heutiger Sicht muss ich sagen: Der Schiedsrichter und ich haben den Fehler gemacht, dass wir nicht miteinander gesprochen haben.“

Nach einem Protest des Club wurde das Spiel (Endstand 2:1) annulliert und neu angesetzt. Bayern gewann dann klar mit 5:0.

Pokalpleiten, peinliche

In der dritten Runde des DFB-Pokals 1977/78 erlebte der FCB seine erste dicke Pleite, als er beim Zweitligisten FC Homburg mit 1:3 unterlag. 1978/79 unterlag man bereits in der zweiten Runde zu Hause gegen den VfL Osnabrück mit 4:5. 1979/80 wurde mit einem 0:1 bei der SpVgg Bayreuth in der dritten Runde schließlich ein „Blamagen-Hattrick“ komplett. Eine noch größere Peinlichkeit gab es dann 1990/91, als bereits in der ersten Runde beim Amateurverein FV 09 Weinheim das Aus kam: Weinheim siegte mit 1:0 (Elfmeter in der 26. Minute). Im Jahr darauf setzte es ein 2:4 gegen den FC Homburg. Nach einem vertretbaren Zweitrunden-Aus gegen Dortmund 1992/93 (6:7 n.E.) erlitt der FC Bayern 1994/95 wieder eine Pleite, als er im Nürnberger Frankenstadion gegen den drittklassigen TSV Vestenbergsgreuth mit 0:1 unterlag.

Wenig rühmlich waren auch die Niederlagen in der 2. Runde bei Fortuna Düsseldorf 1995/96 (1:3) und beim 1. FC Magdeburg 2000/01 (1:1 n.V., 2:4 n.E.). Zuletzt entwickelte sich schließlich Alemannia Aachen zum FCB-Pokalschreck: Die Bayern scheiterten 2003/04 am damaligen Zweitligisten im Viertelfinale (1:2) und 2006/07 am späteren Bundesliga-Absteiger im Achtelfinale (2:4).

Präsidenten

Franz John (1900–03), Willem Hesselink (1903–06), Kurt Müller (1906/07), Angelo Knorr (1907–13), Kurt Landauer (1913–14, 1919–21, 1922–33, 1947–51), Fred Dunn (1914/15, 1921–22), Hans Tusch (1915), Fritz Meier (1915, 1916–19), Hans Bermühler (1916), Siegfried Herrmann (1933/34, 1945–47), K.-H. Oettinger (1934/35), Richard Amesmeier (1935–37), Franz Nußhardt (1937/38), Kellner (1938–43), Sauter (1943–45), Franz-Xaver Heilmannseder (1945), Josef Bayer (1945), Julius Scheuring (1951–53), Adolf Fischer, K. Wild, Hugo Theisinger (1953–55), Alfred Reitlinger (1955–58), Roland Endler (1958–62), Wilhelm Neudecker (1962–79), Willi O. Hoffmann (1979–85), Fritz Scherer (1986–94), Franz Beckenbauer (1994–09), Uli Hoeneß (2009–14), Karl Hopfner (seit 2014).

Prominente

Kaum ein Verein hat so viele prominente Fans wie der FC Bayern. Unter ihnen sind Sportler (Boris Becker, Wladimir Klitschko), Politiker (Horst Seehofer, Edmund Stoiber), Schauspieler und Schauspielerinnen (Til Schweiger, Elmar Wepper, Veronika Ferres, Senta Berger, Christiane Paul), Comedians (Michael Mittermaier, Harald Schmidt) und Moderatoren (Thomas Gottschalk, Kai Pflaume). Auch Sänger (wie Günter Sigl von der Spider Murphy Gang) oder Fernsehköche (wie Alfons Schuhbeck) bekennen sich als „Rote".

Q, wichtige Wörter mit

neuerdings in München:

▷ queja (span.): Beschwerde
▷ quejar (span.): schimpfen, murren
▷ quitar el balón (span.): den Ball abnehmen

ehemals in München:

▷ Querelen (von lat. querela): Zank, Streit, Zwist
▷ Quälereien (matth.): Synonym des Bayern-Kapitäns (1994-97) für Querelen.
Zit.: „Es gibt keinerlei Quälereien."
▷ Quälix: Spitzname von Doppel-Double-Trainer Felix Magath

auf dem Platz:

▷ Querpass, Querschläger, Querlatte

in der Bundesliga-Geschichte:

▷ Quasi-Endspiel: Am 34. Spieltag der Saison 1971/72 kam es im Münchner Olympiastadion quasi zu einem „echten" Endspiel zwischen dem FC Bayern (1., 53:13 Punkte) und Schalke 04 (2., 52:14 Punkte); der FCB fegte die Knappen mit 5:1 (2:0) vom Platz (Tore: Hansen, Breitner, W. Hoffmann, U. Hoeneß, Beckenbauer).

Rasen

Nach eben jenem Quasi-Endspiel am 28. Juni 1972, mit dem die Bayern zugleich das Olympiastadion einweihten, schwärmte Uli Hoeneß, neben Beckenbauer der beste Mann auf dem Platz, noch jahrelang von dem Rasen: „Dieses Spiel wurde für mich zu einem unglaublichen Erlebnis. Vor allem wegen dieses wunderbaren Rasens. Ich habe nie mehr auf einem besseren Rasen Fußball gespielt, ich habe nie mehr solch einen Rasen gesehen."

Der Rasen des Olympiastadions war übrigens auch der erste, der mit einer Rasenheizung ausgestattet wurde. Gebaut wurde sie nach dem Prinzip der Fußbodenheizung als ein Netz von Röhren, durch die warmes Wasser fließt. Damit konnte bis zu einem Zentimeter Schnee pro Stunde geschmolzen werden. Erst 15 Jahre später gab es in Frankfurt am Main ein zweites Stadion mit Rasenheizung.

In der Allianz Arena hat es der Rasen wegen der extrem hohen Tribünen, die kaum Licht hereinlassen, heute ziemlich schwer, gut in Form zu bleiben. Um eine möglichst optimale Spielfläche zu erhalten, wurde der Rollrasen regelmäßig ausgetauscht. Zur Saison 2014/15 bekam die Allianz Arena dann einen Hightech-Hybridrasen, den man im Jahr zuvor in Wembley und in Wolfsburg kennengelernt hatte. In eine spezielle Mischung Naturrasen wurden dabei Kunstfasern eingewebt. Der Rasen sollte dem technisch anspruchsvollen Spiel der Guardiola-Bayern noch mehr entgegenkommen – war dann aber wohl auch nicht ganz unschuldig an den Ausrutschern, die Philipp Lahm und Xabi Alonso beim Elfmeterschießen im Halbfinale des DFB-Pokals gegen Borussia Dortmund auf dem Hosenboden landen ließen.

Reiseziele, nahe und ferne

Wohin zogen Bayern-Spieler, wenn sie den Verein verließen? Das Ergebnis (nach transfermarkt.de) ist etwas überraschend: Der Verein, zu dem FCB-Stars zwischen 1966 und 2015 am häufigsten wechselten, ist der 1. FC Nürnberg. Bereits 21 Spieler zog es ins Frankenland. Mit großem Abstand folgen der VfB Stuttgart mit 11 sowie der 1. FC Köln und Schalke 04 mit je 10 Wechseln.

Innerhalb Europas sieht die Rangfolge so aus:

- Italien 20: Juventus Turin (4), AC Florenz (3), AC Mailand (2), FC Genua 1893 (2), AS Rom (2), SSC Neapel (2), Inter Mailand, Udinese Calcio, Lazio Rom, Piacenza Calcio, Sampdoria Genua
- Schweiz 13: FC Aarau (3), FC Zürich (3), Young Boys Bern (2), FC Basel, FC Sion, FC St. Gallen, Grasshoppers Zürich, Zug 94
- England 12: FC Chelsea (3), FC Liverpool (2), Manchester United (2), Newcastle United, Blackburn Rovers, AFC Sunderland, Manchester City, Nottingham Forest
- Frankreich 10: AS Cannes (2), Girondins Bordeaux (2), Olympique Lyon, AS Saint-Étienne, AS Monaco, FC Nantes, Stade Rennes, Olympique Marseille
- Österreich 9: Red Bull Salzburg (4), SK Rapid Wien (2), Donawitzer SV Leoben, FC Admira-Wacker Mödling, SK Sturm Graz
- Spanien 8: Real Madrid (3), Atlético Madrid (2), FC Barcelona, FC Málaga, UD Almería
- Türkei 5: Galatasaray Istanbul (2), Besiktas Istanbul, Fenerbahce Istanbul, Adanaspor
- Niederlande 5: Feyenoord Rotterdam, De Graafschap Doetinchem, Twente Enschede, PEC Zwolle, PSV Eindhoven
- Dänemark 2: Nordvest FC, Vejle Boldklub Kolding
- Portugal 2: Sporting Lissabon, Vitória Setúbal
- Belgien 2: Standard Lüttich, Lierse SK
- Schottland 2: Celtic Glasgow, Kilmarnock FC
- Je ein Spieler wechselte nach Schweden (Östers Växjö IF), Kroatien (HNK Sibenik), Mazedonien (Vardar Skopje) und Russland (Zenit St. Petersburg).

Die Rangliste für Reisende in die weite Ferne hat folgendes Bild:

- USA 5: New York Cosmos, Calgary Boomers, Chicago Sting, Fort Lauderdale Strikers, New York Red Bulls
- Brasilien 5: SC Internacional Porto Alegre (2), Clube Atlético Paranaense, Flamengo Rio de Janeiro, Grêmio Porto Alegre
- Je ein Spieler wechselte nach Bolivien (Bolívar La Paz), Uruguay (Club Nacional), Argentinien (Estudiantes de La Plata),

Japan (Kashima Antlers), Katar (Qatar Sports Club) und in die VAE (Al-Wahda FC Abu Dhabi).

Rekorde - alle Titel und Auszeichnungen

1987 errang der FC Bayern den zehnten Meistertitel und löste damit den 1. FC Nürnberg als Rekordmeister ab. 1968, als die Nürnberger ihren neunten und bis heute letzten Meistertitel errungen hatten, hatten die Bayern gerade mal einen Meistertitel (1932) in ihrer Erfolgsbilanz. Im Pokalwettbewerb 1969 gewann der FCB mit einem 2:1-Endspielsieg gegen Schalke 04 seinen vierten Titel und wurde damit zum „Rekordpokalsieger", der er bis heute geblieben ist.

- ▷ Die meisten deutschen Meistertitel: 25
  1932, 1969, 1972, 1973, 1974, 1980, 1981, 1985, 1986, 1987, 1989, 1990, 1994, 1997, 1999, 2000, 2001, 2003, 2005, 2006, 2008, 2010, 2013, 2014, 2015
- ▷ Die meisten DFB-Pokal-Siege: 17
  1957, 1966, 1967, 1969, 1971, 1982, 1984, 1986, 1998, 2000, 2003, 2005, 2006, 2008, 2010, 2013, 2014
- ▷ Die meisten Ligapokal-Siege: 6
- ▷ Die meisten Doubles: 10
- ▷ Zweimal Double-Gewinner in Folge (2004/05 und 2005/06, sowie 2012/13 und 2013/14)
- ▷ Viermal Herbstmeister in Folge (2011/12 bis 2014/15)
- ▷ Deutscher Meistertitel für Männer und Frauen in der gleichen Saison (2014/15)
- ▷ Deutscher Pokal für Männer und Frauen (2012, zusammen mit dem VfL Wolfsburg, 2015)
- ▷ Die meisten internationalen Titel eines deutschen Vereins: 10
  Europapokal der Landesmeister / Champions League: 5
  1974, 1975, 1976, 2001, 2013
  UEFA-Pokal: 1996
  Europapokal der Pokalsieger: 1967
  Weltpokal: 1976, 2001
  Klubweltmeister: 2013

- ▷ Die meisten Weltmeister im Kader: 9
  FC Bayern 2014/15: Manuel Neuer, Philipp Lahm, Thomas Müller, Bastian Schweinster, Jérôme Boateng und Mario Götze sowie die Spanier Xabi Alonso, Javi Martínez und Pepe Reina.
- ▷ 109-mal Einstufung von Bayernspielern als „Weltklasse“ in der *Kicker*-„Rangliste des deutschen Fußballs“ (Platz 2: 1. FC Köln, 34-mal)

Rekorde, die der FC Bayern in der Bundesliga hält

(bis 23.5.2015 bei 1.704 Spielen; siehe auch ⇨ Bundesligatabelle, ewige)

Gesamtrekorde

- ▷ Die meisten Tore: 3.684 (Tordifferenz +1.782)
- ▷ Die meisten Punkte: 3.355
- ▷ Die meisten Siege: 990
- ▷ Die meisten Heimsiege: 629
- ▷ Die meisten Auswärtssiege: 361
- ▷ Am häufigsten Tabellenführer: 683 Spieltage (nach kompletten Spieltagen)

Saisonrekorde, Zeitaspekt

- ▷ Frühester Herbstmeister: nach 14 Spieltagen (2012/13)
  (bis dahin 15. Spieltag: Frankfurt 1993/94, Kaiserslautern 1997/98, Dortmund 2010/11; im Gegensatz zum FCK und zum BVB wurde Frankfurt am Ende nicht Meister)
- ▷ Frühester Meister: nach 27 Spieltagen (2013/14)
  (bis dahin 28. Spieltag, FC Bayern 2012/13; am 30. Spieltag 1972/73, 2002/03 und 2014/15)
- ▷ Frühester Meister kalendarisch: 25. März (2013/14)
  (bis dahin 6. April, Bayern 2012/13; zuvor 18. April, 1. FC Köln 1963/64)
- ▷ Spätester Meister: 2000/01 (in der Nachspielzeit am 34. Spieltag)

Saisonrekorde, meiste Punkte

- ▷ Die meisten Punkte: 91 (2012/13) (der bisherige Rekord von Dortmund – 81 Punkte in der Saison 2011/12 – wurde bereits am 31. Spieltag überboten, als die Bayern mit einem 1:0 gegen den SC Freiburg 84 Punkte auf ihr Konto brachten; insgesamt wären 102 Punkte möglich.)

- ▷ Der höchste Punkteschnitt: 2,68 Punkte pro Spiel (2012/13) (= der höchste jemals erzielte Punkteschnitt in den fünf großen europäischen Ligen)
- ▷ Die meisten Punkte (Zwei-Punkte-Regel): 55:13 (1971/72) (24 Siege und 7 Unentschieden = 79 Punkte nach Drei-Punkte-Regel)
- ▷ Die meisten Heimpunkte: 49 (1972/73) (Punkte umgerechnet, nach der 2-Punkte-Regel 33:1 Punkte; ebenso FC Schalke 1971/72 und Wolfsburg 2008/09)
- ▷ Die meisten Auswärtspunkte: 47 (2012/13) (bis dahin 37, Werder Bremen 2003/04, und Borussia Dortmund 2011/12)
- ▷ Die meisten Punkte in einer Hinrunde: 47 (2013/14)
- ▷ Die meisten Punkte in einer Rückrunde: 49 (2012/13) (bis dahin 47, Borussia Dortmund 2011/12)
- ▷ Die meisten Punkte Vorsprung am Saisonende auf den Tabellenzweiten: 25 (2012/13: 91 zu 66 gegenüber Dortmund; bis dahin 16, Bayern 2002/03)
  (Rekordvorsprung nach der 2-Punkte-Regel: 11 Punkte gegenüber dem 1. FC Köln 1972/73; auf die Drei-Punkte-Regel umgerechnet wären das 20 Punkte Vorsprung gewesen.)
- ▷ Die meisten Punkte Vorsprung nach der Hinrunde auf den Tabellenzweiten: 11 (2014/15)
  (Umgerechnet auf die Drei-Punkte-Regel hatte der 1. FC Nürnberg 1967/68 ebenfalls 11 Punkte Vorsprung; 10 Punkte erreichten der FC Bayern 2013/2014 und Bor. Dortmund 2010/11)

Saisonrekorde, meiste Siege

- ▷ Die meisten Siege: 29 (2012/13 und 2013/14) (dazu gab es vier Unentschieden und eine Niederlage; bisheriger Rekord: 25 [FC Bayern 1972/73 und Borussia Dortmund 2011/12])
- ▷ Die meisten Heimsiege: 16 (1972/73) (gemeinsam mit FC Schalke 1971/72 und Wolfsburg 2008/09)

▷ Die meisten Auswärtssiege: 15 (2012/13)
(einzig die Spiele in Nürnberg und Dortmund endeten 1:1; zuvor 11, Bremen 2003/04 und Borussia Dortmund 2011/12)

▷ Die meisten Siege in einer Hinrunde: 15 (2013/14)
(bis dahin 14, FC Bayern 2005/06 u. Borussia Dortmund 2010/11)

▷ Die meisten Siege in einer Rückrunde: 16 (2012/13)
(bis dahin 15, Borussia Dortmund 2011/12)

▷ Die längste Siegesserie (in einer Saison und überhaupt): 19 Spieltage (19.10.2013 bis 25.3.2014)
(bis dahin 14, FC Bayern vom 18. bis 31. Spieltag 2012/13; saisonübergreifend 15, vom 26. Spieltag 2004/05 bis zum 6. Spieltag 2005/06; zuvor 10, Mönchengladbach 1986/87 und Wolfsburg 2008/09)

▷ Die längste Siegesserie ab Saisonbeginn: 8 (2012/13)
(bis dahin 7, FC Bayern 1995/96, gemeinsam mit Kaiserslautern 2001/02 und Mainz 2010/11)

▷ Die längste Siegesserie auswärts: 10 (2.11.2013 bis 25.3.2014)
(bis dahin 9, FC Bayern 2012/13; zuvor 8, Borussia Dortmund 2010/11)

▷ Die längste Siegesserie zum Rückrundenstart: 14 (2012/13)
(bis dahin 7, Borussia Dortmund 2011/12)

▷ Die längste Siegesserie in einer Rückrunde: 14 (2012/13)
(bis dahin 10, Bor. Mönchengladbach, 25.-34. Spieltag 1986/87; Wolfsburg, 19.-28. Spieltag 2008/09)

Saisonrekorde, wenigste Niederlagen

▷ Die wenigsten Niederlagen: 1 (1986/87 und 2012/13)
(= Die meisten Spiele ohne Niederlage: 33; 1986/87 gab es 13 Unentschieden, 2012/13 lediglich vier)

▷ Die meisten Auswärtsspiele ohne Niederlage: Alle 17 Spiele (1986/87, 2012/13)
(= 0 Auswärtsniederlagen innerhalb einer Saison; 1986/87 hatten die unbesiegten Bayern elfmal unentschieden gespielt [23:11 Punkte] und waren damit sogar etwas schlechter als bei ihrem Auswärts-Rekord 1971/72, als sie trotz drei Auswärtsniederlagen auf 24:10 Punkte kamen; für 2012/13 siehe ⇨ Die meisten Auswärtssiege)

▷ Die längste Serie ohne Niederlage ab Saisonstart: 28 (2013/14) (Bor. Dortmund blieb 2011/12 ab dem 7. Spieltag 28-mal ungeschlagen; den alten Rekord ab Saisonbeginn hielt Leverkusen mit 24-mal, 2009/10; zuvor Bayern 23-mal 1988/89)
▷ Die meisten Spielzeiten ohne Heimniederlage: 11 (Bestwert: 1972/73, 1 Unentschieden. Weitere Spielzeiten: 1970/71, 1971/72, 1973/74, 1981/82, 1983/84, 1988/89, 1996/97, 1998/99, 2001/02, 2007/08)

Saisonrekorde, meiste Tore

▷ Die meisten Tore: 101 (1971/72) (Platz 2: 98, FC Bayern 2012/13)
▷ Die beste Tordifferenz: +80 (2012/13) (bis dahin +64, FC Bayern 1972/73; nebenbei interessant: Die beste Tordifferenz seiner Vereinsgeschichte [+112] erreichte der FCB in der Regionalliga Süd in der Aufstiegssaison 1964/65)
▷ Die meisten Siege mit mindestens zwei Toren Differenz: 23 (2012/13) (bis dahin 21, FC Bayern 1971/72)
▷ Die längste Serie mit mindestens einem erzielten Tor: alle 34 Spiele (2012/13) (bis dahin 33, FC Bayern 1973/74; der 1. FC Köln traf in der Saison 1963/64 ebenfalls in jedem Spiel, es gab damals aber bei 16 Mannschaften nur 30 Spiele)
▷ Die längste Serie mit mindestens zwei erzielten Toren: 20 (19.10.2013 bis 29.3.2014)
▷ Die meisten Heimtore: 69 (1971/1972)
▷ Die meisten Auswärtstore: 46 (2013/14) (bis dahin 43, Werder Bremen 2006/07, 42, FC Bayern 2012/13)
▷ Die beste Tordifferenz auswärts: +38 (2013/14) (bis dahin +35, FC Bayern 2012/13, zuvor +23, Bor. Dortmund 2011/12)
▷ Die beste Tordifferenz in einer Hinrunde: +37 (44:7, 2012/13, und 41:4, 2014/15) (bis dahin +33, FC Bayern 2011/12)
▷ Die meisten Rückrunden-Tore: 54 (1971/72, 1983/84, 2012/13)

Saisonrekorde, wenigste Gegentore

▷ Die wenigsten Gegentore: 18 (2012/13 und 2014/15) (bis dahin 21, FC Bayern 2007/08; zuvor 22, der Rekord wurde 1987/88 von Werder Bremens Olli Reck aufgestellt)

▷ Die wenigsten Gegentore auswärts: 7 (2012/13) (bis dahin 10, Werder Bremen 1987/88; 8, FC Bayern 2013/14)

▷ Die wenigsten Gegentore in einer Hinrunde: 4 (2014/15) (bis dahin 7, FC Bayern 2012/13 und VfB Stuttgart 2003/04)

▷ Die wenigsten Gegentore in einer Rückrunde: 11 (1985/86, 2002/03, 2012/13)

▷ Die wenigsten Heim-Gegentore in einer Hinrunde: 2 (2014/15) (bis dahin 3, FC Bayern 2011/12)

▷ Die wenigsten Auswärts-Gegentore in einer Hinrunde: 1 (2012/13) (bis dahin 2, VfB Stuttgart 2003/04)

▷ Die meisten Spiele ohne Gegentor: 22 (2014/15) (bis dahin 21, FC Bayern 2012/13; zuvor 19, FC Bayern 2001/02 und Werder Bremen 1987/88 und 1992/93)

▷ Die meisten Siege ohne Gegentor: 21 (2012/13) (bis dahin 17, Schalke 1971/72)

▷ Die meisten Auswärtsspiele ohne Gegentor: 12 (2012/13)

▷ Die meisten Auswärtsspiele ohne Gegentor zu Saisonbeginn: 5 (25.8.2012 bis 3.11.2012)

▷ Die meisten Hinrundenspiele ohne Gegentor: 13 (2014/15)

▷ Die längste Serie von Auswärtsspielen ohne Gegentor: 6 (28.11.2012 bis 3.3.2013 und 20.9.2014 bis 13.12.2014) (ebenfalls 1. FC Köln 2009/10)

Saisonübergreifende Rekorde

▷ Die längste Serie von Heimsiegen: 26 (27.11.1971 bis 26.5.1973)

▷ Die längste Serie ohne Niederlage: 53 Spiele (3.11.2012 bis 29.3.2014) (bis dahin Hamburger SV, 36 Spiele vom 16.1.1982 bis 29.1.1983)

▷ Die längste Serie ohne Heimniederlage: 73 Spiele (11.4.1970 bis 14.9.1974) (das 1:0 im Nachholspiel 1969/70 vom 19. Spieltag gegen Borussia Mönchengladbach mit eingerechnet; die Gesamtbilanz: 62 Siege, 11 Unentschieden, 254:74 Tore; die Niederlagen davor und danach: 1:2 gegen den VfB Stuttgart, 0:2 gegen Schalke 04)

- ▷ Die längste Serie ohne Auswärtsniederlage: 33 Spiele (21.4.2012 bis 25.3.2014) (bis dahin 27, Hamburger SV 8/1981 bis 2/1983)
- ▷ Die längste Serie mit mindestens einem Treffer: 65 Spiele (21.4.2012 bis 29.3.2014)
- ▷ Die längste Serie mit mindestens einem Heimtreffer: 32 Spiele (28.4.2012 bis 29.3.2014)
- ▷ Die längste Serie mit mindestens einem Auswärtstreffer: 33 Spiele (21.4.2012 bis 25.3.2014)
- ▷ Die meisten Punkte in einem Kalenderjahr: 93 (von 99 möglichen, 2013; = 93,94 %)

Rekorde, sonstige

- ▷ Größte Aufholjagd in einem Spiel:
  VfL Bochum – FC Bayern München 4:0, Endstand 5:6 (18.9.1976)
  Die Tore nach dem 0:4 in der 53. Minute erzielten Müller (2), Uli Hoeneß (2), K.-H. Rummenigge und Schwarzenbeck.
- ▷ Die meisten Elfmeter: 294 (davon 230 verwandelt)
- ▷ Die meisten Rückrunden-Strafstöße verwandelt: 9 von 9 (1980/81)
- ▷ Zwei aufeinanderfolgende Vorrunden ungeschlagen: 2013/14 und 2014/15
- ▷ Die wenigsten Spieler, mit denen eine Meisterschaft gewonnen wurde: 13 (1968/69) (die Spieler: Ohlhauser, Brenninger, Starek, Roth, Olk, Maier, Pumm, Schwarzenbeck, Beckenbauer, Müller, Kupferschmidt, Schmidt, Jung)
- ▷ Die meisten ausländischen Spieler gleicher Nationalität auf der Ersatzbank: 5 (25.4.2015) (mit Reina, Bernat, Martínez, Thiago und Xabi Alonso saßen fünf Spanier auf der Bank; bisheriger Rekord waren vier Kroaten in Bochum am 19.8.2000)

Rekorde, nur vereinsintern

- ▷ Höchste Heimsiege: 11:1 gegen Borussia Dortmund (27.11.1971) (gleichzeitig erstes zweistelliges Resultat in der Bundesliga-Geschichte)
  9:0 gegen Kickers Offenbach (13.3.1984) und TeBe Berlin

(10.9.1976), 8:0 gegen den Hamburger SV (14.2.2015), 9:2 gegen den Hamburger SV (30.3.2013)

- ▷ Höchste Auswärtssiege: 8:1 gegen den FC St. Pauli (7.5.2011), 7:0 gegen Werder Bremen (7.12.2013), 7:1 gegen Borussia Mönchengladbach (24.3.1979)
  (es gab noch weitere Heimsiege mit sieben und Auswärtssiege mit sechs Toren Unterschied)

Rekorde, international

(vgl. auch ⇨ Einziger Verein)

- ▷ Höchster Gesamtsieg in der K.o.-Phase der UEFA Champions League: 12:1 (2008/09 gegen Sporting Lissabon: 5:0 und 7:1)
- ▷ Höchster Gesamtsieg in einem Halbfinale der Champions League: 7:0 (2012/13 gegen den FC Barcelona: 4:0 und 3:0)
- ▷ Höchster Sieg in einem Achtelfinale der Champions League: 7:0 (2011/12 gegen den FC Basel und 2014/15 gegen Schachtar Donezk)
- ▷ Die meisten aufeinanderfolgenden Siege in der Champions League: 10 (2.4.2013 bis 27.11.2013)
- ▷ Die meisten aufeinanderfolgenden Auswärtssiege in der Champions League: 7 (19.2.2013 bis 19.2.2014)
- ▷ Die meisten aufeinanderfolgenden Heimspiele ohne Niederlage in der Champions League: 31 (4.3.1998 bis 2.4.2002)
- ▷ Deutscher Verein mit den meisten Einsätzen im Europapokal: 424 EC-Spiele, 233 EC-Siege, 12 Finals

Rekorde, die der FC Bayern in der Bundesliga (noch) nicht hält

- ▷ Höchster Heimsieg: 12:0
  (Borussia Mönchengladbach gegen Borussia Dortmund am 29.4.1978)
- ▷ Höchster Auswärtssieg: 9:0
  (Meidericher SV bei Tasmania 1900 Berlin am 26.3.1966)
- ▷ Die meisten zweistelligen Siege: 4
  (Borussia Mönchengladbach gewann 12:0 gegen Borussia Dortmund am 29.4.1978, 11:0 gegen den FC Schalke 04 am

7.1.1967, 10:0 gegen Borussia Neunkirchen am 4.11.1967 und 10:0 gegen Eintracht Braunschweig am 11.10.1984)

▷ Größter Tabellensprung an die Spitze: 8 (9. auf 1. Tabellenplatz, VfL Wolfsburg 2008/09)

▷ Größter Rückrunden-Tabellensprung: 10 (Schalke 1968/69, HSV 2006/07, jeweils von Platz 17 auf 7)

▷ Größte Rückrunden-Punktesteigerung: 23 (39 statt 16, VfB Stuttgart 2009/10)

▷ Die meisten Jokertore: 17 (Werder Bremen 2006/07)

▷ Die meisten Rückrunden-Jokertore: 10 (Werder Bremen 2006/07)

▷ Die wenigsten Heim-Gegentore: 5 (Werder Bremen 1992/1993; FC Bayern: 7 in 2014/15; Schalke 8 in 1971/72)

▷ Die meisten Spiele in Serie ohne Gegentor: 9 (VfB Stuttgart 24.5. bis 4.10.2003; 884 Spielminuten kein Gegentor für Timo Hildebrand)

▷ Die meisten Heimspiele in Serie ohne Gegentor: 9 (VfL Bochum 4.10.2003 bis 14.3.2004; 911 Spielminuten kein Gegentor für Rein van Duijnhoven)

▷ Die meisten verwandelten Strafstöße in Serie: 24 (VfL Bochum von 1978 bis 1982)

▷ Höchste Zuschauerzahl in einem Spiel: 88.075 (bei Hertha BSC gegen 1. FC Köln am 26.9.1969)

▷ Höchster Zuschauerschnitt: 80.552 (Borussia Dortmund 2011/12)
Borussia Dortmund hatte auch 2012/13 (80.482) und 2013/14 (80.297) den besten Zuschauerschnitt. In allen drei Spielzeiten bedeutete das auch den höchsten Zuschauerschnitt Europas. 2003/04 erreichte der BVB sogar einen Rückrunden-Zuschauerschnitt von 82.062.

▷ Schnellstes Tor: Kevin Volland (9 Sekunden, am 22.8.2015, TSG Hoffenheim gegen den FCB); Karim Bellarabi (9 Sekunden, am 23.8.2014, Bayer Leverkusen gegen Borussia Dortmund)

Rekorde, negative

(nur vereinsintern)

- ▷ Schlimmste Negativserie: 2:22 Punkte
(in den letzten zwölf Spielen der Oberliga-Saison 1954/55)
- ▷ Meiste Bundesliga-Niederlagen in Folge: 5
(12. bis 16. Spieltag 1977/78: 0:2 in Mönchengladbach, 0:2 gegen Hertha BSC, 3:6 in Duisburg, 1:3 gegen 1860, 0:4 in Frankfurt; 4 Niederlagen in Folge vom 14. bis 17. Spieltag 1975/76). Auch wettbewerbsübergreifend kamen solche Niederlagenserien in der Geschichte der Bayern nur sehr selten vor. Als der FCB 2015 unter Pep Guardiola viermal hintereinander verlor (am 28.04. im DFB-Pokal-Halbfinale mit 1:3 n.E. gegen Dortmund, dann in der Bundesliga am 02.05. mit 0:2 in Leverkusen, am 06.05. im Champions-League-Halbfinale mit 0:3 in Barcelona und schließlich am 09.05. wieder in der Bundesliga zu Hause mit 0:1 gegen Augsburg), mussten die Statistiker lange graben. Zuletzt hatte es eine Vier-Niederlagen-Serie im Oktober 1991 gegeben (in der Bundesliga 1:4 gegen die Stuttgarter Kickers, 0:3 gegen Borussia Dortmund, 2:3 beim VfB Stuttgart und im UEFA-Cup 2:6 in Kopenhagen gegen B 1903).
- ▷ Meiste Bundesliga-Spiele in Folge ohne Sieg: 7
(15. bis 21. Spieltag 1968/69; 6 sieglose BL-Spiele vom 9. bis zum 14. Spieltag 1991/92 und vom 7. bis 12. Spieltag 1994/95)
- ▷ Schlechteste Saison-Platzierung: 12.
(1977/78 bei 32:36 Punkten und 62:64 Toren; 10. Platz 1991/92 bei 36:40 Punkten und 59:61 Toren)
- ▷ Höchste Heimniederlage: 0:7
(gegen den FC Schalke 04 am 9.10.1976)
- ▷ Höchste Auswärtsniederlage: 1:7
(gegen Fortuna Düsseldorf am 9.12.1978; 0:6 gegen Kickers Offenbach am 24.8.1974 und gegen Eintracht Frankfurt am 22.11.1975)
- ▷ Wenigste Tore: 57
(1974/75 in 34 Spielen; 1991/92 59 Tore in 38 Spielen)
- ▷ Meiste Gegentore: 64
(1977/78)

▷ Schlechteste Tordifferenz: –6
(1974/75, 57:63)
▷ Wenigste Punkte: 32
(1977/78 32:36 Punkte in 34 Spielen; 1991/92 36:40 Punkte in 38 Spielen)
▷ Wenigste Siege: 11
(1977/78 in 34 Spielen, 1991/92 13 Siege in 38 Spielen)
▷ Meiste Niederlagen: 15
(1991/92 in 38 Spielen, 1974/75 14 Niederlagen in 34 Spielen)
▷ Schlechteste Heimbilanz: 14.
(1991/92 bei 20 Vereinen)
▷ Schlechteste Auswärtsbilanz: 0 Siege
(1977/78 bei 7:27 Punkten, 12. Platz)
▷ Schlechteste Hinrundenplatzierung: 15.
(1977/78, 14:20 Punkte)
▷ Schlechteste Rückrundenplatzierung: 13.
(1991/92, 17:21 Punkte in der Rückrunde bei 20 Vereinen; 1976/77, 12. mit 15:19 Punkten bei 18 Vereinen)
▷ Abstiegsplatz:
In der Saison 1974/75 war der FCB nach dem 1. Spieltag zum ersten und einzigen Mal Tabellenletzter. Auf einem Abstiegsplatz befand er sich nach dem 8. Spieltag 1966/67 und nach dem 16. Spieltag 1977/78.
▷ Die krasseste negative Wende:
Aus einer 4:1-Führung in Kaiserslautern wurde am Ende ein 4:7 (20.10.1973)

Torlos

Die längste Serie ohne Torerfolg legte in der Bundesliga der 1. FC Köln hin: Vom 1.12.2001 bis zum 23.2.2002, insgesamt 1.033 Spielminuten lang, gelang ihm kein Treffer. Drei Spiele in Folge torlos blieb der FCB vom 27.8. bis zum 18.9.2010 (0:2 in Kaiserslautern, 0:0 gegen Bremen, 0:0 gegen Köln), erst am 21.9. traf Ribéry wieder, in der 63. Minute in Hoffenheim zum 1:1. Bis dahin waren 333 torlose Minuten vergangen. Eigentlich blieben die Bayern schon einmal 453 Minuten ohne eigenen Treffer (wenn man das 1:2 bei Hertha BSC am 14.2.1998, ein Eigentor des Herthaners Michael Preetz, nicht mitzählt). Die Torlos-Serie dauerte vom 7.2.1998 (18. Minute, Michael Tarnat zum 2:0 gegen Rostock) bis zum 22.3.1998 (21. Minute, Thorsten Fink zum 1:0 beim VfB Stuttgart). Zählt man die Nullnummern im Viertelfinale der Champions League gegen Borussia Dortmund hinzu, waren es sogar 663 torlose Pflichtspiel-Minuten.

Revolution

Im Februar 1979 hatte der ungeliebte Trainer Gyula Lorant beim FCB das Handtuch geschmissen. Nachfolger wurde der bei den Spielern äußerst beliebte Pal Csernai. Die von Breitner und Maier angeführten Spieler wollten ihn behalten, Präsident Neudecker hingegen wollte als neuen Cheftrainer Max Merkel verpflichten. Neudecker konnte seinen Kandidaten jedoch nicht durchsetzen. In einer Abstimmung sprachen sich die Spieler mit 16:0 Stimmen für Csernai und gegen Merkel aus. Einen Tag nach dem Spieler-Votum, am 19. März 1979, trat Neudecker nach 17 Jahren auf der Kommandobrücke des FCB zurück: „Die Mannschaft hat sich gegen Merkel und damit auch gegen meine Person ausgesprochen. Der Vereinsführung auf diese Weise das Handeln einzuschränken, kann von mir nicht geduldet werden. Deshalb ziehe ich meine Konsequenzen.“ Die Folge der „Revolution“ war ein Professionalisierungsschub in Management, Mannschaftsführung und Mannschaftsbetreuung. Neuer Präsident wurde Willi O. Hoffmann, im Juli 1979 nahm der erst 27-jährige Uli Hoeneß seine Tätigkeit als Manager auf.

Rückennummern

Seit 1995 hat jeder Bundesligaspieler eine persönliche Rückennummer. Vergeben wurden bei den Bayern bis heute alle Nummern von 1 bis 44, lediglich die 41 und die 43 wurden noch nie besetzt. Eine Ausnahmenummer ergatterte sich Bixente Lizarazu mit der 69. Die Begründung für seine Wunschnummer: Geboren 1969, 1,69 Meter groß, 69 Kilo schwer. Vor der Saison 2011/12 sagte die DFL dem „Nummernsalat“ auf dem Rücken der Bundesligaspieler den Kampf an und verbot Nummern jenseits der 40. Ausnahmen wurden trotzdem zugelassen, Anatolij Tymoschtschuk durfte die 44 noch bis 2013 tragen.

Rückennummern-Rekordträger sind Oliver Kahn - er trug 13 Spieljahre lang die Nummer 1 - und Bastian Schweinsteiger, der sich 2014/15 das Trikot mit der 31 ebenfalls in seiner 13. Saison überstreifte. Interessant ist vielleicht auch die Information, dass die Nummer 15 sieben Jahre lang unbesetzt blieb, während die Nummer 13 nur fünf Jahre lang keinen Träger fand.

In der folgenden Liste (nach bayernbaeda.de) sind alle Spieler berücksichtigt, die bei Pflichtspielen zumindest im Kader standen (mit aufgeführt sind auch diejenigen, die nie zu Einsätzen kamen). Zwischendurch war manche Nummer auch eine Zeitlang unbesetzt. Nicht dabei ist die Rückennummer von Roman Grill. Der spätere Spielerberater (u.a. Philipp Lahm) stand 1995/96 im Bayern-Kader und kam im Achtelfinale des UEFA-Pokals gegen Benfica Lissabon zu einem dreiminütigen Profieinsatz.

► 1: Oliver Kahn (1995–08), Michael Rensing (2008–10), Jörg Butt (2010/11), Manuel Neuer (seit 2011)
► 2: Markus Babbel (1995–00), Willy Sagnol (2000–09), Breno (2010–12)
► 3: Dieter Frey (1995/96), Markus Münch (1996–98), Bixente Lizarazu (1998–04), Lúcio (2004–09), Xabi Alonso (2014/15)
► 4: Oliver Kreuzer (1995–97), Samuel Kuffour (1997–05), Edson Braafheid (2009–11), Dante (2012–15)
► 5: Thomas Helmer (1995–99), Patrik Andersson (1999–01), Robert Kovac (2002–05), Daniel Van Buyten (2006–14), Medhi Benatia (seit 2014)
► 6: Christian Nerlinger (1995–98), Michael Wiesinger (1999–01), Pablo Thiam (2001–03), Martin Demichelis (2003–11), Thiago (seit 2013)
► 7: Mehmet Scholl (1995–07), Franck Ribéry (seit 2007)
► 8: Thomas Strunz (1995–01), Niko Kovac (2001–03), Torsten Frings (2004/05), Ali Karimi (2005–07), Hamit Altintop (2007–11), Javi Martínez (seit 2012)
► 9: Jean-Pierre Papin (1995/96), Giovane Elber (1997–04), Vahid Hashemian (2004/05), Luca Toni (2007–10), Nils Petersen (2011/12), Mario Mandzukic (2012–14), Robert Lewandowski (seit 2014)
► 10: Lothar Matthäus (1995–00), Ciriaco Sforza (2000–02), Roy Makaay (2003–07), Arjen Robben (seit 2009)
► 11: Marcel Witeczek (1995–97), Bixente Lizarazu (1997/98), Stefan Effenberg (1998–02), Zé Roberto (2002–06), Lukas Podolski (2006–09), Ivica Olic (2009–12), Xherdan Shaqiri (2012–15), Douglas Costa (seit 2015)
► 12: Sven Scheuer (1995–00), Robert Kovac (2001/02), seit 2002 für Fans reserviert

▶ 13: Samuel Kuffour (1995/96), Mario Basler (1996/97), Paulo Sergio (1999–02), Michael Ballack (2002–06), Landon Donovan (2008/09), Andreas Görlitz (2009/10), Rafinha (seit 2011)
▶ 14: Ciriaco Sforza (1995/96), Carsten Lakies (1996/97), Mario Basler (1997–00), Claudio Pizarro (2001–07), Julio dos Santos (2007/08), Takashi Usami (2011/12), Claudio Pizarro (2012–15), Xabi Alonso (seit 2015)
▶ 15: Alain Sutter (1995/96), Samuel Kuffour (1996/97), Dennis Grassow (1997/98), Alexander Bugera (1998/99), Slawomir Wojciechowski (1999–01), Tobias Rau (2003–05), Zé Roberto (2007–09), Breno (2009/10), Jan Kirchhoff (2013/14, 2015/16), Lucas Scholl (2014/15)
▶ 16: Dietmar Hamann (1995–98), Jens Jeremies (1998–06), Andreas Ottl (2007–11), Gianluca Gaudino (seit 2014)
▶ 17: Christian Ziege (1995–97), Thorsten Fink (1997–04), Mark van Bommel (2006–11), Jérôme Boateng (seit 2011)
▶ 18: Jürgen Klinsmann (1995–97), Michael Tarnat (1997–03), Andreas Görlitz (2004–07), Miroslav Klose (2007–11), Juan Bernat (seit 2014)
▶ 19: Emil Kostadinov (1995/96), Carsten Jancker (1996–02), Julio dos Santos (2005–07), Jan Schlaudraff (2007/08), Alexander Baumjohann (2009/10), Mario Götze (seit 2013)
▶ 20: Andreas Herzog (1995/96), Ruggiero Rizzitelli (1996–98), Hasan Salihamidzic (1998–07), José Ernesto Sosa (2007–11), Patrick Weihrauch (2013–14), Sebastian Rode (seit 2014)
▶ 21: Alexander Zickler (1995–05), Philipp Lahm (seit 2005)
▶ 22: Thomas Tomic (1995/96), Bernd Dreher (1996–03), Michael Rensing (2003–08), Jörg Butt (2008–10, 2011/12), Rouven Sattelmaier (2010/11), Tom Starke (seit 2012)
▶ 23: Michael Probst (1995/96), Frank Gerster (1996–98), Frank Wiblishauser (1998–00), Owen Hargreaves (2000–07), Marcell Jansen (2007–09), Massimo Oddo (2008/09), Danijel Pranjic (2009–12), Mitchell Weiser (2012–14), Pepe Reina (2014/15), Sven Ulreich (seit 2015)
▶ 24: Markus Oberleitner (1995/96), Stefan Leitl (1997/98), Ali Daei (1998/99), Roque Santa Cruz (1999–07), Tim Borowski (2008/09), Maximilian Riedmüller (2011–13), Sinan Kurt (seit 2014)
▶ 25: Thomas Linke (1998–05), Valérien Ismaël (2005–08), Thomas Müller (seit 2008)
▶ 26: Antonio di Salvo (1999–02), Sebastian Deisler (2002–07), Diego Contento (2009–14)
▶ 27: Jeffrey Aubynn-Obeng (1997/98), Berkant Göktan (2000/01), Andreas Ottl (2003–05), Viktor Bopp (2007/08), Deniz Yilmaz (2008/09), David Alaba (seit 2009)
▶ 28: Frank Wiblishauser (1996–98), Berkant Göktan (1998/99), Patrick Mölzl (2000–02), Barbaros Barut (2002/03), Stefan Buck (2004/05), Stefano Celozzi (2007/08), Holger Badstuber (seit 2008)
▶ 29: Stefan Leitl (1996/97), Christian Saba (1997/98), Sebastian Backer (2000/01), Philipp Lahm (2002/03), Bernd Dreher (2005–08), Christoph Knasmüllner (2010/11), Leopold Zingerle (2013/14), Kingsley Coman (seit 2015)
▶ 30: Alexander Bugera (1997/98), Nils-Eric Johansson (1998–00),

Alou Diarra (2001/02), Christian Lell (2003/04 und 2006–10), Luiz Gustavo (2010–14), Mitchell Weiser (2014/15)

▶ 31: David Jarolim (1998–00), Stephan Kling (2001/02), Bastian Schweinsteiger (2002–15)

▶ 32: Emanuel Bentil (1997–00), Markus Feulner (2001–04), Jan Mauersberger (2005/06), Mats Hummels (2006–08), Georg Niedermeier (2008/09), Mehmet Ekici (2009–11), Rouven Sattelmaier (2011/12), Lukas Raeder (2012–14), Joshua Kimmich (seit 2015)

▶ 33: Markus Weinzierl (1998/99), Stefan Wessels (1999–03), Paolo Guerrero (2003–06), Thomas Kraft (2006–08), Breno (2008/09), Mario Gómez (2009–13)

▶ 34: Andrew Sinkala (1999–01), Florian Heller (2001/02), Piotr Trochowski (2002–05), Stefan Maierhofer (2006/07), Sandro Wagner (2007/08), Nicolas Jüllich (2010/11), Pierre Emile Højbjerg (2012–15)

▶ 35: Steffen Hofmann (2001/02), Zvjezdan Misimovic (2002–04), Breno (2007/08), Thomas Kraft (2008–11), Benno Schmitz (2013/14)

▶ 36: Jan Schlösser (2001–06), Stephan Fürstner (2006–08), Boy Deul (2010/11), Emre Can (2011–14), Alessandro Schöpf (2013/14), Patrick Weihrauch (seit 2014)

▶ 37: Christian Saba (2006–08), Nicola Sansone (2010/11), Julian Green (2013/14)

▶ 38: Markus Grünberger (2004–06), Louis Ngwat-Mahop (2006/07), Ylli Sallahi (2013/14)

▶ 39: Andreas Ottl (2005–07), Toni Kroos (2007–09, 2010–14)

▶ 40: Markus Steinhöfer (2006/07), Vladimir Rankovic (2012/13)

▶ 42: Toni Kroos (2006/07)

▶ 44: Anatolij Tymoschtschuk (2009–13)

▶ 69: Bixente Lizarazu (2004–06)

Rückkehrer

Folgende Spieler kehrten nach zum Teil mehrjährigen Pausen noch einmal zum FC Bayern zurück (nicht berücksichtigt sind nur verliehene Spieler wie Samuel Kuffour, Philipp Lahm, Breno oder Toni Kroos):

▶ Paul Breitner (1974–78 Real Madrid, Eintracht Braunschweig)
▶ Helmut Winklhofer (1982–85 Bayer Leverkusen)
▶ Manfred Schwabl (1986–89 1. FC Nürnberg)
▶ Lothar Matthäus (1988–92 Inter Mailand)
▶ Thomas Strunz (1992–95 VfB Stuttgart)
▶ Markus Babbel (1992–94 Hamburger SV)
▶ Markus Münch (1994–96 Bayer Leverkusen)
▶ Stefan Effenberg (1992–98 AC Florenz, Bor. Mönchengladbach)
▶ Ciriaco Sforza (1996–00 Inter Mailand, 1. FC Kaiserslautern)
▶ Bixente Lizarazu (2004/05 Hinrunde bei Olympique Marseille)

- Zé Roberto (2006/07 Nacional Montevideo, an FC Santos verliehen)
- Claudio Pizarro (2007–12 FC Chelsea, Werder Bremen)

Rutschpartie, bespöttelte

Die Elfmeter-Ausrutscher von Philipp Lahm und Xabi Alonso im Pokal-Halbfinale am 28. April 2015 regten die Fantasie der Kommentatoren in besonderer Weise an. Selten gab es lustigere Überschriften in den Zeitungen:

- „Aus allen Träumen gerutscht" *(Süddeutsche Zeitung)*
- „Blitzeis am Elfmeterpunkt" *(Die Zeit)*
- „Guten Rutsch! Bayern gegen Dortmund hatte alles, was den Fußball ausmacht. Und ein bisschen was von Stars on Ice." *(11 Freunde)*
- „In Slapstick-Manier hat sich Bayern München im finalen Ausschießen aus dem DFB-Pokal verabschiedet. Jürgen Klopp sprintet derweil selbst ohne Stollenschuhe sicher über den Rasen." *(FAZ)*
- „Im Elfmeterschießen hätte München Betonschuhe gebraucht." *(taz)*
- „Rutsch-Bayern schenken Klopp das Finale." *(Bild)*
- „Auf der Überholspur ausgerutscht" *(Stern)*
- „Rutsch mir doch den Titel runter!" (web.de)

… und natürlich wurde auch fleißig getwittert:

- „Mir san ausgerutscht."
- „Rummenigge gibt Greenkeeper die alleinige Schuld. Drei Rasenmäher sind schon zurückgetreten."
- „Der BVB wünscht den Bayern einen guten Rutsch."
- „Mit den Stoppersocken aus dem Bayern-Fanshop wäre das nicht passiert."
- „Gibt es für diesen neuen 60-Millionen-Adidas-Ausrüstervertrag mit den Bayern eigentlich auch rutschfeste Sohlen?"
- „Zuerst fordern sie 2x Elfmeter, dann verschießen sie alle. Soll einer verstehen."
- „Das war doch nur ein Ausrutscher."

Säbener Straße & Leistungszentrum

Die in einer guten Wohngegend von Harlaching gelegene Bezirkssportanlage Säbener Straße wurde vom FC Bayern in Erbpacht übernommen. Franz Beckenbauer & Co. mussten sich hier noch Mitte der 1960er Jahre in einer Holzhütte umziehen. Das heutige 70.000 qm große Trainings- und Verwaltungszentrum entstand 1970 unter der Regie von Wilhelm Neudecker und kostete damals 3,9 Mio. DM. 1989 wurde mit einer umfangreichen Neugestaltung des Geländes begonnen. Unter anderem wurden ein Jugend-Appartementhaus und ein Lizenzspielergebäude errichtet. Für das Training standen nun vier Rasenplätze (einer mit Rasenheizung), ein Kunstrasenplatz und eine Mehrzweckturnhalle zur Verfügung.

2008 wurde schließlich auf Anregung des Trainer-Novizen Jürgen Klinsmann für ca. 15 Mio. Euro ein hochmodern – anfangs zudem mit Buddha-Figuren – ausgestattetes Leistungszentrum errichtet. Auf 2.000 Quadratmetern gab es nun neben Hightech-Kommunikation wie computergesteuerten Messageboards und E-Learning-Room:

- ▷ Im Erdgeschoss die Spieler-Kabine mit Duschräumen samt Kaltwasser- und Entmüdungsbecken sowie die Trainerkabine und das FCB.tv-Studio.
- ▷ Im ersten Stock den Kraft- und Fitnessbereich mit neuesten Geräten, den Massage- und Behandlungsbereich, die Büros der Trainer, die Cafeteria sowie den großen Speisesaal.
- ▷ Im zweiten Stock unter einer Glaskuppel das Auditorium, ein eigenes Kino mit Großbildschirm (2,8 Meter Bildschirmdiagonale), in dem Mannschaftssitzungen und Video-Analysen abgehalten werden; dazu gibt es eine Dachterrasse für Grillabende u.Ä.
- ▷ Im Keller das mit Riesen-Waschmaschinen ausgestattete Reich der Zeugwarte, die sich um Trikots, Trainingsklamotten und die Fußballschuhe der Spieler kümmern.

Ursprünglich hatte das Leistungszentrum auch eine Bibliothek, mit der Innovator Klinsmann die Köpfe der Bayernspieler zu erfrischen trachtete. Da diese aber lieber nach dem Motto „Playstation statt Goethe“ verfuhren, ließ sein Nachfolger Louis van Gaal die Bücher wieder einmotten.

Scheißstimmung

1.105 Vereinsmitglieder waren am 12. November 2012 zur Jahreshauptversammlung des FC Bayern in den großen Festsaal der Paulaner-Brauerei auf dem Nockherberg gekommen. Alle waren bester Stimmung. Bis zur Wortmeldung eines Fans namens Ralf Seeliger. Die Anhänger würden vom Klub zu wenig ernst genommen, beklagte er sich, die Stimmung in der fast immer ausverkauften Allianz Arena sei äußerst mau, weil man ja „mit Champagnergläsern keine La Ola machen kann". Bei den „Blauen", beim TSV 1860, sei die Stimmung besser, er müsse es „leider" sagen. Gelegentlich, merkte Seeliger noch an, sehne er sich zurück in Zeiten, „als die Eintrittskarten noch nicht auf Ebay gehandelt wurden und als weniger Zuschauer da waren".

Das war zu viel für den „Mister Bayern" Uli Hoeneß. Zumal der Kritiker auch noch anhaltenden Applaus geerntet hatte. Es folgte seine berühmt gewordene Wutrede, mit rudernden Armen und hochrotem Kopf vorgetragen, Beckenbauers zaghafte Beschwichtigungsversuche ignorierend. Hier der Wortlaut:

„Das ist eine populistische Scheiße! Das muss ich mal ganz deutlich sagen. So, so etwa, so etwa kann ich mir vorstellen, als es vor zehn Jahren bei den Sechzigern übers Grünwalder Stadion ging. Da wurde auch diese alte schöne Welt: ‚Lieber geh ich in die Regionalliga und ich geh wieder nach Weinheim und ich will doch nicht mehr gegen Chelsea spielen!' Dann gehen wir doch wieder dahin. Dann müsst ihr euch aber 'nen neuen Vorstand holen. Mit uns eben nicht, denn wir …

Eure Scheißstimmung! Da seid ihr doch dafür verantwortlich und nicht wir. [Buhrufe] Das ist doch unglaublich! Was glaubt ihr eigentlich, was wir das ganze Jahr über machen, damit wir euch für sieben Euro in die Südkurve gehen lassen können? [Buhrufe] Was glaubt ihr eigentlich, wer … wer euch alles finanziert? Die Leute aus den Logen, denen wir die Gelder aus der Tasche ziehen! Ohne die hätten wir nämlich keine Allianz Arena. Da würdet ihr nämlich jetzt wieder in Schnee und Eis spielen. Da würden wir gegen Bolton Wanderers 12.000 Zuschauer haben. Dann müsst ihr diesen Verein euch suchen, der demnächst wieder in der dritten Liga spielt.

Wenn ich dann höre, bei 1860 ist das alles so toll. Da ist gar nichts toll, der Verein ist mehr oder weniger pleite, und wir haben ihn am Leben erhalten. Und … und … und wer ist schuld dafür? Fans, die von gestern leben. Ihr und wir, wir werden Ebay nicht verändern. Ja, das muss ich euch mal sagen. Ich brauche Ebay auch nicht, und Google auch nicht. Und trotzdem werd' ich's nicht verhindern. [Beckenbauer: Also ich…] Was glaubt ihr eigentlich, wer ihr seid? [Beckenbauer: Jaja…] Es kann doch nicht sein, dass wir hier kritisiert werden, dafür, dass wir uns seit vielen Jahren den Arsch aufreißen, dass wir dieses Stadion hingestellt haben!? Aber das hat 340 Mio. Euro gekostet und das ist nun mal mit sieben Euro in der Südkurve nicht zu finanzieren!"

Und noch der Nachklapp:

„Ihr wollt Ribéry, ihr wollt den Luca Toni, ihr wollt keinen Champagner in den Logen, ihr wollt nix, ihr wollt gar nix – ihr wollt aber die besten Spieler der Welt. Ihr wollt die Champions League, aber kosten darf es nix – das ist unser Problem in diesem Land!"

Schickeria

Als „Schickeria" bezeichnet man in München die mode- und statusbewusste obere Gesellschaftsschicht. Auch einer der Fanklubs des FCB, der sich der Ultra-Szene zurechnet, nennt sich „Schickeria". Diese Gruppe besonders aktiver und kritischer Bayern-Fans gründete sich 2002 nach dem Vorbild italienischer Ultras, denen es um eine möglichst aufsehenerregende Selbstinszenierung geht – vor allem mittels aufwändiger Choreografien, aber auch durch Pyrotechnik. Die Schickeria setzt sich umfassend für die Belange der Fans ein und verfolgt auch einen politischen, antirassistischen Ansatz. Andererseits hat die Gruppe auch schon einige Male für negative Schlagzeilen gesorgt.

Als sich im April 2011 der Wechsel von Manuel Neuer zum FC Bayern abzeichnete, starteten Mitglieder der Schickeria die Kampagne „Koan Neuer". Sie kreideten dem Nationaltorhüter an, ein (allzu) bekennender „Königsblauer" zu sein, der deswegen in München nichts zu suchen habe. Die Proteste ebbten schnell ab, als Neuer nicht nur mit der gegen ihn gerichteten Kampagne souverän umging, sondern auch auf dem Platz mit seinen herausragenden Qualitäten überzeugte.

Obwohl die Schickeria nach dem Ultra-Selbstverständnis eigentlich grundsätzlich gegen Gewalt eingestellt ist, sorgten einige Fans mit ihrer Gewalttätigkeit für negative Schlagzeilen. So im Mai 2007, als nach einem Spiel des 1. FCN in München Schickeria-Mitglieder an einer Autobahnraststätte einen Bus mit Nürnberger Fans attackierten und dabei eine Frau mit einer Bierflasche schwer verletzt wurde, oder im August 2009, als drei Polizisten am Würzburger Bahnhof verletzt wurden. Während sich die Täter strafrechtlich verantworten mussten, reagierte der FC Bayern mit Stadionverboten gegen Schickeria-Mitglieder.

Zu einer Wende im Verhältnis des Vereins zur Schickeria und in der öffentlichen Wahrnehmung der Gruppe kam es im Sommer 2014. Der FC Bayern erklärte, dass er alle noch bestehenden Stadionverbote „zur Bewährung" aussetze. Etwa 90 Betroffene durften nun also wieder in die Arena gehen. Eine andere freudige Nachricht kam fast gleichzeitig aus Frankfurt vom DFB: Der Schickeria wurde für ihre Choreografien und Aktionen zur Wiederbelebung der Erinnerung an Kurt Landauer der Julius-Hirsch-Preis für Freiheit, Toleranz und Menschlichkeit verliehen (siehe hierzu auch ⇨ „Judenklub"). Die Schickeria engagiere sich vorbildlich gegen jede Form von Diskriminierung und habe in den vergangenen Jahren „eine positive Entwicklung genommen", begründete DFB-Präsident Wolfgang Niersbach die Auszeichnung.

Schiedsrichter-Bonus, nicht zu beweisender

Früher sprachen alle Bayern-Hasser bei knappen Bayern-Siegen nicht nur vom „Bayern-Dusel" (siehe dort), sondern auch davon, dass die Bayern von einem „Schiedsrichter-Bonus" profitieren würden. Die Forscher Gerhard Schewe, Ann-Marie Nienaber und Julia Drees sind dem nachgegangen und haben in einer Studie für die Universität Münster einen möglichen „FC-Bayern-München-Bonus" bei kritischen Schiedsrichter-Entscheidungen untersucht. In ihrem „Arbeitspapier Nr. 71/2010" zu ihrer Untersuchung stellen sie fest:

„Diese Untersuchung stellt einen ersten wissenschaftlichen Schritt zur Beantwortung der Frage nach einer möglichen imageinduzierten Bevorteilung des FCB von Seiten der Schiedsrichter dar." Die Vorgehensweise beschrieb Ann-Marie Nienaber so: „Wir haben die Spielzeit 2008/2009 in einer Videoanalyse untersucht und dabei mit Stuttgart und Berlin zwei Teams aus der gleichen Tabellenregion als Vergleichsmannschaften herangezogen. In sieben konkreten Situationen wurden dann gegebene Elfmeter, Dauer der Nachspielzeit oder Gelbe und Rote Karten analysiert. Daraus ergibt sich dann ein bestimmtes Profil, das Auskunft darüber gibt, ob ein Verein tendenziell bevorzugt wird." Mit Einschränkung konnte dabei tatsächlich ein „Bayern-Bonus" festgestellt werden. „Bei Freistößen ist Stuttgart zum Beispiel mit den Bayern gleichauf, bei Eckstößen die Berliner", so Nienaber. „Es ist aber tatsächlich so, dass Bayern München in der Addition zum Teil einen deutlich besseren Wert erhält. Als wir die statistischen Signifikanten überprüft haben, mussten wir feststellen: Wir können zwar nicht eindeutig bestätigen, dass es diesen Bonus gibt, statistisch lässt er sich aber auch nicht von der Hand weisen." Anders gesagt: Bestünde kein Unterschied in der Behandlung durch die Schiedsrichter, hätten sich in jeder der Kategorien die Mittelwerte aller drei Mannschaften demselben Wert annähern müssen.

Zwar ebenfalls kein Beweis für einen Bayern-Bonus, aber durchaus interpretationsfähig ist zudem eine Statistik zur Verteilung der Tore in der Bundesligageschichte des FCB (http://www.unser-fcb.de/fcb_bundesliga_torverteilung.php). Danach erzielt der FCB in der letzten Viertelstunde eines Spiels durchschnittlich rund doppelt so viele Tore wie seine Gegner, bekommt dabei aber rund dreimal so viele Elfmeter zugesprochen. Eigentlich, so möchte man meinen, sollte das Verhältnis von Toren und Elfmetertoren weitgehend gleich sein.

Die Bayern haben also bestimmt keinen generellen Grund, mit Schiedsrichter-Entscheidungen zu hadern. Das hinderte einen Uli Hoeneß natürlich nicht daran, immer mal wieder unzufrieden zu sein mit bestimmten Pfeifenmännern. Obwohl die Bayern unter der Leitung von Hellmut Krug nur vier Niederlagen in 38 Spielen erlitten haben – und damit deutlich weniger als etwa unter

Edgar Steinborn (12 Niederlagen in 34 Spielen) –, sah Uli Hoeneß ausgerechnet bei ihm häufig Rot, einmal ganz besonders heftig. Nach dem Münchner Derby am 13. Spieltag der Saison 1997/98, als Sammy Kuffour vom Platz geflogen war, nahm er Krug – laut *Kicker*-Benotung der beste Schiedsrichter der Saison – aufs Korn: „Das war ein normales Foul. Wir werden Herrn Krug künftig ablehnen." Das Spiel endete übrigens 2:2, die Löwen hatten vier und die Bayern zwei Gelbe Karten kassiert.

Streitigkeiten wird es sicher auch weiterhin geben. Auch wenn spätestens seit 2012/13, als sie das Triple gewannen und alle Rekorde brachen, wohl definitiv feststeht, dass die Bayern weder einen Schiedsrichter-Bonus noch den Dusel nötig haben, für den sie einst berüchtigt waren. Ungeachtet dessen lässt sich sagen, dass die Bayern mit Schiedsrichter-Entscheidungen immer wieder mal Glück hatten – so wie in der 65. Minute des Pokalfinals 2014 gegen Borussia Dortmund, als Schiedsrichter Florian Meyer übersah, dass Dante einen Kopfball von Mats Hummels erst hinter der Linie geklärt hatte, und das Spiel weiterlaufen ließ. Wäre der Treffer gegeben worden, hätten die Bayern 0:1 zurückgelegen – und vielleicht hätten sie dann nicht gewonnen, jedenfalls nicht mit 2:0.

Schrecke, verschiedene

(I) Gegnerschreck, der absolute (nach Transfermarkt.de)

Gerd Müller traf (je)

- **31x gegen den Hamburger SV**
- **29x gegen den 1. FC Kaiserslautern**
- **26x gegen den MSV Duisburg**
- **21x gegen Schalke 04, Hannover 96, RW Oberhausen**
- **20x gegen RW Essen, 1. FC Köln**
- **19x gegen** Eintracht Frankfurt, **Hertha BSC**
- **18x gegen Werder Bremen**
- **17x gegen Eintracht Braunschweig**
- 16x gegen den VfB Stuttgart
- 15x gegen Bor. Dortmund
- **14x gegen** Bor. Mönchengladbach, **Kickers Offenbach**
- 13x gegen den VfL Bochum

Für alle fett gedruckten Vereine ist Gerd Müller als torgefährlichster Gegner der absolute Schrecken. Nur in fünf Fällen waren andere Torjäger noch besser:

- ► Eintracht Frankfurt: 22x Klaus Fischer
- ► VfB Stuttgart: je 18x Klaus Fischer / Manfred Burgsmüller
- ► Bor. Mönchengladbach: 15x Klaus Allofs
- ► Bor. Dortmund: 21x Klaus Allofs
- ► VfL Bochum: 14x Klaus Fischer

(II) Bayernschreck, nationaler

Bundesligaspieler, die am häufigsten gegen den FC Bayern trafen:
(nach Transfermarkt.de)

1.	Manfred Burgsmüller	13x (in 27 Spielen, ∅ 0,48)
2.	Klaus Fischer	12x (in 31 Spielen, ∅ 0,39)
	Klaus Toppmöller	12x (in 11 Spielen, ∅ 1,09)
3.	Bernard Dietz	11x (in 34 Spielen, ∅ 0,32)
	Bernd Hölzenbein	11x (in 27 Spielen, ∅ 0,41)
	Ulf Kirsten	11x (in 21 Spielen, ∅ 0,52)
	Stefan Kuntz	11x (in 27 Spielen, ∅ 0,41)
	Fritz Walter	11x (in 24 Spielen, ∅ 0,46)
	Ronald Worm	11x (in 25 Spielen, ∅ 0,44)

Alle Gegen-Bayern-Tore von Bayernschreck Manfred Burgsmüller (für RW Essen, Bor. Dortmund, 1. FC Nürnberg und Werder Bremen):

- ▷ 14. Spieltag 74/75 FC Bayern München – Rot-Weiss Essen 2:2
- ▷ 30. Spieltag 75/76 Rot-Weiss Essen – FC Bayern München 3:3 (2x)
- ▷ 1. Spieltag 78/79 Bor. Dortmund – FC Bayern München 1:0
- ▷ 14. Spieltag 79/80 FC Bayern München – Bor. Dortmund 4:2
- ▷ 2. Spieltag 80/81 FC Bayern München – Bor. Dortmund 5:3 (2x)
- ▷ 8. Spieltag 81/82 Bor. Dortmund – FC Bayern München 2:0
- ▷ 25. Spieltag 81/82 FC Bayern München – Bor. Dortmund 3:1
- ▷ 32. Spieltag 82/83 Bor. Dortmund – FC Bayern München 4:4
- ▷ 12. Spieltag 83/84 FC Bayern München – 1. FC Nürnberg 4:2 (2x)
- ▷ 8. Spieltag 88/89 Werder Bremen – FC Bayern München 2:2

(III) Bayernschreck, internationaler:
Als echter „Bayern-Schreck" bezeichnet wurde der Siegtorschütze bei Manchester Uniteds 2:1-Sieg im CL-Finale 1999, Ole Gunnar Solskjaer. Es war allerdings sein einziger Treffer gegen den FCB. Immer gefährlich gegen die Bayern waren auch Reals Cristiano Ronaldo (vier Treffer) und Chelseas Didier Drogba (drei Treffer). Wahrlich das Fürchten lehrte den FC Bayern München jedoch vor allem Milans Filippo Inzaghi. Mit sechs Treffern in vier Spielen war er gleich dreimal der Hauptverantwortliche für das Ausscheiden des FCB in der Champions League.

Die Liste der „Inzaghi-Spiele":

- ▷ CL 02/03 Gruppe G: FC Bayern München – AC Mailand 1:2 (2x, 51. und 84.)
- ▷ CL 02/03 Gruppe G: AC Mailand – FC Bayern München 2:1 (64.)
- ▷ CL 05/06 AF: AC Mailand – FC Bayern München 4:1 (2x, 8. und 47.)
- ▷ CL 06/07 VF: FC Bayern München – AC Mailand 0:2 (31.)

(IV) Löwenschrecks, echte und vermeintliche
Interessant ist: Gegen 1860 München traf Gerd Müller „nur" 6x. Der als „Löwenschreck" bekannte Mehmet Scholl war 7x erfolgreich. Der „echte" Löwenschreck aber ist Uwe Seeler vom HSV mit 13 Treffern. Und im Übrigen war es ein Löwe, nämlich Timo Konietzka, der den Bayern am 14. August 1965 in der 1. Minute ihres ersten Bundesligaspiels mit dem ersten Bundesliga-Gegentor einen gehörigen Schrecken verpasste (es war gleichzeitig das Endergebnis).

(V) Erschrocken
Der größte Schreck war der FC Bayern für Peter Lux. Im Trikot von Braunschweig, dem HSV und Waldhof Mannheim konnte er 15x nicht gewinnen (13 Niederlagen, 2 Unentschieden). Während seiner Zeit in Braunschweig gelang es der Eintracht im Pokal einmal, die Bayern zu schlagen. Da stand Lux aber nicht auf dem Platz. Immerhin: Beim 1:2 in der Bundesliga am 10. September 1983 erzielte er in der 60. Minute den Ehrentreffer.
(Quelle: tz, 05.03.2015)

Späte Entscheidungen

Das berühmteste „Last-Minute-Tor" fiel sicherlich am 19. Mai 2001. An diesem 34. Bundesliga-Spieltag reisten die Bayern als Tabellenführer nach Hamburg. Um den Titel unter Dach und Fach zu bringen, genügte ihnen ein Unentschieden. Lange Zeit stand es 0:0. Dann traf Sergej Barbarez in der 90. Minute zum 1:0 für den HSV. In Gelsenkirchen, wo die Schalker soeben die SpVgg Unterhaching mit 5:3 geschlagen hatten, herrschte ausgelassener Jubel: Die Königsblauen (62 Punkte) hatten die Bayern (61 Punkte) in letzter Minute noch überholt. Doch dann nahm der vom FC Schalke 04 an den Hamburger SV ausgeliehene Torwart Mathias Schober eine Rückgabe regelwidrig mit der Hand auf. Freistoß in der vierten Minute der Nachspielzeit, die letzte Chance für den FC Bayern! Stefan Effenberg legte Patrik Andersson den Ball vor – und der versenkte ihn.

Als der FC Bayern am zweiten Spieltag 2011/12 durch ein Tor von Luiz Gustavo in der Nachspielzeit zu einem glücklichen 1:0-Sieg in Wolfsburg kam, machte unter den Konkurrenten einmal mehr das Sprichwort von den „Dusel-Bayern" die Runde. Die Redaktion des Portals kickwelt.de sah sich daher angeregt, einmal zu untersuchen, ob die Bayern tatsächlich häufiger als andere Vereine in den Schlussminuten Spiele für sich entscheiden. Gesucht wurde also nach allen Toren ab der 85. Minute, die eine punktentscheidende Wendung brachten. Das statistische Ergebnis aus den letzten zehn Spielzeiten zeigte, dass die Bayern immerhin 18 Punkte in den letzten fünf Spielminuten und der Nachspielzeit gutmachen konnten. 20-mal gelang noch ein Ausgleichs- oder Siegtreffer, dagegen mussten die Bayern nur neunmal einen entscheidenden Gegentreffer hinnehmen. Mit dieser Statistik lagen sie in der Bundesliga allerdings nur auf Platz 2 hinter Hertha BSC, das in den letzten zehn Jahren auf ein Verhältnis von 22 positiven zu zehn negativen Ereignissen in den letzten fünf Spielminuten kam. In der Gesamtbilanz – also alle Spiele von 1963 bis Ende der Saison 2010/11 – landen die Berliner jedoch nur auf Rang zwei vor dem in dieser Tabelle lediglich drittplatzierten FC Bayern.

Die Tabelle „Tore und Punkte ab der 85. Spielminute“ (1963/64 bis 2010/11)*:

	Verein	Punkte	Tore+	Tore-
1.	1. FC Kaiserslautern	56	69	39
2.	Hertha BSC	47	52	26
3.	FC Bayern München	43	69	42
4.	1. FC Köln	33	57	39
5.	Schalke 04	13	62	58

* vgl. http://www.kickwelt.de/specials/statistik-der-woche/statistik-der-woche-32-hertha-die-wahren-bayern-dusel-127.html#sthash.EWy7zeKq.dpuf

Die Bayern haben also durchaus häufig am Ende Glück. Das gilt auch in der Champions League, etwa für das Halbfinale 2011/12, als Mario Gómez in der 90. Minute des Heimspiels gegen Real Madrid der 2:1-Siegtreffer gelang. Aber es gab eben auch häufig genug das Gegenteil. Im „Finale dahoam“ am 19. Mai 2012 gegen den FC Chelsea gelang Didier Drogba in der 88. Minute der Ausgleich – und Chelsea gewann bekanntlich das anschließende Elfmeterschießen. Und dann gab es ja noch die Mutter aller Last-Minute-Dramen, den 26. Mai 1999 in Barcelona, den „Sekundentod“ in der Nachspielzeit gegen Manchester United.

Spezialausdrücke, einige

FC Hollywood

Nachdem sich der FC Bayern in den 1990er Jahren vom Sportverein immer mehr in einen Unterhaltungskonzern verwandelt hatte, bei dem das Drumherum um das alljährlich neu angepriesene „Dream-Team“ beinahe wichtiger zu werden drohte als der Fußball, machte in den Medien das Wort vom „FC Hollywood“ die Runde. Als dann jedoch durch die öffentlich breitgetretenen Kontroversen zwischen Klinsmann und Matthäus phasenweise alles völlig aus den Fugen zu geraten schien, hatte Uli Hoeneß von den Geistern, die er gerufen hatte, genug: „Wir werden den FC Bayern jetzt nur noch mit Sport, Sport, Sport präsentieren.“

Granteln

In Bayern beliebter Volkssport, bei dem möglichst originelle und wirkungsvolle Beleidigungen, Schimpfworte und Herabsetzungen ausgeteilt werden. Wenn der „Kaiser“ nach einem schlechten Bayern-Spiel grantelt, macht er es häufig recht kurz: „Schülermannschaft!“ Zu unterscheiden davon sind die Querelen (Klagen, Streitereien), die unmittelbar abhängig vom Auftreten wenigstens eines Querulanten (= Dauernörgler) sind; dieser trat beim FCB viele Jahre lang vor allem in Gestalt von Lothar Matthäus auf.

Heber

Seinen Treffer zum 1:0-Sieg gegen Eintracht Frankfurt in der ersten Runde des DFB-Pokals 1989/90, etwa von der Mittellinie aus erzielt, bezeichnete Klaus Augenthaler verniedlichend als „Heber über Uli Stein hinweg“. Der grandiose Weitschuss ging als „Tor des Monats“, „Tor des Jahres“ und „Tor des Jahrzehnts“ in die Annalen ein – ein sanft getupfter „Heber“ war's aber nun wirklich nicht. Der eigentliche Spezialist für den Heber – auch „Schlenzer“ genannt – war kein anderer als Franz Beckenbauer.

Libero

Erfindung Franz Beckenbauers. Früher hieß der letzte Mann in der Abwehrkette „Ausputzer“. Er verließ seine Abwehrposition nie und hatte die Aufgabe, gefährliche Situationen durch Wegschlagen des Balles zu bereinigen. An seine Stelle trat mit Franz Beckenbauer nun der „freie Mann“. Anders als der „letzte Mann“ erfüllte er nicht nur Abwehraufgaben, sondern schaltete sich bei Ballbesitz spielgestaltend in den Angriff ein.

Mia san mia

Selbstbewusstes Bayern-Motto. Louis van Gaal bekannte bei seinem Amtsantritt 2009: „Das bayerische Lebensgefühl passt mir wie ein warmer Mantel. Warum? Mia san mia, wir sind wir und ich bin ich. Selbstbewusst, arrogant, dominant, ehrlich, arbeitsam, innovativ, aber auch warm und familiär. Ich erkenne meine Persönlichkeit in diesen Begriffen, und deshalb denke ich, dass ich hierher passe.“

Müllern

Die unnachahmliche und eigentlich unbeschreibbare Art und Weise, in der Gerd Müller seine Tore schoss. Seit 2009/10 schießt bei den Bayern Thomas Müller Tore. Und auch er müllert sie irgendwie hinein, ohne dass man genau weiß, wie er das eigentlich macht.

Pal-System

Der Begriff, vom Vornamen des Taktikers Pal Csernai (Trainer 1978 bis 1983) abgeleitet und auch als Abkürzung des deutschen Farbfernsehsystems bekannt (Phase Alternation Line), bezeichnete nichts Außergewöhnliches: Mit „Pal-System" war nichts anderes gemeint als die bis dahin in der Bundesliga ziemlich unbekannte Raumdeckung. Andere übersetzten Pal-System auch so: Csernai denkt, Breitner lenkt.

Pep-System

Seit der WM 2006 wird – nach dem spanischen Begriff für Klick-Klack-Kugeln – vom „Tiki-Taka" gesprochen, um den damals neuen Stil der spanischen Nationalmannschaft zu beschreiben. Kennzeichnend für diese Taktik ist ein geduldiges Kombinationsspiel mittels Kurzpässen, wobei die Spieler ständig rochieren und dabei immer wieder neue Dreiecke bilden. Der Begriff „Tiki-Taka" ist jedoch nicht nur eine neutrale, bildhafte Beschreibung, in Spanien ist er auch eine Spottbezeichnung für endloses Ballgeschiebe. „Ich hasse dieses Tiki-Taka", meinte in diesem Sinne auch Pep Guardiola, als er sein „Pep-System" zu erklären versuchte. Der richtige Begriff für schnelle, direkte, auf Torerfolg ausgerichtete Kurzpass-Kombinationen sei „El Toque". Das Grundprinzip ist einfach: „Wir haben den Ball, und jetzt wollen wir mal sehen, ob sie es schaffen, ihn uns wieder abzunehmen. Wir spielen ihn uns so oft wie möglich gegenseitig zu, und dann schauen wir mal, ob wir ein Tor erzielen können." Natürlich gebe es in seinem System sehr viele Ballberührungen (toques), erläuterte Pep, diese seien aber „kein Selbstzweck", sondern dienten dazu, einen Angriff vorzubereiten und Tore zu erzielen.

Guardiola perfektionierte diese Taktik beim FC Barcelona und brachte sie 2013 nach München. Als die Bayern allerdings am 29. April 2014 im Halbfinale der Champions League mit 0:4

gegen Real Madrid untergingen, wurde die Strategie der Bayern als „fruchtloser Ballbesitz" heftig kritisiert. „Ein großartiges Real Madrid macht Guardiolas Tiki-Taka lächerlich", schrieb etwa die *Gazzetta dello Sport*. Das heißt: Wenn das Runde nicht ins Eckige geht, verkommt „El Toque" zum hilflosen „Kiki-Kaka" – und aus einem Pep wird ganz schnell ein Depp.

Positionsspiel

Der Begriff wurde 2009/10 von Louis van Gaal im deutschen Sprachraum eingeführt. Im Positionsspiel sollen die Spieler die Knotenpunkte eines imaginären Netzes einnehmen und auf diesen nach eintrainierten Mustern rochieren. Ergebnis ist im besten Falle eine auf schnellen und genauen Kurzpässen basierende, reibungslos funktionierende Kombinationsmaschinerie. Die Bayernspieler waren also schon darauf geeicht, kontrolliert und planbar Dominanz auszuüben, als Guardiola sich ab 2013 daranmachte, die Sache zu perfektionieren.

Regeneration

Früher nahezu unbekannt. Pal Csernai führte beim FC Bayern das Stretching ein mit dem Erfolg, dass die Zahl der wegen Muskelproblemen ausgefallenen Spieler enorm reduziert werden konnte. Heute gilt als vorbeugende Maßnahme nicht nur Stretching, sondern auch Eisbäder, Saunagänge und optimierte Ernährung sollen Verletzungen verhindern. Auch die entsprechende ärztliche Betreuung bereits angeschlagener Spieler ist natürlich sehr entscheidend. Seit Ende der 1970er Jahre gab es dafür den Münchner Kult-Mediziner Hans-Wilhelm Müller-Wohlfahrt. Alle vertrauten ihm, auch unzählige Nicht-Bayern-Profis. Nur Pep Guardiola nicht. Als 2014/15 (zu) viele Spieler ausfielen, legte sich der Trainer mit dem Arzt an. Der war empört und legte sein jahrzehntelang ausgeübtes Amt als FCB-Mediziner nieder.

Rotationsprinzip

Der Begriff der Saison 1998/99. Beim Job-Sharing von Trainer Ottmar Hitzfeld („Ich entscheide mich von Spiel zu Spiel") landeten auch designierte Stammspieler immer wieder mal auf der

Bank. In vielen Gesprächen musste Hitzfeld seinen Stars klarmachen, dass es keine Zurücksetzung ist, wenn sie mal aussetzen müssen, sondern nur eine vorübergehende Maßnahme. Heute ist die Rotation gang und gäbe.

Rothosen

Spitzname der Bayern, seit sie sich im Jahr 1906 dem Münchner Sportclub (MSC) angeschlossen hatten. Die Farbe des MSC, der damals größte Sportverein Münchens, war nämlich Rot. Daher spielte der „FC Bayern, Fußballabteilung des MSC", fortan in weißen Hemden und roten Hosen. Vom Volksmund wurden die Spieler schon bald als „Die Roten" bzw. „Die Rothosen" bezeichnet. Zuvor hatten die Bayern – das stimmt tatsächlich! – in hellblauen oder weißen Hemden gespielt.

Spielabsagen

Ein seltener Fall war die Absage des Heimspiels am 7. Februar 1972 gegen Borussia Dortmund: Ursache war ein Tribünenbrand im Stadion an der Grünwalder Straße. „Normal" waren in diesen Jahren, als es noch keine Rasenheizungen und keine Winterpause gab, vor allem durch Schnee und Eis bedingte Spielabsagen. Den einsamen Rekord hält die Saison 1978/79, als ein heute kaum mehr vorstellbares Winterchaos zur Verschiebung von 46 (!) Spielen führte. Über Wochen wurde der Spielplan außer Kraft gesetzt, gespielt wurde, wann und wo es gerade ging. Erst zwei Spieltage vor dem Saisonende war die Tabelle wieder begradigt.

So schlimm wurde es nie mehr, aber noch am 11. Februar 1984 musste das Heimspiel gegen Kickers Offenbach wegen Unpassierbarkeit der Zufahrtswege abgesagt werden. Erst ab 1986/87, als die Winterpause eingeführt wurde, fielen deutlich weniger Spiele aus. Einige wetterbedingte Absagen gab es weiterhin, wobei nicht mehr „General Winter" die alleinige Hauptrolle spielte, sondern auch Starkregen oder Sturm. Besonders kurios war die Absage des Spiels Eintracht Frankfurt gegen Karlsruher SC im September 2008. Nach einem Madonna-Konzert war der Rasen des Stadions in so schlechtem Zustand, dass die Austragung eines Fußballspiels unmöglich schien. Einen angenehmen Hintergrund hatte hingegen 2013 die Verlegung der eigentlich am letzten Wochenende vor Weihnachten angesetzten Partie VfB Stuttgart gegen Bayern München: Die Bayern traten bei der Klub-WM in Marokko an und holten sich dort den fünften Titel des Jahres. Am 21. Januar 2014 wurde das Spiel in Stuttgart nachgeholt, die Bayern gewannen mit 2:1.

Spielerrekorde

(inkl. einiger Trainer-Rekorde)

Rekordspieler (Liste siehe ⇨ Einsätze, die meisten)
Rekordtorschützen (Liste siehe ⇨ Tore, die meisten)
Rekord-Elfmeterschützen (siehe ⇨ Elfmeterschützen, die besten)

Torrekorde (Bundesliga):

▷ Die meisten Tore in der Bundesligageschichte: 365 (Gerd Müller)

▷ Die meisten Tore in einer Saison: 40 (Gerd Müller 1971/72) (Platz 2: Gerd Müller mit 38, 1969/70; Platz 3: Gerd Müller mit 36, 1972/73)

▷ Am häufigsten Torschützenkönig: 7x Gerd Müller (1967, 1969, 1970, 1972, 1973, 1974, 1978) (Platz 2: Karl-Heinz Rummenigge und Ulf Kirsten [Leverkusen], je 3x)

▷ In fünf Spielzeiten mehr Tore als Spiele: Gerd Müller (1969/70, 1971/72, 1972/73, 1975/76, 1976/77)

▷ 12 Mal in Folge unter den besten drei der Bundesliga-Torschützenliste, dabei jedes Mal mindestens 20 Tore: Gerd Müller (1966/67 bis 1977/78)

▷ Am häufigsten 2 Tore in einem Spiel: 55x Gerd Müller

▷ Am häufigsten 3 Tore in einem Spiel: 18x Gerd Müller (davon 7 Hattricks, siehe dort)

▷ Am häufigsten 4 Tore in einem Spiel: 10x Gerd Müller

▷ Am häufigsten 5 Tore in einem Spiel: 4x Gerd Müller (mehr Tore, nämlich 6, schaffte nur Dieter Müller vom 1. FC Köln am 17. August 1977 beim 7:2 gegen Werder Bremen)

▷ Die meisten Tore in der kürzesten Zeit: Dieter Hoeneß – 5 in 22 Minuten (am 25. Februar 1984 zwischen der 67. und 89. Minute beim 6:0 gegen Eintracht Braunschweig)
▷ Längste Trefferserie (aufeinanderfolgende Spiele mit jeweils mindestens einem Tor): 16 (Gerd Müller vom 27.09.1969 bis 03.03.1970)
▷ Schnellste Tore:
1. 9 Sekunden: Karim Bellarabi (Bayer Leverkusen) am 23.08.2014 gegen Borussia Dortmund, Kevin Volland (TSG Hoffenheim) am 22.08.2015 gegen den FCB
2. 11 Sekunden: Giovane Elber (FCB) am 31.01.1998 gegen den Hamburger SV

…

7. 13 Sekunden: Lothar Matthäus (FCB) am 26.04.1986 gegen Borussia Mönchengladbach

Weitere Rekorde (Bundesliga):

▷ Die meisten Spiele in Folge: 442 (Sepp Maier, vom Anfang der Saison 1966/67 bis zum Ende der Saison 1978/79)
▷ Torhüter-Rekorde:
Oliver Kahn ist der Torhüter mit den meisten Zu-Null-Spielen insgesamt, nämlich 204. Kahns Saisonrekorde in den Kategorien „wenigste Gegentore“ (21, 2007/08) und „meiste Zu-Null-Spiele“ (19, 2001/02) wurden von Manuel Neuer gebrochen: Der ließ 2012/13 (mit Tom Starke / 3 Einsätze) und 2014/15 (mit Pepe Reina / 3 Einsätze) nur 18 Gegentore zu, außerdem brachte er es 2014/15 auf 20 Zu-Null-Spiele (22 waren es für die Bayern insgesamt). Die längste Serie ohne Gegentor schaffte allerdings ein anderer, nämlich Timo Hildebrand: 884 Minuten für den VfB Stuttgart 2003. Auf den Plätzen folgen Oliver Kahn und Manuel Neuer: 2. Kahn, 803 Minuten 2002/03, 3. Neuer, 771 Minuten 2011/12, 4. Kahn, 736 Minuten 1998/99, 5. Neuer, 689 Minuten 2014/15.
▷ Die meisten Ballkontakte in einem Spiel: 206
(Xabi Alonso am 27. September 2014 im Spiel beim 1. FC Köln; bisherige Bestmarke seit Einführung der Datenbank 1999 waren die 187 Ballberührungen von Thiago am 2.2.2014 gegen Eintracht Frankfurt gewesen)

- ▷ Am schnellsten 100 Siege als Spieler: Arjen Robben im 126. Spiel (3:1-Sieg in Hannover am 7.3.2015; bis dahin Thomas Müller im 148. Spiel)
- ▷ Die meisten Spiele in Folge ohne Niederlage: 56, Jérôme Boateng (vom 3.11.2012 bis 19.12.2014; am 8.11.2014 stellte er beim 4:0-Auswärtssieg gegen Eintracht Frankfurt mit seinem 50. Bundesligaspiel in Folge ohne Niederlage bereits einen neuen Bundesliga-Rekord auf)
- ▷ Die meisten Auswärtsspiele in Folge ohne Niederlage: 37, Philipp Lahm (die Serie endete mit der 0:2-Niederlage in Leverkusen am 2.5.2015)
- ▷ Rekord-Meistertrainer mit einem Verein: 6 Titel, Udo Lattek mit dem FC Bayern (dazu 2 mit Borussia Mönchengladbach; 2. Platz Ottmar Hitzfeld mit 7, davon 5 mit dem FC Bayern und 2 mit Borussia Dortmund)
- ▷ Am schnellsten 50 Siege als Trainer: Pep Guardiola im 61. Spiel (1:0-Sieg beim BVB am 4.4.2015; bis dahin Udo Lattek 1972 im 78. Spiel)
- ▷ Die meisten Siege: Oliver Kahn, 310 (in 557 Spielen für den FC Bayern und den KSC)
- ▷ Die meisten Siege in Serie: Willy Sagnol, Lúcio (je 15)

Sonstige Rekorde:

- ▷ Spieler mit den meisten „Weltklasse"-Einstufungen (alle Vereine): 1. Franz Beckenbauer (27), 4. Gerd Müller (9), 5. Oliver Kahn, Karl-Heinz Rummenigge (8), 6. Paul Breitner (7)
- ▷ Am längsten als deutscher Torwart ohne Gegentor (alle Pflichtspiele): 1.146 Minuten (Manuel Neuer)
  (Endpunkt der Serie: das 1:1 in der 38. Minute am 18. Oktober 2011 im Spiel in Neapel)
- ▷ Schnellstes Tor in der Geschichte der Champions League:
  1. 10,12 Sekunden: Roy Makaay am 07.03.2007 gegen Real Madrid
  …
  7. 25,02 Sekunden: David Alaba am 02.04.2013 gegen Juventus Turin
- ▷ Bester Torschützenkönig im UEFA-Pokal: Jürgen Klinsmann, 15 Treffer (1995/96)

(2010/11 traf Radamel Falcao für den FC Porto im Nachfolge-Wettbewerb Europa League 17-mal)

- ▷ Weitere Gerd-Müller-Rekorde (als Vereinsspieler)
  - ▷ 1.455 dokumentierte Tore in 1.204 Pflicht- und Freundschaftsspielen (1,21 Tore/Spiel)
  - ▷ 68 Tore in 62 Länderspielen (Rekordtorschütze seit 2014: Miroslav Klose mit 71 Treffern)
  - ▷ 78 Tore in 62 DFB-Pokal-Spielen
  - ▷ 66 Tore in 74 Europapokalspielen (35 im Landesmeister-Wettbewerb, 20 im Pokalsieger-Wettbewerb, 7 im Messepokal und 4 im UEFA-Pokal)
  - ▷ Goldener Schuh (bester Torschütze aller europäischen Ligen) 1970 mit 38 und 1972 mit 40 Toren
  - ▷ Rekordtorschützenkönig im Europapokal der Landesmeister: 4x
  - ▷ 85 Tore in 60 Pflichtspielen (1,42 Tore pro Spiel) im Kalenderjahr 1972 (Rekord bis 2012, als Lionel Messi für Barca 91 Tore in 69 Pflichtspielen erzielte)
- ▷ Die meisten Meistertitel: 8
  (Oliver Kahn, Mehmet Scholl und Bastian Schweinsteiger)
  (Platz 2: Lothar Matthäus, Klaus Augenthaler und Alexander Zickler, je 7; Platz 3: Philipp Lahm, Claudio Pizarro, Hasan Salihamidzic, Jens Jeremies, Samuel Kuffour und Bixente Lizarazu, je 6.
  Anmerkung: Ludwig Kögl hat auch sechs Meistertitel, davon allerdings einen mit dem VfB Stuttgart. Die meisten Titel als Nicht-Bayer: Berti Vogts, 5 mit Bor. Mönchengladbach.)
- ▷ Die meisten DFB-Pokal-Siege: 7
  (Bastian Schweinsteiger; 6 Siege: Oliver Kahn)

Spielsysteme, jeweils moderne

Die Bayern haben ihre Titel und Triumphe mit unterschiedlichen Strategien bzw. Spielsystemen errungen (siehe die beispielhaften Startaufstellungen auf den Seiten 177 und 178). Als sie 1965 in die Bundesliga aufgestiegen waren, begann sich gerade das 4-2-4-System allgemein durchzusetzen. Auch der Bayern-Trainer Zlatko

Cajkovski übernahm es. Nach dem lockeren „Tschik“ kam mit Branco Zebec ein studierter Mathematiker, der allerdings weniger als Denker denn als brutaler Konditionsbolzer in Erinnerung blieb. Taktischer Standard war nun das 4-3-3 mit Libero (Beckenbauer) und Vorstopper (Schwarzenbeck). Udo Lattek, der sportliche Vater der großen Erfolgsgeneration des FC Bayern, änderte nicht viel, er wirkte eher als Motivator denn als gewiefter Taktiker. Pal Csernai hingegen gilt als erfolgreicher Innovator, der das 4-4-2 mit verfeinerter Raumdeckung salonfähig machte. Giovanni Trapattonis Aufstellungen waren grundsätzlich auf vorsichtigen Defensivfußball ausgelegt, seine Taktiken insgesamt nicht immer durchschaubar – so etwa, wenn er erklärte: „Fussball ist Ding, Dang, Dong. Es gibt nicht nur Ding!“ Beim Mathematik-Lehrer Ottmar Hitzfeld wurde alles komplizierter und zugleich fließender: „Unsere Grundformation ist das 3-4-3-System, aber wir müssen so flexibel sein, daraus ein 4-3-3 zu machen.“ Er wisse zwar selbst gerade nicht, welches System man nun in München spiele, meinte der darauf angesprochene Stefan Effenberg, „aber irgendwie funktioniert es“. Vom Schachspieler Magath erhielten die Spieler die Erläuterung, dass das Tor beim Fußball dort stehe, wo sich beim Schach der König des Gegners befinde – und gewannen mit meist recht statischem Verschiebe-Fußball immerhin zwei Doubles hintereinander. Unter Louis van Gaal passten Spieler und Spielidee zuweilen nicht zusammen. Einige Spieler waren zu eigensinnig. „Wenn er alleine spielen will, muss er Tennis spielen gehen“, kanzelte van Gaal etwa Ribéry ab. Und manche Spieler gab es schlicht nicht. Wenn man Spieler für ein 4-4-2 einkaufe, stellte Philipp Lahm mit messerscharfer Logik fest, dann könne man mit denen eben nicht das vom Trainer bevorzugte 4-3-3 spielen (der FCB hatte damals gerade Gómez gekauft, Klose saß daher meist auf der Bank). Unter dem eher pragmatischen Jupp Heynckes, der sich nie viel beschwerte, gewannen die Bayern dann 2013 im 4-5-1 mit „Doppelsechs“ die Champions League.

Seit Pep Guardiola das Zepter an der Säbener Straße schwingt, wird in München so viel über Systeme und Taktik diskutiert wie wohl noch nie zuvor. Die allermeisten der zahllosen Guardiola-Ideen beruhen auf der Absicht, die Anspielstationen im Mittelfeld zu erhöhen – wie zum Beispiel durch das

Umstellen auf eine Dreierkette in der Abwehr –, um so den Ball sicherer und variabler in Richtung gegnerisches Tor zirkulieren lassen zu können. Garantiert ist der Erfolg dadurch freilich nicht in jedem Fall, manch einem mag das Gedränge im Mittelfeld auch etwas unübersichtlich erscheinen. Einem Bericht zufolge (*Die Welt* vom 20. Februar 2015) wollte der bis zur Manie akribische Trainer in einer Bar einmal seinen Gesprächspartnern Grundordnungen und Spielzüge möglichst anschaulich vorführen – und bestellte dafür beim Kellner so viele leere Gläser (als Spieler-Doubles), dass auf dem Tisch irgendwann für weitere kein Platz mehr war. Man könnte fast meinen, dass der Platz einfach zu klein ist, damit sich das katalanische Fußball-Großhirn richtig austoben kann. Beim Viertelfinal-Rückspiel der Champions League am 21. April 2015 gegen Porto war jedenfalls seine Hose zu eng, um seine beim wilden Dirigieren vollzogenen Kapriolen auszuhalten: Sie platzte.

Bliebe an dieser Stelle noch an Dettmar Cramer zu erinnern, den nur 1,61 Meter kleinen Fußball-Professor, der mit zwei Europapokal-Siegen (1975 und 1976) bis heute der international erfolgreichste Trainer des FCB ist, aber bei den großen Würdigungen dennoch meist übersehen wird. In einem Interview anlässlich seines 90. Geburtstages erklärte er im April 2010: „Fußball ist ein technisches Spiel, doch die Krönung des Ganzen ist das Mannschaftsspiel, und das ist ohne taktische Prinzipien nicht möglich. Beim FC Bayern habe ich zum Ärger der Spieler wöchentlich über Taktik geredet.“ Man dürfe aber das Diskutieren über Systeme und Taktiken keinesfalls übertreiben. Bei der WM 1958 in Schweden, als die Brasilianer nach allgemeiner Ansicht mit der Einführung des 4-2-4 den Fußball revolutioniert hatten, sei er einmal Vicente Feola begegnet. „Ich habe mit dem Trainer der Brasilianer gesprochen, er sagte: ‚Wir in Brasilien zählen nicht, wir spielen Fußball. Und wenn wir zählen müssten, hätten wir ein 4-2½-3½.‘ Sie hatten einen tiefhängenden Linksaußen, der notfalls hinter dem eigenen Torwart auf der Linie geklärt hat. Seitdem reden wir von Systemen und machen sie für Sieg und Niederlage verantwortlich. Doch ich sage: Das System macht keine Spieler, die Spieler machen Systeme.“

▶ 10.06.1967, Finale DFB-Pokal (4:0 gegen Hamburger SV): 4-2-4
Trainer:
Tschik Cajkovski

▶ 07.06.1969, 34. BL-Spieltag (2:1 gegen Hannover 96): 4-3-3
Trainer:
Branko Zebec

▶ 28.06.1972, 34. BL-Spieltag (5:1 gegen Schalke 04): 4-3-3
Traincr:
Udo Lattek

▶ 13.06.1981, 34. BL-Spieltag (4:0 gegen Bayer Uerdingen): 4-4-2
Trainer:
Pal Csernai

► 16.08.1996, 1. BL-Spieltag (2:1 gegen St. Pauli): 4-4-2 (4-2-2-2)
Trainer:
Giovanni Trapattoni

► 23.05.2001, Finale Champions League (5:4 i.E. gegen FC Valencia): 3-4-3 (3-2-2-2-1)
Trainer:
Ottmar Hitzfeld

► 25.05.2013, Finale Champions League (2:1 gegen Borussia Dortmund): 4-5-1 (4-2-3-1)
Trainer:
Jupp Heynckes

► 17.05.2014, Finale DFB-Pokal (2:0 n.V. gegen Borussia Dortmund): 3-4-3 (3-4-2-1)
Trainer:
Pep Guardiola

Spitznamen

Die meisten Bayernspieler haben Spitznamen. Viele sind recht simpel, etwa Verkürzungen von Nachnamen wie Auge, Boa, Klinsi, Mandzu, Scholli, Schweini und Poldi. „Tymo" für Tymoschtschuk und „Liza" für Lizarazu waren so naheliegend wie „Lewa" für Lewandowski. „Pizza" für Pizarro war ein Muss. „Alabasi" für Alaba, „Sterni" für Sternkopf sind gleich erkennbar, „Struuuunz" für Strunz sowieso, bei „Guga" für Luiz Gustavo kommt man nicht gleich drauf. Dass Franz Beckenbauer aus Jean-Pierre Papin einen „Japapapa" machte, hatte vor allem mit seiner bayerischen Phonetik zu tun.

Gehäuft treten verniedlichte Vornamen auf, von der ersten Meister-Generation mit Konrad „Conny" Heidkamp, Ludwig „Lutte" Goldbrunner, Oskar „Ossi" Rohr über Ciriaco „Ciri" Sforza, Dietmar „Didi" Hamann und Oliver „Olli" Kahn bis zu Manuel „Manu" Neuer und Josep „Pep" Guardiola. Der Franzose William Sagnol wurde von den Fans als „Williiiii" angefeuert, der Berliner Hans Weiner hörte natürlich auf „Hanne", aus den einheimischen Ludwigs Hofmann, Landerer und Kögl wurden echt bayerische „Wiggerl", Javier Martínez hieß in Spanien Javi und verwandelte sich in München zum „Xaver". Recht spezielle Rufnamen trugen Hasan „Brazzo" Salihamidzic, Jens „Jerry" Jeremies oder zu früheren Zeiten Wolfgang „Scheppe" Kraus, Erich „Witsche" Hahn, Robert „Pius" Breindl, Rainer „Oki" Ohlhauser und Dieter „Mucki" Brenninger. Manche lassen sich schlüssig herleiten, so wie „Brazzo" aus dem bosnischen Wort für „Bürschchen". Erklärbar ist, warum der etwas labile Peter Kupferschmidt den Namen „Psycho" erhielt, sichtbar war, warum man Carsten Jancker „Popeye" nannte. Thomas Linkes Spitzname „Hansi" wird darauf zurückgeführt, dass er seltsame „Hansi-Witze" erzählte.

„Kunstwadl" wäre ein absolut perfekter Spitzname für einen Bayern-Star gewesen. Es gab auch einen, der in den 1960er Jahren eine beachtliche Karriere hinlegte. Allerdings hieß der wirklich so und wurde nach seinem Vornamen Adolf „Adi" genannt. Auch Franz Beckenbauer war damals schon mit von der

Partie. Zum „Kaiser" der Fußballwelt wurde er ab 1969 erkoren, nachdem er sich mit der *Kicker*-Traumnote von 1,58 zum besten Ligaspieler aufgeschwungen und im Pokalfinale Schalkes „König von Westfalen", Stan Libuda, vom Thron gestoßen hatte. Zuvor hatte der Franz noch anders geheißen. Man habe sich damals, erklärte einmal ein schmunzelnder Sepp Maier, pompöse Spitznamen gegeben. Er selbst sei so zur „Katze von Anzing" geworden, Werner Olk zum „Adler von Giesing", weil der immer mit ausgebreiteten Armen rumgesaust sei. Und Beckenbauer, ebenfalls aus Giesing stammend, sei „der König vom Glasscherbenviertel" gewesen.

Die Bayern mussten lange warten, bis sie wieder einen Monarchen hatten. 2010 hing ein riesiges Werbeplakat an der Theatinerkirche am Odeonsplatz, das den beliebten Franzosen Franck Ribéry in blauem Königshermelin zeigte. Seine Mitspieler nannten ihn allerdings nicht „König", sondern „Filou", „Franz" oder „Fummler". Als „Napoleon" posierte einst Dettmar Cramer, zugleich wurde der Trainer aufgrund seines kleinen Wuchses hinter vorgehaltener Hand als „laufender Meter" bespöttelt. „Cheffe" Effenberg war zwar 2001 ein Leader, gebärdete sich aber eher wie ein Räuberhauptmann. Oberbefehlshaber Effenbergs war der „General" Ottmar Hitzfeld. Der Niederländer Louis van Gaal firmierte als „Tulpen-General" und mutierte nach Titel-Triumphen zum „Feierbiest". Wie die Leuchtmittel von „Osram" strahlte einst der Kopf von Jupp Heynckes, wenn er sich vor Wut rötete.

Hermann „Tiger" Gerland war eigentlich eine „Eiche" und wurde als FCB-Talentespäher für sein „Diamantenauge" gerühmt. Überhaupt – es gab allerlei rühmende Beinamen: Edgar „Hammer-Ede" Schneider, der im DFB-Pokalfinale von 1971 mit einem fulminanten Schuss das Siegtor zum 2:1 über den 1. FC Köln erzielte; „Mr. Europacup" Dieter Hoeneß, „Super-Mario" Basler, „Basti Fantasti" Deisler, „Titan" Kahn oder das „Phantom" Roy Makaay. Ruggiero Rizzitelli konnte seinen Ruf als „Rizzigol" nicht beweisen, der junge Roque „Chico" Santa Cruz wurde als „Baby-Gol" gehänselt, Mario Gómez feierte seine Tore als „Torero". Gerd Müllers Torschusskünste standen für das Verb „müllern" Pate, als „Bomber der Nation" besaß er einen Ruf wie Donnerhall. Wegen ihrer körperlichen Stärke und ihrer Unerbittlichkeit sehr respekteinflößend waren Franz „Bulle" Roth, Hansi „Rambo" Pflügler, Patrik „Klotz" Andersson und Daniel „The Rock" Van Buyten, als Sensenmann mähte „die Sichel" Jan Wouters manchen Gegner um, auch der „aggressive Leader" van Bommel hatte ein besonderes Gespür für den richtigen Moment zum Grätschen.

Den kleinen Manfred „Manni" Schwabl hätte man auch „Mini" nennen können. Der pummelige Trainer-Kobold Zlatko Cajkovski wurde nach dem kroatischen Wort für Zigarettenstummel von allen nur „Tschik" genannt. Als Winzling wehrte sich Rafinha mit Bissigkeit und wurde so zum „Giftzwerg", der ebenso kleine und zugleich beinahe genauso breite Shaqiri pflügte als „Kraftwürfel" über den Rasen.

Der Kolumbianer „El Tren" Valencia ließ den Zug zum Tor meist vermissen, häufiger betätigte er sich als „Entlauber" der Bäume auf dem Trainingsgelände. Während für Diego Contentos Vornamen tatsächlich der große Maradona Pate stand, war es für den Österreicher Andreas Herzog eher eine Belastung, als „Alpen-Maradona" angekündigt zu werden. Jürgen Klinsmann wurde hinter vorgehaltener Hand „Flipper" genannt, weil ihm bei der Ballannahme die Bälle so oft unkontrolliert wegsprangen.

Philipp Lahm trägt neben dem nachvollziehbaren „Fips" in Anlehnung an den einstigen Weltklasse-Verteidiger Maldini auch den Spitznamen „Paolo". Mehmet Scholls Erfindung „Wireless Lahm", der sich auf formidable Verknüpfungsfähigkeiten auf dem Spielfeld bezieht, ist ein ebenso ehrenvoller Beiname. Ganz anders hingegen ist „Alleinikov" gemeint: Arjen Robben wurde von seinen Mitspielern wegen seiner Eigensinnigkeit so getauft. Keinen liebevollen Beiklang haben die Spitznamen für die redefreudigen Mikrofon-Künstler „Schallplatte" Matthäus und „Professor" Thon. „Radio Müller" ist eher nett gemeint.

Der groß gewachsene Luca Toni brachte den Spitznamen „Schrank" (l'armadio) aus Italien mit, machte in München aber als Ohrenschrauber und Womanizer mit Zahnpasta-Lächeln Karriere. Alex „Zico" Zickler betörte die Frauen als „The Body" mit physischer Präsenz. Andere pflegten ihre Eitelkeit: Der spätere „Mister Bayern" Uli Hoeneß war in frühen Jahren als „Foeneß" sehr auf seine Haarpracht bedacht, „der Friseur" Bruno Labbadia sowieso. „Der Lange" Dieter Hoeneß wurde nach seinem Kopfballtor mit Kopfverband im Pokalfinale 1982 auch „Turban" genannt, der Bayern-Arzt Müller-Wohlfarth hatte den „Mull" dafür. Spätestens jetzt ist zu erwähnen, dass der einstige Medizinstudent Jupp Kapellmann auch als „laufende Apotheke" bekannt war.

„Der schwarze Franz" Krauthausen hieß wegen seiner dunklen Haare so, „der rote Paul" Breitner jedoch wegen seiner (einstigen bzw. angeblichen) politischen Gesinnung. Ein „Rotbäckchen" war Karl-Heinz Rummenigge, als er zu den Bayern kam, er wandelte sich zur „Rummelfliege" und war später als „Killer-Kalle" gefürchtet.

Zusammen mit Breitner bildete Rummenigge das berühmte Duo „Breitnigge", Robben und Ribéry wurden später unter dem Doppel-Spitznamen „Robbéry" ebenso berühmt. Bekannt, aber bald nicht mehr wirklich gefürchtet waren Radmilo Mihajlovic und Alan McInally als „Mic & Mac".

Spitznamen aus der Tier- und Pflanzenwelt sowie aus Literatur & Technik erhielten „Kobra" Wegmann, „Tanne" Tarnat, „Balou" Aumann und „der Hubschrauber" Hashemian. Und warum wurde Bernd Dürnberger „Wipf" genannt? Das weiß er selbst nicht recht: „Der Gerd Müller hat irgendwann mal im Training gesagt: ‚Du bist ein Wipf!'" Vermutlich hat er so was wie „Wicht" gemeint, denn Dürnberger war damals als Jüngster ein ziemlich mickriger Wusler.

Fehlt noch der beste aller Spitznamen. Der berühmte Vorstopper Hans-Georg Schwarzenbeck wurde auch „Putzer des Kaisers" genannt oder, recht despektierlich, „der dritte Fuß vom Franz". Jeder weiß aber natürlich, dass er bis heute „Katsche" gerufen wird, in seinem Schreibwarenladen sprachen ihn die Kunden manchmal gar als „Katschenbeck" an. Woher kommt dieser ungewöhnliche Spitzname? „Katschen" bedeutet laut Duden „schmatzend kauen". Aber das kann es eigentlich nicht sein. Schwarzenbeck selbst sagte einmal, dass er sich den Namen bereits als Achtjähriger beim Kicken auf der Wiese eingefangen habe. „Wahrscheinlich, weil ich immer so hart gespielt habe." Dazu passt das heute nahezu vergessene Wort „Katsche" besser. Laut alten Wörterbüchern wird eine „Kerbe oder Scharte in einem Gegenstand" (vor allem an dessen Kanten), ein „klaffender Riss" oder eine „Schmarre in der Haut" als „Katsche“ bezeichnet. In diesem Sinne war also schon der ganz junge Schwarzenbeck dafür berüchtigt, „Katschen“ in die Schienbeine seiner Gegner zu hauen.

Sportstudio, berühmtester Dialog im

Unter Trainer Christoph Daum war der 1. FC Köln in der Saison 1988/89 zum größten Herausforderer des FC Bayern aufgestiegen. Daum hatte viel Wind gemacht und sich in seinen Attacken auf den Bayern-Trainer Jupp Heynckes in der Wortwahl einige Male vergriffen. Am 20. Mai 1989 stellte Bayern-Manager Uli Hoeneß im „Aktuellen Sportstudio“ Christoph Daum zur Rede. Jupp Heynckes saß bei dem Aufeinandertreffen auch dabei, sprach aber selbst kaum ein Wort, Moderator Bernd Heller hielt sich ebenfalls im Hintergrund.

Ein kleiner Auszug dieses bei YouTube abrufbaren Klassikers:

Hoeneß: „Du hast über Jupp Heynckes gesagt, der könnte auch Werbung für Schlaftabletten machen.“

Daum: „Richtig.“

Hoeneß: „Du hast über ihn gesagt: ‚Wenn einer so dünnhäutig ist, hat er hier nichts zu suchen. Die Wetterkarte ist interessanter als ein Gespräch mit Jupp Heynckes.‘“

Daum: „Richtig.“

Hoeneß: „Ist alles okay. Jetzt kommt aber der entscheidende Punkt. ‚Nach dem Sieg über Inter Mailand ging’s ihm mal für ein paar Stunden besser, da war eine Hirnwindung mehr durchblutet. Im Grunde genommen ist er völlig kaputt.‘“

Daum: „Schön, dass du dich so vorbereiten musst, denn ohne die Vorbereitung würdest du wahrscheinlich gar nicht über die Runden kommen.“

Hoeneß: „Ich kann mich nur an das halten, was gesagt wurde.“

Daum: „Das ist im Prinzip nur eine Masche, um irgendwie ein bisschen zu versuchen, mich von meinem Weg abzubringen. Aber ich kann dir garantieren, das schaffst auch du nicht.“

Hoeneß: „Ich werde das auch gar nicht versuchen, weil am nächsten Donnerstag ist dein Weg zu Ende … (Gelächter, Klatschen im Publikum, Daum macht den Scheibenwischer) und der …“ (bricht lachend ab, da das Publikum zu singen beginnt: „Zieht den Bayern die Lederhosen aus“).

Später erinnerte sich Hoeneß mit unverhohlener Freude: „Da war natürlich Leidenschaft. Ich wollte ihm so wie in der Geschichte etwas entgegenschleudern. Früher hat man, was weiß ich, den Speer geschmissen. Und ich wollte eben Worte schmeißen.“

Aus dieser Auseinandersetzung der damals beinahe noch jugendlichen Kontrahenten – Daum war 36 Jahre alt, Hoeneß nur ein Jahr älter – wird bis heute folgender Wortwechsel am häufigsten zitiert:

Hoeneß: „Du überschätzt dich maßlos, das über dir ist ein Ball, kein Heiligenschein.“

Daum: „Um das Maß an Überschätzung zu erreichen wie du, muss ich hundert Jahre alt werden.“

In der Wirklichkeit auf dem Platz galt dann aber zunächst der Hoeneß’sche Satz vom Daum’schen Weg, der am nächsten Donnerstag – nämlich beim direkten Aufeinandertreffen der Kontrahenten auf dem Fußballplatz – zu Ende sei. Fünf Tage später spielte München gegen Köln 3:1. „Der Sieg war wie eine Erlösung“, sollte Hoeneß noch Jahre danach über diesen Erfolg am 31. Spieltag schwärmen: „Roland Wohlfarths drei Tore werde ich nie vergessen. Habe ich geweint nach dem Spiel.“ Die Bayern hatten nun einen Vorsprung von vier Punkten auf die Kölner, am Ende kamen sie mit fünf Punkten Vorsprung ins Ziel.

Sportstudio, Treffer an der Torwand

Günter Netzer erzielte am 18. Mai 1974 erstmals fünf Treffer. Rudi Völler, Günter Hermann, Reinhard Saftig, Matthias Becker, Rolf Fringer, Frank Pagelsdorf und Frank Rost schafften das ebenso. Franz Beckenbauer, Jérôme Boateng und andere schafften immerhin vier – aber auch nicht mehr.

Stadionsprecher

2016 gibt es das 20-jährige Jubiläum für die Stimme der Bayern. Der beliebte Hörfunk-Moderator Stephan Lehmann (Bayern 1, bis 2008 Antenne Bayern), seit seiner frühen Jugend Fan des FCB, zögerte keine Sekunde, als man ihm 1996 den Job als Stadionsprecher beim Münchner Vorzeigeklub anbot. Sein Vorgänger (1991 bis 1996) war Andreas Wenzel, der spätere Sprecher bei Spielen des DFB. Den sicher prominentesten Sprecher aber gab es in den 1970er Jahren in der Sprecherkabine des Olympiastadions: Joachim „Blacky" Fuchsberger.

Städtereisen

Beliebtestes Reiseziel des FC Bayern mit zwölf Aufenthalten war bislang Madrid. Die Liste aller europäischen Städte, in denen die Fußballstars aus München seit 1962 bis zum Ende der Saison 2014/15 mindestens ein Europapokalspiel (inkl. Messepokal und Intertoto-Cup) absolvierten (bei mehr als einem Spiel: in Klammern Anzahl der Spiele):

Aarhus, Aberdeen (2), Amsterdam (4), Anderlecht / Brüssel (6), Athen, Åtvidaberg, Barcelona (6), Baryssau, Basel (3), Belgrad (6), Bordeaux (2), Braga, Brügge, Budapest, Bukarest (2), Cluj, Cork, Coventry, Craiova, Dublin (2), Dupniza, Edinburgh, Eindhoven (3), Enschede, Eriwan, Esch, Florenz (2), Getafe, Glasgow (6), Göteborg (3), Helsingborg, Istanbul (2), Kiew (5), Kirkcaldy, Kopenhagen (3), La Coruña, Larnaca, Lens, Lille, Lissabon (6), Liverpool (4), London (8), Lüttich, Lwiw, Lyon (4), Madrid (12), Mailand (9), Malmö, Manchester (8), Marseille, Mjöndalen, Monaco, Moskau (8), Moss, Nantes, Neapel (2), Neuchâtel, Nikosia (2), Norwich, Nottingham, Ostrau (2), Paris (4), Pilsen (2), Piräus, Plovdiv, Porto (4), Prag (3), Presov, Rom (3), Rotterdam (5), Rouen, Saloniki, Setúbal, Sofia (4), St. Étienne (2), St. Petersburg, (Dunajská) Streda, Tel Aviv (2), Tirana, Trondheim (2), Turin (4), Växjö, Valencia (4), Vicenza, Villarreal, Warschau, Wien (6), Zabrze, Zagreb, Zürich.

Stasi, machtlose

Vor der Europapokal-Begegnung in Dresden am 7. November 1973 ordnete Bayern-Präsident Wilhelm Neudecker an: „Wir fahren nur bis Hof, bleiben dort bis zum Spieltag und reisen erst dann nach Dresden weiter!“ Die offizielle Begründung lautete: „Der Höhenunterschied zwischen München und Dresden könnte leistungshemmend sein, und vielleicht reichen zwei Tage nicht aus, um sich zu akklimatisieren.“ Neudecker fürchtete natürlich nicht die knapp 400 Meter Höhenunterschied, sondern gefährliche Manipulationen des „Klassenfeindes“ aus der DDR, ganz konkret insbesondere, dass man den Spielern im Hotel leistungshemmende Mittel ins Essen schmuggeln könnte. Neudeckers antikommunistisch geprägter Verfolgungswahn, mit dem er nicht nur die vor dem Hotel Newa in Dresden vergeblich auf die westdeutschen Stars wartenden DDR-Fans verstörte, war übertrieben – allerdings auch nicht völlig unbegründet.

Als nämlich Bayern-Trainer Udo Lattek am Tag darauf im Salon Puschkin des Hotels Newa die Mannschaftsbesprechung abhielt, ahnte er nicht, dass der ganze Raum von der Staatssicherheit der DDR mit Abhörgeräten ausgestattet war. Seine Worte wurden live in die Dresdner Stasi-Zentrale übertragen. Was weiter geschah, kann man in Hanns Leskes Buch „Erich Mielke, die Stasi und das runde Leder“ (Verlag Die Werkstatt, 2004) nachlesen: „Dort saß ein Schreiber, notierte die elf Namen der Aufstellung und übergab sie einem fliegenden Boten, der sich mit einem MZ-Motorrad in Richtung Gästehaus auf den Weg machte. Dort redete gerade Walter Fritzsch seinen Dynamos ins Gewissen, als ihm der Melder einen kleinen Zettel übergab. Fritzsch stockte und meinte: ‚Wir kommen jetzt zur Aufstellung der Bayern.‘“

Der Wissensvorsprung half den Dynamos freilich nicht viel. Denn er änderte nichts daran, dass Uli Hoeneß für seinen Gegenspieler Ede Geyer viel zu schnell war und zwei spektakuläre Konter-Tore erzielte. Den Zwei-Tore-Vorsprung konnten die Bayern dann zwar nicht verteidigen, das Spiel endete 3:3 – was nach dem 4:3 im Hinspiel aber fürs Weiterkommen reichte.

Straftaten – Ermittlungen, Anklagen und Urteile

Auch Funktionäre und Spieler des FC Bayern kamen bisweilen mit dem Gesetz in Konflikt, dies soll (und darf) hier jedoch nicht näher ausgeführt werden.

Sünderkartei

(Alle Zahlen nach der Datenbank des *kicker*. Es gibt andere Statistiken – etwa bei transfermarkt.de, bundesliga.de etc. –, die aber fehlerhaft sind.)

Bundesliga-Rekordhalter in Sachen Gelbe Karten ist Stefan Effenberg. Er sah den Karton insgesamt 109-mal, 46-mal davon im Trikot des FCB. In der Kategorie Platzverweise (7-mal, davon 4-mal Gelb-Rot) belegt er Platz 2 hinter dem Leverkusener Jens Nowotny (8-mal). Die meisten Karten als FCB-Spieler sah Klaus Augenthaler (64 in 404 Spielen). Im Verhältnis zur Anzahl der Spiele müssen jedoch Oliver Kreuzer und Michael Ballack als „foulste" Spieler des FCB angesehen werden (49 Kartons in 150 Spielen bzw. 33 Kartons in 107 Spielen). Oliver Kahn brachte es als Torwart auf die stattliche Anzahl von 29 Gelben Karten. Samuel Kuffour kam in 163 BL-Spielen mit 25 Gelben Karten aus. Aber er sah auch 6-mal Rot (davon zweimal Gelb-Rot) und ist daher FCB-Rekordhalter in Sachen Platzverweise. Bei den bis 2015 aktiven Bayernspielern führt Jérôme Boateng mit 4 Platzverweisen (1-mal Gelb-Rot und 3-mal Rot).

Die Bayernspieler mit den meisten Karten:

(Gelb / Gelb-Rot / Rot)

Klaus Augenthaler	64 / 0 / 1	Christian Nerlinger	36 / 1 / 0
Lothar Matthäus	61 / 1 / 1	Christian Ziege	36 / 1 / 0
Bastian Schweinsteiger	56 / 0 / 0	Martin Demichelis	35 / 0 / 1
Oliver Kreuzer	49 / 1 / 2	Michael Ballack	33 / 2 / 0
Stefan Effenberg	46 / 1 / 1	Oliver Kahn	29 / 2 / 1
Mehmet Scholl	42 / 2 / 0	Markus Babbel	30 / 1 / 1
Hasan Salihamidzic	41 / 0 / 2	Willy Sagnol	32 / 0 / 0
Mark van Bommel	40 / 3 / 0	Samuel Kuffour	25 / 2 / 4
Thomas Strunz	39 / 0 / 0	Bixente Lizarazu	30 / 1 / 0
Jens Jeremies	38 / 0 / 0	Giovane Elber	28 / 0 / 1

Tabellenführer

2013/14 und 2014/15 war der FC Bayern trotz überlegener Meisterschaft während der Saison „nur" 27- bzw. 30-mal Tabellenführer. Viermal holte er den Titel, nachdem er vom 1. bis zum 34. Spieltag Tabellenführer gewesen war (1972/73, 1984/85, 2007/08 und 2012/13). Mehrmals verpasste er dieses Kunststück nur knapp. 1968/69 und 2005/06 war der FCB an 32 Spieltagen Tabellenführer, 1998/99 an 33 Spieltagen. 1992/93 führte der FC Bayern ebenfalls 32 Spieltage lang die Tabelle an – und wurde doch noch abgefangen. Als einzigem deutschen Verein gelang dem FC Bayern auch die umgekehrte Variante: 1985/86 eroberte er am 34. und letzten Spieltag zum ersten Mal die Tabellenspitze. Der FCB war bis Ende der Saison 2014/15 insgesamt 683-mal Tabellenführer (was natürlich ein Bundesliga-Rekord ist). Mit weitem Abstand folgt auf Platz zwei Borussia Dortmund (137-mal).

Tagebuch, nicht allzu geheimes

Wenige Tage nach der Meisterschaftsfeier 1997 zog Lothar Matthäus ein „geheimes Tagebuch" aus der Tasche. Die „vielen Interna", die er kenne, hätten endlich mal ans Licht gemusst, meinte er: „Ich glaube, dass es einfach mal gut ist, die Probleme, die es innerhalb eines Mannschaftsgefüges gibt, aus der Sicht des Spielers zu beschreiben." Sein Intimfeind Jürgen Klinsmann und andere Kollegen waren wenig erfreut über die Enthüllungen. „Kranken Menschen soll man helfen", empfahl Thomas Helmer. Matthäus wurde wenig später vom Kapitänsamt entbunden, trennen aber wollte sich der FCB nicht von ihm. Wie schon so oft zuvor stellte sich Franz Beckenbauer vor seinen Lieblingsschüler und *Bild*-Kollegen. Uli Hoeneß hatte bereits im Februar im Trainingslager auf Sardinien einen Teil des Manuskripts gelesen und es genehmigt. Irgendwie seltsam: Einerseits wurde das Machwerk im Fanshop verkauft, andererseits wurde es – laut Matthäus aufgrund einer Intervention Klinsmanns – zum Anlass, ihn als Kapitän zu entmachten. Noch 2012, als er eine Biografie publizierte, hatte er weder vergessen noch verziehen: „Am Tag der

Buchvorstellung in München musste ich in der Bayernzentrale antanzen. Ich brachte ein paar Exemplare mit, quasi als entlastenden Beweis, aber die Entscheidung war gefallen. Ich denke, das war Klinsmanns Werk."

Das Buch wurde kein Riesen-Bestseller. Immerhin freute sich ein Kritiker über die „gute unfreiwillige Satire". Und schließlich wurde das Matthäus-Tagebuch auch noch im Stadttheater von Basel als Theaterstück aufgeführt. Ach ja – eines stand nicht einmal im geheimen Tagebuch: Matthäus hatte während der Saison gewettet, dass Jürgen Klinsmann keine 15 Tore schießen werde. „Dass ein eigener Mitspieler 10.000 Mark gegen mich wettet, dazu fällt mir nichts mehr ein", wetterte Klinsmann, als die Sache bekannt geworden war. „Die erste Wette, die ich gerne verloren habe", antwortete Matthäus darauf sanft, denn schließlich habe man durch Klinsmanns Tore – er hatte im letzten Saisonspiel exakt zum 15. Mal getroffen – die Meisterschaft gewonnen. Matthäus' Wettpartner und somit auch Gewinner des Einsatzes war übrigens Uli Hoeneß. Ein Schelm, wer Böses denkt.

Tiere

Wegen seines sagenhaften Einsatzes von Muskel- und Lungenkraft erhielt Ivica Olic von seinen Mitspielern den Ehrentitel „Das Tier". Am 20. März 2014 schrieb der „Säbener Sigi" auf der Bayern-Webseite: „Tierisches Duell heute auf den Titelseiten der Münchner Zeitungen – einerseits Arjen Robben (‚Vertrag verlängert'), andererseits die beiden neuen Eisbär-Babys aus dem Tierpark Hellabrunn, die aktuellen Champions-League-Sieger im Niedlichsein. Sind die putzig! Wir finden trotzdem: Unser Arjen ist der einzige Robben, der keine Angst vor Eisbären haben muss." Der in einer entsprechenden Kampagne engagierte Rafinha stellte allerdings fest: „Wildtiere gehören in die Freiheit und nicht in den Zirkus!" Da ist es ganz gut, dass es in der Aspire-Sportakademie in Doha keine wilden Vögel gibt: Denn das Vogelgezwitscher, mit dem die Bayernspieler dort im Wintertrainingslager beschallt werden, ist nicht echt, sondern kommt aus in den Bäumen versteckten Lautsprechern. Begegnungen mit Tieren sind da also nicht möglich. Anders war das noch beim Trainingslager 1975 in Israel. Da wurde Franz Michelberger (4 BL-Einsätze für den FCB) von einem Kamel gegen den Mannschaftsbus gestoßen und zog sich dabei eine Knieprellung zu.

Vor manchen Tieren muss man sich also in Acht nehmen. Uli Hoeneß warnte vor vielen Jahren vor den „Tieren", die in Kaiserslautern auf den Rängen der „Hölle vom Betzenberg" hausten. Die bekanntesten Gegner-Tiere der Bayern sind allerdings die „Löwen" von 1860. Im Trikot des FC Bayern wurden ein „halber Stier" (Georg Schwarzenbeck, laut Aussage eines niederländischen Reporters bei den Spielen 1973 gegen Ajax Amsterdam ein Wesen „half Mens, half Stier"), eine „Kobra" (Wegmann), ein „Suppenhuhn" (Trapattoni über Basler) mit toller Haken- und Schusstechnik, ein laut brüllender „Tiger" auf und ein sprücheklopfender „Tiger" neben dem Platz (Effenberg und Gerland), ein „Gorilla" (Kahn) sowie der Frosch Kermit (Ribéry mit giftgrünen Schuhen) gesehen. Das Bayern-Maskottchen Berni ist ein Bär; er hatte 2004 den menschlich gehaltenen – und deshalb bei Kindern wohl wenig populären – „Bazi" (bayer. für Schlingel) abgelöst.

Haustiere haben nicht alle Bayern-Spieler. Olli Kahn brauchte auch keines, denn er wusste: „Das einzige Tier bei uns zu Hause bin ich." Das Tier bei Uli Hoeneß hieß schon zu Kahns Zeiten Kuno, war ein Labrador und machte Mehmet Scholl neidisch. „Hund bei Uli Hoeneß", antwortete er einmal auf die Frage, was er in einem anderen Leben am liebsten sein wolle. Tatsächlich verwöhnte Hoeneß seinen Hund wie kein anderes Wesen sonst. Seine Frau Susi erzählte in einer TV-Dokumentation 2010, wie innig das Verhältnis zwischen dem Tier und ihrem Mann sei: „Wenn ich und der Hund 40 Grad Fieber hätten, würde erst der Hund den Tee kriegen." Hoeneß' letzter Kuno starb Ende 2014 im Alter von 14 Jahren, als das Herrchen in Landsberg im Knast saß. Es heißt, Hoeneß habe in seiner Zelle ein Hundefoto aufgestellt.

Titel, nahezu alle wichtigen und unwichtigen

International

- ▷ Europapokal der Landesmeister: 3 (1974, 1975, 1976)
- ▷ UEFA Champions League: 2 (2001, 2013)
- ▷ Europapokal der Pokalsieger: 1 (1967)
- ▷ UEFA-Pokal: 1 (1996)
- ▷ UEFA Super Cup: 1 (2013)
- ▷ Weltpokal: 2 (1976, 2001)
- ▷ FIFA-Klub-Weltmeisterschaft: 1 (2013)

National

- ▷ Deutsche Meisterschaft: 25 (1932, 1969, 1972, 1973, 1974, 1980, 1981, 1985, 1986, 1987, 1989, 1990, 1994, 1997, 1999, 2000, 2001, 2003, 2005, 2006, 2008, 2010, 2013, 2014, 2015)
- ▷ DFB-Pokal: 17 (1957, 1966, 1967, 1969, 1971, 1982, 1984, 1986, 1998, 2000, 2003, 2005, 2006, 2008, 2010, 2013, 2014)
- ▷ Ligapokal: 6 (1997, 1998, 1999, 2000, 2004, 2007)
- ▷ Deutscher Supercup: 5 (1982*, 1987, 1990, 2010, 2012) (*inoffiziell)

Regional

- ▷ Süddeutscher Meister: 1926, 1928
- ▷ Süddeutscher Pokalsieger: 1957
- ▷ Meister Regionalliga Süd: 1965
- ▷ Bayerischer Meister bzw. Ostkreismeister: 1910, 1911, 1926
- ▷ Südbayerischer Meister: 1917 (Frühjahr und Herbst), 1920, 1923, 1928, 1929, 1930, 1931, 1932, 1933, 1944
- ▷ Münchner Stadtmeister bzw. Oberbayerischer Meister: 1902, 1903, 1904, 1905, 1908, 1915 (Herbstrunde), 1916 (Herbstrunde), 1917 (Frühjahrsrunde und Herbstrunde)

Weitere Wettbewerbe

- ▷ Wiener Stadthallenturnier: 1971
- ▷ Trofeo Valencia Naranja: 1972
- ▷ Trofeo Ciudad de Las Palmas: 1972

- ▷ Trofeo 75 Aniversario del Athletic de Bilbao: 1973
- ▷ Trofeo Internacional Ciudad de Terrassa: 1973
- ▷ Toulouse Tournament: 1979
- ▷ Trofeo Santiago Bernabéu: 1979, 1980, 2002
- ▷ Trofeo Teresa Herrera: 1989
- ▷ Opel Master Cup: 1996, 2000
- ▷ Saitama City Cup: 2008
- ▷ Audi Cup: 2009, 2013, 2015
- ▷ Audi Football Summit: 01/2012, 07/2012
- ▷ Uli-Hoeneß-Cup: 2013
- ▷ Fuji-Cup: 1986, 1987, 1988, 1994, 1995
- ▷ Telekom Cup: 2013, 2014

Titel-Premieren

Die erste Süddeutsche Meisterschaft:
Seinen ersten großen Titel errang der FCB im Stadion an der Grünwalder Straße. Der Titel wurde damals in einer Endrunde der Meister der fünf Bezirksligen ausgespielt. Gegner im entscheidenden Spiel am 11. April 1926 war die SpVgg Fürth. Die Bayern gewannen durch Tore von Dietl (2), Kienzler und Pöttinger mit 4:3.

Aufstellung: Alfred Bernstein – Hans Schmid (I), Emil Kutterer – Josef Hofmeister, Otto Ziegler, Ernst Nagelschmitz – Fritz Kienzler, Franz Dietl, Josef Pöttinger, Hans Schmid (II), Ludwig Hofmann.

In der Endrunde zur Deutschen Meisterschaft schieden die Bayern dann gegen den krassen Außenseiter Fortuna Leipzig mit 0:2 aus. Die zweite und letzte Süddeutsche Meisterschaft des FCB erfolgte im Jahr 1928. Diesmal kam er in der DM-Endrunde bis ins Halbfinale, dort war der HSV Endstation (2:8).

Die erste Deutsche Meisterschaft:
Ihre erste Deutsche Meisterschaft errangen die Bayern 1932. Der FCB qualifizierte sich als Sieger der Gruppe Südost in der Endrunde um die Süddeutsche Meisterschaft für die DM-Endrunde. Der FCB war also nicht, wie oft geschrieben wird, Süddeutscher Meister geworden: Das Endspiel um die Süddeutsche Meister-

schaft gegen Eintracht Frankfurt in Stuttgart war in der 83. Minute beim Stand von 2:0 wegen Zuschauertumulten abgebrochen und Frankfurt der Titel zugesprochen worden.

In der Endrunde um die Deutsche Meisterschaft schaltete der FCB Minerva 93 Berlin (4:2), Polizei SV Chemnitz (3:2) und den 1. FC Nürnberg (2:0) aus. Der Endspielgegner hieß wie im süddeutschen Endspiel erneut Eintracht Frankfurt. Bayern gewann durch Tore von Rohr (36., Elfmeter) und Krumm (75.) mit 2:0.

Die Aufstellung: Josef Lechler – Konrad Heidkamp, Sigmund Haringer – Ernst Nagelschmitz, Ludwig Goldbrunner, Robert Breindl – Josef Bergmaier, Franz Krumm, Oskar Rohr, Hans Schmid, Hans Welker. Trainer: Richard „Dombi“ Kohn

Die erste Bundesliga-Meisterschaft:

Am 4. September 1965, nach einem 6:0 über Borussia Neunkirchen, stand der FCB erstmals an der Spitze der Bundesliga. Bis zum ersten Titelgewinn in der eingleisigen ersten Liga dauerte es allerdings noch ein wenig. Am 29. April 1969, dem 29. Spieltag der Saison 1968/69, legte der nahezu unbekannte Namensvetter des späteren Bundeskanzlers, der Mittelfeldspieler Helmut Schmidt, mit dem 1:0 in der 89. Minute im Spiel bei Borussia Dortmund die Grundlage für die erste Bundesliga-Meisterschaft des FC Bayern. Fünf Spieltage vor dem Saisonende hatten sich die Bayern damit einen Vorsprung von vier Punkten verschafft. Im nächsten Spiel gegen den 1. FC Köln war erneut Schmidt maßgeblich am Erfolg beteiligt: In der 64. Minute lieferte er die Vorlage zu Gerd Müllers 1:0-Siegtreffer. Die Bayern hatten nun sechs Punkte Vorsprung. Die Entscheidung fiel schließlich am 31. Spieltag, als die Münchner mit 0:2 in Nürnberg verloren. Da auch sämtliche Konkurrenten Federn gelassen hatten, blieb es bei einem Sechs-Punkte-Polster auf den Zweitplatzierten, den HSV. Angesichts dieses Vorsprungs kombiniert mit einem Plus von 21 Toren (+25 gegenüber +4) war die Meisterschaft den Bayern in den restlichen drei Spielen nicht mehr zu nehmen. Gefeiert wurde dann am 25. Mai 1969 in München bei einer 5:1-Gala gegen Kickers Offenbach mit drei Müller-Treffern. Am Ende betrug der Vorsprung auf den Vize-Meister Alemannia Aachen acht Punkte.

Eingesetzte Spieler:

- ▷ Tor: Sepp Maier. Abwehr: Franz Beckenbauer, Peter Kupferschmidt, Werner Olk, Peter Pumm, Georg Schwarzenbeck. Mittelfeld: Franz Roth, Helmut Schmidt, Gustl Starek. Sturm: Dieter Brenninger, Gustav Jung, Gerd Müller, Rainer Ohlhauser.
- ▷ Trainer: Branko Zebec

Der erste DFB-Pokalsieg:

Nur drei Siege benötigte der süddeutsche Pokalsieger von 1956/57 in der deutschen Endrunde, um zum ersten Mal den DFB-Pokal zu erobern. Einem 4:1 in Berlin gegen den Spandauer SV folgte ein 3:1 n.V. gegen den 1. FC Saarbrücken und im Endspiel am 29. Dezember (!) 1957 in Augsburg ein 1:0 gegen Fortuna Düsseldorf. Torschütze des Siegtreffers in der 77. Minute war Rudi Jobst. Trainer Willibald Hahn hatte folgende Mannschaft auf den Platz geschickt: Arpad Fazckas – Willi Knauer, Hans Bauer – Thomas Mayer, Ludwig Landerer, Siegfried Manthey – Kurt Sommerlatt, Rudi Jobst – Gerhard Siedl, Peter Velhorn, Werner Huber.

Der erste Europapokalsieg:

Den ersten Europapokal holte der FCB am 31. Mai 1967 im Pokalsieger-Cup. Tatran Presov (1:1, 3:2), Shamrock Rovers (1:1, 3:2), Rapid Wien (0:1, 2:0 n.V.) und Standard Lüttich (2:0, 3:1) hießen die Gegner auf dem Weg ins Finale in Nürnberg gegen die Glasgow Rangers. Dort sorgte Franz Roth, der damit seine Karriere als Schütze wichtiger und spielentscheidener Europapokal-Tore einleitete, in der 109. Minute für den 1:0-Sieg. (Das bekannte Foto, das Franz Beckenbauer und Gerd Müller beim Kick im traditionellen Schotten-Kilt zeigt, entstand übrigens erst später, nämlich anlässlich eines Qualifikationsspiels gegen Schottland zur WM 1970.)

Aufstellung: Sepp Maier – Hans Nowak, Franz Beckenbauer, Werner Olk, Peter Kupferschmidt – Franz Roth, Rainer Ohlhauser, Dieter Koulmann – Rudolf Nafziger, Gerd Müller, Dieter Brenninger. Trainer: Tschik Cajkovski.

Töne, von und über FC-Bayern-Stars (Auswahl)

Franz Beckenbauer

▷ 1966: Gute Freunde kann niemand trennen (Franz Beckenbauer)
▷ 1966: Du allein (Franz Beckenbauer)
▷ 1967: Du bist das Glück (Franz Beckenbauer)
▷ 1975: Libero (Udo Jürgens)
▷ 1977: Der Kaiser geht, und alle Bayern weinen (Die 3 Lustigen Moosacher)
▷ 1986: Kaiser Franz Marsch (Peter Alexander)
▷ 1994: Beckenbauer e.p. (Bismarck Idaho)
▷ 2001: Tour de Franz (Wilder Kaiser)

Gerd Müller

▷ 1967: Raba-Da-Da (Gerd Müller)
▷ 1967: Torschützenkönig Gerhard Müller (Berd Franz)
▷ 1968: Bleib am Ball (Gerd Müller)
▷ 1969: Dann macht es bumm (Gerd Müller)
▷ 1969: Wenn das runde Leder rollt (Gerd Müller)
▷ 1974: Das gibt ein Schützenfest (Gerd Müller)

Sepp Maier

▷ 1968: Die bayerische Loreley (Sepp Maier)
▷ 1974: Müller und Maier (Medium Terzett)
▷ 1998: Hallelujah – Ein Münchner im Himmel (Sepp Maier)

Paul Breitner

▷ 1983: Der Paul tritt ab (Volker Lechtenbrink)
▷ 1996: Der Afro von Paul Breitner (Die Ärzte)

Jean-Marie Pfaff :

▷ 1983: Jean-Marie (Jean-Marie Pfaff)
▷ 1984: Jetzt bin ich ein Bayer (Jean-Marie Pfaff)

Karl-Heinz Rummenigge

▷ 1983: Rummenigge (Alan & Denise)
▷ 1983: Rummenigge (Cleo & Wolfgang)

Lothar Matthäus

▷ 1999: Lo-Lo-Lothar (Ronny Becker)
▷ 1999: Lothar Matthäus, oh Matthäus (Die Fantastischen 2)
▷ 2000: Matthäus 1:5:0 (Die Ärzte)

Mehmet Scholl

▷ 1996: I like Mehmet (Leon Taylor)
▷ 2002: Mehmet Scholl kompiliert. Vor dem Spiel ist nach dem Spiel
▷ 2004: Mehmet Scholl kompiliert. Vor dem Spiel ist nach dem Spiel Vol. 2
▷ 2014: Mehmet Scholl: Miss Milla

Oliver Kahn

▷ 2002: Ein Lied für Oliver (Kahnland)
▷ 2002: Olli Kahn (Die Prinzen)
▷ 2004: Der Titan (Dominoe)
▷ 2008: Olli (Franco Leon)
▷ 2008: Olli Kahn Song „Ein Lied für Dschingis-Khan!" (extra3)

Weitere:

▷ 2004: Ich, Roque (Sportfreunde Stiller)
▷ 2005: Der traurige Fußballer (über Sebastian Deisler) (Pawnshop Orchestra)
▷ 2008: Oh Franck Ribéry (Kaiser Franz Hose)

Und zum Download:

▷ 2012: Schweinsteiger-Ribéry-Robben-Song (Zamjo)
▷ 2013: Ribéry (Ribéry – FCB-Fangesänge)
▷ 2013: Wir gewinnen die Meisterschaft (Dante)
▷ 2013: Und Pokal auch (Dante)
▷ 2014: BVB-Hurensöhne (Bastian Schweinsteiger, entschuldigt)

▷ 2014: Pep Olé O (Bavaribero) (Bayern-Fans United)
▷ 2015: Red Schwein (United Rumor)

Tore des Monats

Die Auszeichnung, die seit 1971 von der ARD vergeben wird, haben Spieler des FC Bayern natürlich am häufigsten gewonnen, nämlich 55-mal. Auf Platz zwei liegt Borussia Mönchengladbach mit 34. Weniger zu erwarten ist, dass die Bayern auch in der Liste der Vereine vorne liegen, die am häufigsten ein Tor des Monats kassiert haben. Das war 27-mal der Fall. Auf Platz zwei erneut Mönchengladbach, gleichauf mit Werder Bremen (je 18-mal).

Lukas Podolski erzielte mit zehn Toren des Monats die meisten, allerdings nur eines davon für den FC Bayern (7/2008). Es folgt Jürgen Klinsmann mit sieben Auszeichnungen, davon zwei für den FCB. Von den drei Spielern mit sechs Auszeichnungen (Mario Basler, K.-H. Rummenigge und Klaus Fischer) spielte einer, nämlich Fischer, nie für den FCB; Basler erzielte drei für den FCB, Rummenigge ebenso. So scheint also Gerd Müller mit fünf Toren in der vereinsinternen Rangliste auf Platz eins zu liegen. Doch auch er erzielte nur drei Treffer im FCB-Trikot, bei zwei weiteren trug er den Dress der Nationalmannschaft. Ein weiterer Bayern-Spieler, der dreimal geehrt wurde, ist Franck Ribéry (4/2007, 10/2007, 5/2013).

Die Nummer eins der Torschützen des Monats beim FC Bayern heißt: Arjen Robben. Der Niederländer erhielt die Auszeichnung viermal, und zwar in den Monaten 1/2010, 3/2010, 4/2010 und 2/2013. Am effektivsten war Jean-Pierre Papin. Er traf insgesamt nur dreimal für die Bayern, ein Treffer aber war Tor des Monats (8/1995).

Weitere Bayern-Spieler, die Tore des Monats erzielten:

Klaus Augenthaler, Michael Ballack, Franz Beckenbauer, Paul Breitner, Bernd Dürnberger, Giovane Elber, Dieter Hoeneß, Bruno Labbadia, Sören Lerby, Roy Makaay, Lothar Matthäus, Claudio Pizarro, Michael Rummenigge, Mehmet Scholl, Paulo Sergio, Michael Tarnat, Jürgen Wegmann, Helmut Winklhofer (Eigentor). Von den noch aktiven Spielern konnten sich neben Robben und Ribéry auch Thomas Müller (5/2012), Bastian Schweinsteiger (4/2013, 12/2014) und Thiago (1/2014) in die Ehrenliste eintragen.

Tore, die meisten

Die besten Torjäger des FC Bayern

… alle Pflichtspiele:

- Gerd Müller 566 (in 607 Spielen)
- Rainer Ohlhauser 229 (362)
- K.-H. Rummenigge 218 (423)
- Roland Wohlfarth 155 (332)
- Dieter Hoeneß 145 (303)
- Dieter Brenninger 141 (361)
- Giovane Elber 139 (266)
- Claudio Pizarro 125 (327)
- Mehmet Scholl 121 (469)
- Thomas Müller 120 (304)
- Mario Gómez 113 (174)
- Uli Hoeneß 111 (337)
- Paul Breitner 110 (353)
- Arjen Robben 108 (197)
- Franck Ribéry 104 (299)
- Roy Makaay 103 (183)
- Lothar Matthäus 100 (410)

… in der Bundesliga:

- Gerd Müller 365 (427)
- K.-H. Rummenigge 162 (310)
- Roland Wohlfarth 119 (254)
- Dieter Hoeneß 102 (224)
- Giovane Elber 92 (169)
- Claudio Pizarro 87 (224)
- Mehmet Scholl 87 (334)
- Uli Hoeneß 86 (239)
- Lothar Matthäus 85 (302)
- Paul Breitner 83 (255)
- Roy Makaay 78 (129)
- Mario Gómez 75 (115)
- Arjen Robben 73 (127)
- Franz Roth 72 (322)
- Thomas Müller 71 (197)
- Franck Ribéry 68 (193)
- Rainer Ohlhauser 64 (160)
- Dieter Brenninger 59 (190)
- Klaus Augenthaler 52 (404)
- Alexander Zickler 51 (214)

… im DFB-Pokal:

- Gerd Müller 78 (62)
- K.-H. Rummenigge 25 (42)
- Thomas Müller 19 (31)
- Claudio Pizarro 19 (32)
- Roland Wohlfarth 18 (28)
- Dieter Hoeneß 17 (26)
- Rainer Ohlhauser 16 (22)
- Giovane Elber 16 (24)
- Carsten Jancker 15 (22)
- Michael Rummenigge 15 (22)
- Mario Gómez 14 (18)
- Arjen Robben 14 (20)
- Uli Hoeneß 14 (38)

… im Europapokal

- Gerd Müller 66 (74)
- K.-H. Rummenigge 30 (64)
- Thomas Müller 28 (70)
- Dieter Hoeneß 26 (52)
- Mario Gómez 24 (41)
- Giovane Elber 23 (64)
- Franck Ribéry 20 (72)
- Claudio Pizarro 19 (64)
- Arjen Robben 19 (47)
- Roland Wohlfarth 18 (48)
- Mehmet Scholl 18 (88)
- Roy Makaay 17 (32)

Torreichste Bundesliga-Spiele des FC Bayern

11:1	FC Bayern – Borussia Dortmund	(27.11.1971)*
9:2	FC Bayern – Hamburger SV	(30.03.2013)
7:4	1. FC Kaiserslautern – FC Bayern	(20.10.1973)
6:5	Fortuna Düsseldorf – FC Bayern	(07.06.1975)
7:4	FC Bayern – Hertha BSC	(12.06.1976)
5:6	VfL Bochum – FC Bayern	(18.09.1976)
7:3	1. FC Nürnberg – FC Bayern	(02.12.1967)
5:5	FC Schalke 04 – FC Bayern	(08.09.1973)**
7:3	FC Bayern – Hertha BSC	(25.05.1991)

*Mehr als zwölf Tore fielen noch nie in einem Bundesligaspiel.

**Ein höheres Unentschieden gab es in der gesamten Bundesliga-Geschichte nicht. In der Bayern-Geschichte noch torreicher war die Begegnung gegen Schalke 04 am 2.5.1984 im DFB-Pokal. Am Ende hieß es 6:6 n.V. (4:4, 2:2).

Torschützen, einmalige

In der Saison 2014/15 erzielten Medhi Benatia (15 Einsätze zum Ende der Spielzeit), Mitchell Weiser (16) und Juan Bernat (31) jeweils ihren ersten Treffer für den FC Bayern. Ebenfalls nicht mehr als einen Treffer zu verzeichnen hatte zu diesem Zeitpunkt Holger Badstuber bei allerdings insgesamt 111 Einsätzen (er erzielte sein Tor bereits 2009/10). Der effektivste Bundesliga-Torschütze in der Geschichte des FC Bayern heißt Anton Vuckov. Er traf in seinem ersten und letzten Spiel für den FC Bayern am 22. Spieltag 1965/66 in der 59. Minute gegen Tasmania 1900 Berlin zum 2:0. Zweifellos wichtiger war das Tor von Patrik Andersson am 19.05.2001, dem 34. Spieltag der Saison 2000/01. Sein Freistoß zum 1:1-Ausgleich in der Nachspielzeit der Partie beim Hamburger SV war nicht nur sein erster und letzter Bundesliga-Treffer in seinem 38. und letzten Bundesligaspiel für den FC Bayern, sondern bedeutete auch den 16. Bundesliga-Titel (und die 17. Meisterschaft insgesamt) für den FC Bayern.

Die weiteren Ein-Treffer-Männer des FCB sind (in Klammern Zahl der Einsätze, nach bayernbaeda.de):

- Slawomir Wojciechowski (3)
- Uli Bayerschmidt (4)
- Emre Can (4)
- Rudolf Grosser (4)
- Horst Schauß (6)
- Jürgen Marek (7)
- Thomas Kastenmaier (9)
- Willi Reisinger (9)
- Alois Reinhardt (10)
- Jan-Einar Aas (13)
- Eduard Kirschner (13)
- Pjotr Trochowski (13)
- Harald Cerny (16)
- Asgeir Sigurvinsson (17)
- Erhan Önal (18)
- Michael Wiesinger (19)
- Alain Sutter (22)
- Thomas Berthold (30)
- Björn Andersson (47)
- Danijel Pranjic (55)
- Christian Lell (65)

Torschützenkönige

Bundesliga

- 1966/67: Gerd Müller 28*
- 1968/69: Gerd Müller 30
- 1969/70: Gerd Müller 38
- 1971/72: Gerd Müller 40
- 1972/73: Gerd Müller 36
- 1973/74: Gerd Müller 30*
- 1977/78: Gerd Müller 24*
- 1979/80: K.-H. Rummenigge 26
- 1980/81: K.-H. Rummenigge 29
- 1983/84: K.-H. Rummenigge 26
- 1988/89: Roland Wohlfarth 17*
- 1990/91: Roland Wohlfarth 21*
- 2002/03: Giovane Elber 21
- 2007/08: Luca Toni 21
- 2010/11: Mario Gómez 28

DFB-Pokal:

- 1956/57: Rudi Jobst 2
- 1965/66: Rainer Ohlhauser 5*
- 1966/67: Gerd Müller 7
- 1968/69: Gerd Müller 7
- 1970/71: Gerd Müller 10
- 1981/82: K.-H. Rummenigge 7
- 1997/98: Carsten Jancker 6
- 2002/03: Giovane Elber 6
- 2004/05: Claudio Pizarro 6*
- 2005/06: Claudio Pizarro 5
- 2009/10: Thomas Müller 4*
- 2012/13: Mario Gómez 6
- 2013/14: Thomas Müller 8

Europapokal der Landesmeister:

- 1972/73: Gerd Müller 12
- 1973/74: Gerd Müller 8
- 1974/75: Gerd Müller 5*
- 1976/77: Gerd Müller 5*
- 1980/81: K.-H. Rummenigge 6*
- 1981/82: Dieter Hoeneß 7

UEFA-Pokal / Europa League

- 1979/80: Dieter Hoeneß 7*
- 1995/96: Jürgen Klinsmann 15**
- 2007/08: Luca Toni 10*

* nicht alleiniger Torschützenkönig

**Rekord bis 2010/11, als Falcao für den FC Porto 17-mal traf

Torwart-Weisheiten

Ein fiktives Gespräch aus Original-Zitaten

Petar Radenkovic (1860): „Bin i Radi, bin i König."

Sepp Maier: „Bin i Radi, bin i Depp, König ist der Maier Sepp."

Oliver Kahn: „Ich bin der Titan!"

Sepp Maier: „Ein Muskelprotz ist gut fürs Mannschaftsfoto, aber nicht fürs Tor."

Oliver Kahn: „Ich glaube, jeder kann von der inneren Einstellung profitieren, die ein Toptorhüter haben muss."

Sepp Maier: „Ein Tormann muss Ruhe ausstrahlen, er muss nur aufpassen, dass er dabei nicht einschläft."

Oliver Kahn: „Ich finde keine Ruhe mehr."

Sepp Maier: „Torhüter sind introvertiertere Menschen, auch wenn man das nach außen nicht immer sieht."

Oliver Kahn: „Der Mann zwischen den Pfosten darf keinen Fehler machen. Ein Fehler bedeutet fast immer ein Gegentor. Das unterscheidet seine Position fundamental von denen der Feldspieler."

Sepp Maier: „In der Not muss ein Torhüter alles können."

Manuel Neuer: „Der Fehler war, dass ich den Ball festhalten wollte. Und wenn ich 20 Zentimeter weiter vorne stehe, geht er auch nicht rein."

Sepp Maier: „Torwart und Abwehr müssen sich blind verstehen."

Oliver Kahn: „Die Aufgabe ist: Ich muss herausfinden, wie ich meine Vorderleute beeinflussen kann."

Sepp Maier (zu Neuer): „Genieß die Zeit! Denn es ist schneller vorbei, als du dir denken kannst."

Pepe Reina: „Er ist der Beste von uns allen. Nichts gegen meinen Nationalmannschaftskollegen Iker Casillas, der ist auch ein herausragender Torhüter. Aber Manuel ist der Kompletteste von allen."

Manuel Neuer: „Was andere Leute sagen, das ehrt mich natürlich. Aber ich muss mich auf meine Leistung konzentrieren."

Peter Handke (Schriftsteller): „Und die Angst des Tormanns beim Elfmeter?"

Sepp Maier: „Angst beim Elfmeter hat höchstens der Schütze. Bei mir brauchten die Elfmeterschützen nicht so viel Angst zu haben, ich habe selten einen gehalten."

Oliver Kahn (lacht): „Ich springe bei Elfern eigentlich nur in die Ecke, in die ich am liebsten springe, seit ich fünf bin. Außerdem halte ich nur die wichtigen Elfer."

Trainerrangliste

(nur Bundesligaspiele)

(Geburtsdatum / Zeitraum) Punkteschnitt, Spiele/Punkte (Siege/Unentschieden/Niederlagen)

▷ Andries Jonker (*22.09.1962 / 10.04.2011–30.06.2011)
2,6 – 5/13 (4/1/0)

▷ Pep Guardiola (*18.01.1971 / 01.07.2013–30.06.2015)
2,49 – 68/169 (54/7/7)
Erfolge: Deutscher Meister 2014, 2015; DFB-Pokalsieger 2014; Klub-Weltmeister 2013

▷ Felix Magath (*26.07.1953 / 01.07.2004–31.01.2007 [l])
2,14 – 87/186 (56/18/13)
Erfolge: Deutscher Meister 2005, 2006; DFB-Pokalsieger 2005, 2006

▷ Jupp Heynckes (*09.05.1945 / 01.07.1987–08.10.1991 [f], 28.04.2009–30.06.2009, 01.07.2011–30.06.2013)
2,09 – 221/463 (138/49/34)
Erfolge: Deutscher Meister 1989, 1990, 2013; DFB-Pokalsieger 2013; Champions-League-Sieger 2013

▷ Ottmar Hitzfeld (*12.01.1949 / 01.07.1998–30.06.2004 [k], 01.02.2007–30.06.2008)
2,08 – 253/527 (158/53/42)
Erfolge: Deutscher Meister 1999, 2000, 2001, 2003, 2008; DFB-Pokalsieger 2000, 2003, 2008; Champions-League-Sieger 2001

▷ Udo Lattek (*16.01.1935, +31.05.2015 / 14.03.1970–02.01.1975 [b], 01.07.1983–30.06.1987)
2,07 – 299/620 (184/68/47)
Erfolge: Deutscher Meister 1972, 1973, 1974, 1985, 1986, 1987; DFB-Pokalsieger 1971, 1984, 1986; Europapokal der Landesmeister 1974

▷ Pal Csernai (*21.10.1932 +01.09.2013 / 12.12.1978–16.05.1983 [e])
1,99 – 147/292 (87/31/29)
Erfolge: Deutscher Meister 1980, 1981; DFB-Pokalsieger 1982

▷ Louis van Gaal (*08.08.1951 / 01.07.2009–09.04.2011 [n])
1,94 - 63/122 (35/17/11)
Erfolge: Deutscher Meister 2010; DFB-Pokalsieger 2010

▷ Otto Rehhagel (*09.08.1938 / 01.07.1995–27.04.1996 [i])
1,93 - 30/58 (18/4/8)

▷ Giovanni Trapattoni (*17.03.1939 / 01.07.1994–30.06.1995, 01.07.1996–30.06.1998)
1,91 - 102/195 (54/33/15)
Erfolge: Deutscher Meister 1997, DFB-Pokalsieger 1998

▷ Branko Zebec (*17.05.1929 +26.09.1988 / 01.07.1968–13.03.1970 [a])
1,90 - 58/110 (32/14/12)
Erfolge: Deutscher Meister 1969, DFB-Pokalsieger 1969

▷ Franz Beckenbauer (*11.09.1945 / 07.01.1994–30.06.1994, 29.04.1996–15.05.1996 [j])
1,88 - 17 /32 (10/2/5)
Erfolge: Deutscher Meister 1994; UEFA-Pokal 1996

▷ Jürgen Klinsmann (*30.07.1964 / 01.07.2008–27.04.2009 [m])
1,86 - 29/54 (16/6/7)

▷ Erich Ribbeck (*13.06.1937 / 12.03.1992–27.12.1993 [h])
1,74 - 65/113 (31/20/14)

▷ Tschik Cajkovski (*24.11.1923 +27.07.1998 / 01.07.1963–30.06.1968)
1,71 - 102/174 (52/18/32)
(bis 30.06.1965 Regionalliga Süd: 1,93 – 74/143)
Erfolge: Aufstieg 1965; DFB-Pokalsieger 1966, 1967; Europapokal der Pokalsieger 1967

▷ Gyula Lorant (*06.02.1923 +31.05.1981 / 02.12.1977–10.12.1978 [d])
1,53 - 38/58 (16/10/12)

▷ Dettmar Cramer (*04.04.1925 / 16.01.1975–01.12.1977 [c])
1,45 - 101/147 (40/27/34)
Erfolge: Europapokal der Landesmeister 1975, 1976; Weltpokal 1976

▷ Reinhard Saftig (*23.01.1952 / 17.05.1983–30.06.1983)
1,33 - 3/4 (1/1/1)

▷ Sören Lerby (*01.02.1958 / 09.10.1991–11.03.1992 [g])
1,13 - 15/17 (4/5/6)

▷ Klaus Augenthaler (*26.09.1957 / 18.05.1996)
1,0 - 1/1 (0/1/0)

Anmerkungen:

(a) abgelöst von Udo Lattek; (b) abgelöst von Dettmar Cramer; (c) abgelöst von Gyula Lorant; (d) abgelöst von Pal Csernai; (e) abgelöst von Reinhard Saftig; (f) abgelöst von Sören Lerby; (g) abgelöst von Erich Ribbeck; (h), (i) abgelöst von Franz Beckenbauer; (j) nach dem Gewinn des UEFA-Pokals am 15.05.1996 übernahm Co-Trainer Klaus Augenthaler für das bedeutungslose letzte BL-Spiel; (k) abgelöst von Felix Magath (Vertrag von Hitzfeld sollte ein Jahr länger laufen); (l) abgelöst von Ottmar Hitzfeld; (m) abgelöst von Jupp Heynckes; (n) abgelöst von Andries Jonker.

Trainer in der Oberliga 1945-1963:

Richard Högg (1945/46), Josef Pöttinger (1946/47), Franz Dietl (1947/48), Alv Riemke (1948–50), David Davidson (1950, vorzeitig abgelöst), Herbert Moll (1950, 1955–56, 1958), Max Schäfer (1951-53), Georg Bayerer (1953/54), Georg Knöpfle (1954–55, vorzeitig abgelöst), Jakob Streitle (1955–56), Willibald Hahn (1956–58, vorzeitig abgelöst), Adolf Patek (1958–61), Helmut Schneider (1961–63), Herbert Ehrhardt (1963)

Transferrekorde, Abgänge

(nach Transfermarkt.de)

- Toni Kroos (24, 2014/15 Real Madrid) 30,00 Mio. €
- Owen Hargreaves (26, 2007/08 Manchester United) 25,00 Mio. €
- Mario Mandzukic (28, 2014/15 Atlético Madrid) 22,00 Mio. €
- Luiz Gustavo (26, 2013/14 VfL Wolfsburg) 16,00 Mio. €
- Mario Gómez (28, 2013/14 AC Florenz) 15,50 Mio. €
- Xherdan Shaqiri (23, 2015/16 Inter Mailand) 15,00 Mio. €
- Lukas Podolski (24, 2009/10 1. FC Köln) 10,00 Mio. €
- Bastian Schweinsteiger (30, 2015/16 Manchester United) 9,00 Mio. €
- Patrik Andersson (29, 2001/02 FC Barcelona) 8,00 Mio. €
- Marcell Jansen (22, 2008/09 Hamburger SV) 8,00 Mio. €

- Dietmar Hamann (24, 1998/99 Newcastle Utd.) 7,50 Mio. €
- Jürgen Kohler (25, 1991/92 Juventus Turin) 7,50 Mio. €
- Lúcio (31, 2009/10 Inter Mailand) 7,00 Mio. €
- Karl-Heinz Rummenigge (28, 1984/85 Inter Mailand) 5,50 Mio. €
- Christian Ziege (25, 1997/98 AC Mailand) 5,13 Mio. €
- Torsten Frings (28, 2005/06 Werder Bremen) 5,00 Mio. €
- Roque Santa Cruz (25, 2007/08 Blackburn Rovers) 5,00 Mio. €
- Emre Can (19, 2013/14 Bayer Leverkusen) 5,00 Mio. €
- Roy Makaay (32, 2007/08 Feyenoord Rotterdam) 5,00 Mio. €
- Mehmet Ekici (21, 2011/12 Werder Bremen) 5,00 Mio. €
- Brian Laudrup (23, 1992/93 AC Florenz) 5,00 Mio. €
- Mats Hummels (20, 2009/10 Borussia Dortmund) 4,20 Mio. €
- Giovane Elber (31, 2003/04 Olympique Lyon) 4,20 Mio. €
- Stefan Effenberg (23, 1992/93 AC Florenz) 3,75 Mio. €
- Lothar Matthäus (27, 1988/89 Inter Mailand) 3,60 Mio. €
- Ciriaco Sforza (26, 1996/97 Inter Mailand) 3,10 Mio. €

Nicht in die Rekordliste gehört der Transfer von Franz Beckenbauer am Ende der Saison 1976/77 zu Cosmos New York, wegen seiner kuriosen Begleitumstände ist er aber erwähnenswert. Der „Kaiser" besaß die Zusicherung, den FCB für eine Ablösesumme von einer Mio. DM verlassen zu dürfen. Cosmos war bereit, diese Summe zu akzeptieren, aber plötzlich erhöhte Präsident Neudecker seine Forderung auf 1,75 Mio. DM. Da Cosmos nicht willens war, mehr als 1,4 Mio. zu zahlen, musste Beckenbauer den Differenzbetrag von 350.000 selbst tragen.

Transferrekorde, Zugänge

(Alter, Saison, abgebender Verein)
(Alle Angaben außer Gómez – laut *SportBild* u.a. 35 und nicht 30 Mio. – nach Transfermarkt.de)

- Javi Martínez (23, 2012/13 Athletic Bilbao) 40,00 Mio. €
- Mario Götze (21, 2013/14 Bor. Dortmund) 37,00 Mio. €
- Arturo Vidal (28, 2015/16 Juventus Turin) 37,00 Mio. €
- Mario Gómez (23, 2009/10 VfB Stuttgart) 35,00 Mio. €
- Douglas Costa (24, 2015/16 Schachtar Donezk) 30,00 Mio. €
- Medhi Benatia (27, 2014/15 AS Rom) 28,00 Mio. €
- Manuel Neuer (25, 2011/12 FC Schalke 04) 27,50 Mio. €

- Thiago Alcántara (22, 2013/14 FC Barcelona) 25,00 Mio. €
- Franck Ribéry (24, 2007/08 Olympique Marseille) 25,00 Mio. €
- Arjen Robben (25, 2009/10 Real Madrid) 24,00 Mio. €
- Roy Makaay (28, 2003/04 Deportivo La Coruña) 19,75 Mio. €
- Luiz Gustavo (23, 2010/11 TSG Hoffenheim) 17,00 Mio. €
- Miroslav Klose (29, 2007/08 Werder Bremen) 15,00 Mio. €
- Marcell Jansen (21, 2007/08 Borussia Mönchengladbach) 14,00 Mio. €
- Jérôme Boateng (22, 2011/12 Manchester City) 13,50 Mio. €
- Mario Mandzukic (26, 2012/13, VfL Wolfsburg) 13,00 Mio. €
- Breno (18, 2007/08 FC São Paulo) 12,00 Mio. €
- Zé Roberto (27, 2002/03 Bayer Leverkusen) 12,00 Mio. €
- Lúcio (26, 2004/05 Bayer Leverkusen) 12,00 Mio. €
- Xherdan Shaqiri (20, 2012/13 FC Basel) 11,80 Mio. €
- Luca Toni (30, 2007/08 AC Florenz) 11,00 Mio. €
- Anatolij Tymoschtschuk (30, 2009/10 St. Petersb.) 11,00 Mio. €
- Lukas Podolski (21, 2006/07 1. FC Köln) 10,00 Mio. €
- Juan Bernat (21, 2014/15 FC Valencia) 10,00 Mio. €
- Xabi Alonso (32, 2014/15 Real Madrid) 10,00 Mio. €
- Torsten Frings (27, 2004/05 Borussia Dortmund) 9,25 Mio. €
- Sebastian Deisler (22, 2002/03 Hertha BSC) 9,00 Mio. €
- …
- Jupp Kapellmann 800.000 DM (1973/74 1. FC Köln, damaliger BL-Rekord)

Trikotverkauf und Merchandising

Das Hauptmotiv für die Einführung der personalisierten Rückennummern zur Saison 1995/96 war die Ankurbelung des Verkaufs von Fantrikots. Jürgen Klinsmanns Trikot mit der Nummer 18 war der erste Verkaufsschlager, auf Platz zwei lag die Nummer 7 des Teenie-Schwarms Mehmet Scholl. Noch vor Ende der Winterpause waren über 500.000 Bayern-Trikots verkauft, rund ein Drittel davon waren Klinsmann-Trikots. Angeblich machte der FCB in den zwei Klinsmann-Jahren 70 Prozent des Umsatzes aus dem Trikotverkauf allein mit dem 18er-Jersey. Das freute auch Klinsmann, der sich an den Marketing-Erlösen, die die Bayern mit seinem Namen machten, hatte beteiligen lassen. Insgesamt soll der FC Bayern in dieser Saison rund 900.000 Trikots verkauft haben – und damit mehr als alle anderen Bundesligisten zusammen.

Bemerkenswert ist: Die Trikots mit den Nummern 18 und 7 blieben auch später noch Kassenschlager, als sie von anderen Spielern – nämlich ab 2007 von Miroslav Klose bzw. Franck Ribéry – getragen wurden. Trotz Abwanderungsgerüchten, Verletzungen und der Konkurrenz durch Arjen Robben blieb das Ribéry-Trikot jahrelang das begehrteste.

Ab der zweiten Hälfte der 1990er Jahre expandierte der Handel mit Fanartikeln aller Art, das sogenannte Merchandising, geradezu explosionsartig. Es war fast ein Selbstläufer: Der Verkauf von Fanartikeln ließ nicht nur die Kassen klingeln, sondern band zudem Fan und Verein enger aneinander, kurz: Das Merchandising konstruierte eine sichtbare „Bayern-Familie".

1995/96 erwirtschaftete der FCB mit Merchandising einen Umsatz von 69 Mio. DM bei einem Gesamtumsatz von 147 Mio. DM. 2007/08 betrug das Verhältnis 43 Mio. Euro zu 328 Mio. Euro. Trotz des Einkaufs vermarktungsfähiger Spieler wie Ribéry schien eine gewisse Grenze erreicht. Doch man konnte immer noch neue Umsatzrekorde aufstellen, nicht zuletzt durch eine Forcierung der Auslandsvermarktung. 2013/14 erzielte der FCB mit 105 Mio. Euro (bei 528 Mio. Euro Gesamtumsatz) zum vierten Mal in Folge einen neuen Rekordumsatz beim Merchandising. Die Zahl der pro Saison verkauften Trikots betrug jetzt 1,2 Millionen.

Trikotwerbung

1974–78	adidas
1978–81	Magirus Deutz
1981–84	IVECO Magirus
1984–89	Commodore
1989–02	Opel
2002–heute	Deutsche Telekom

(für die Saison 2014/15 erhielt der FC Bayern von seinem Hauptsponsor 30 Mio. Euro)

Unsichtbar und vergessen

„Ein Tor in San Siro? Daran erinnere ich mich überhaupt nimmer“, beliebte Sepp Maier oft zu wiederholen. Tatsächlich gibt es weder Fernsehbilder noch ein Foto von dem ominösen 1:0 des AC Mailand gegen den FC Bayern am 1. Mai 1968 im Halbfinale des Europapokals der Pokalsieger. Fest steht: Milan gewann vor 70.000 Zuschauern mit 2:0, im Rückspiel gab es ein 0:0, die Bayern waren damit ausgeschieden.

Was aber war in der 51. Minute in Mailand geschehen? Die Rekonstruktion des *Spiegel*-Reporters Tibor Meingast im November 2004 ergibt folgendes Bild:

Maier will am Rande des Fünfmeterraumes eine Ecke von Hamrin abfangen, unterläuft sie aber, da er von Sormani behindert wird. Prati kommt zum Kopfball, Schwarzenbeck rettet auf der Linie. Der Ball trudelt zu Kupferschmidt, und der gibt ihn aus wenigen Metern zu Maier, der den Ball aufnimmt (die Rückpassregel gibt es damals noch nicht). Alles scheint also geklärt, die Kameras drehen ab, denn nun würde ja wohl nicht mehr als ein wenig interessanter Abschlag erfolgen. Gezeigt wird Prati, der immer noch mit seiner vergebenen Kopfballchance hadert. Eben dieser Prati reißt nun plötzlich die Arme hoch und dreht jubelnd ab. Nächstes Bild: Ein tobender Sepp Maier, der von Ohlhauser und Roth festgehalten wird. Beckenbauer und Müller eilen hinzu, alle signalisieren: „Gestrecktes Bein!“ Doch der portugiesische Schiedsrichter Garcia will davon nichts wissen und gibt den Treffer. Zu den wenigen, die ganz offensichtlich gesehen haben, was passiert ist, gehört Bayerntrainer Tschik Cajkovski. „Das darf einem Nationaltorhüter nicht passieren“, schimpft er nach dem Spiel. Maier hatte mit seinem Abschlag das Bein von Sormani angeschossen, von dort war der Ball ins Tor abgeprallt …

Der brasilianische Nationalspieler hatte Maier genau beobachtet, wie er hernach erklärte. Maier habe „den Ball beim Abschlag sehr hoch geworfen und dabei nicht immer aufs Spielfeld und nicht auf den Ball und den Raum um ihn herum geblickt“. Darauf habe er dann reagiert, so Angelo Sormani. Gefährden können habe er den Torhüter dabei gar nicht, weil er „einen Meter von ihm entfernt“ gewesen sei. Der damals 24-jährige Maier, zu diesem Zeitpunkt bereits achtfacher Nationalspieler, tat genau das Richtige, um künftig in ähnlichen Situationen gar nicht erst irgendeine Nervosität aufkommen zu lassen: „Ich habe mich nie über ein Gegentor geärgert. Das hab’ ich immer gleich vergessen.“

Unterlegen

Zweite Plätze international:

▷ Unterlegener Finalist im Europapokal der Landesmeister (2): 1982, 1987
▷ Unterlegener Finalist in der UEFA Champions League (3): 1999, 2010; 2012
▷ Unterlegener Teilnehmer* im UEFA Supercup (3): 1975, 1976, 2001

Zweite Plätze national:

▷ Deutscher Vizemeister (10): 1970, 1971, 1988, 1991, 1993, 1996, 1998, 2004, 2009, 2012
▷ Unterlegener DFB-Pokal-Finalist (3): 1985, 1999, 2012
▷ Unterlegener DFL-Ligapokal-Finalist (1): 2006
▷ Unterlegener Teilnehmer* im deutschen Supercup (5): 1989, 1994, 2013, 2014, 2015
▷ Unterlegener DFB-Hallenpokal-Finalist (1): 1997

Zweite Plätze regional:

▷ Süddeutscher Vizemeister (4): 1910, 1911, 1929, 1932
▷ Unterlegener süddeutscher Pokalfinalist (1): 1923
▷ Vizemeister Regionalliga Süd (1): 1964

Weitere Wettbewerbe:

▷ Unterlegener Finalist im Fuji-Cup (2): 1993, 1996
▷ Unterlegener T-Home-Supercup-Teilnehmer* (1): 2008
▷ Unterlegener Finalist Telekom Cup (1): 2010
▷ Unterlegener Finalist im Turnier von Montaigu (2): 1973, 1975
▷ Unterlegener Finalist bei der Trofeo Santiago Bernabéu (1): 1985

- ▷ Unterlegener Finalist im Torneig Gamper (3): 1984, 1987, 2006
- ▷ Unterlegener Teilnehmer* bei der Trofeo Ciudad de Cartagena (1): 1995
- ▷ Unterlegener Finalist im Opel Master Cup (1): 1997
- ▷ Unterlegener Teilnehmer* bei der Trofeo Ciudad de Palma (1): 2007
- ▷ Unterlegener Teilnehmer* beim Franz-Beckenbauer-Cup (3): 2007, 2008, 2010
- ▷ Unterlegener Teilnehmer* beim Saitama City Cup (1): 2006
- ▷ Unterlegener Finalist im Audi Cup (1): 2011

*Wettbewerb mit nur zwei Teilnehmern

Unterschiede, feine und ganz feine

Anfang November 2009 übte Philipp Lahm in einem Interview mit der *Süddeutschen Zeitung* harte Kritik an der Einkaufspolitik der Bayern. „Vereine wie Manchester oder Barcelona geben ein System vor – und dann kauft man Personal für dieses System. So etwas gibt es bei uns nicht: dass der Verein etwas vorgibt und alles darauf aufgebaut wird." Dem FC Bayern fehle eine Philosophie. In seinem Buch „Der feine Unterschied" (2011) bemerkte Lahm, dass ein moderner Trainer eine klare Spielidee haben und diese „im Dialog mit den Spielern" umsetzen müsse; die „große Kunst" bestehe vor allem darin, „eine Spielweise zu entwickeln, die seinem Personal angemessen ist". Diese Kunst hätten aber einige Trainer des FC Bayern nicht beherrscht.

- ▷ Felix Magath habe vor allem „mit Druck" gearbeitet und so „ein Maximum an Einsatz" aus den Spielern herausgeholt; irgendwann war allerdings der Zeitpunkt erreicht, wo die Spieler „nicht mehr auf der Seite des Trainers" standen.
- ▷ Jürgen Klinsmann habe „fast nur Fitness" trainieren lassen, die Spieler hätten sich selbstständig zusammentun müssen, um taktische Belange zu besprechen. Konsequenz: „Nach sechs oder acht Wochen wussten bereits alle Spieler, dass es mit Klinsmann nicht gehen würde."
- ▷ Louis van Gaal habe zwar eine Philosophie vertreten, aber er habe sich „während seiner zweiten Saison schlicht geweigert,

die Mängel seiner Philosophie zur Kenntnis zu nehmen und zu beseitigen".

Als Pep Guardiola kam, war bald für jeden erkennbar, dass sich der Trainer und sein Kapitän gegenseitig sehr schätzen. Der „intelligenteste Spieler", den er je trainiert habe (Guardiola über Lahm), wirkte 2014/15 manchmal fast wie ein zusätzlicher Coach, wenn er zum Beispiel dozierte, dass er „ein ähnliches Verständnis von Fußball" habe wie der spanische Startrainer. Zwischen den Philosophien der beiden gab es also allenfalls ganz feine Unterschiede.

Ur-Bayern

Von den 25 Kickern, die in der Aufstiegssaison 1964/65 im Bayern-Kader standen, waren nicht weniger als 14 bayerische Eigengewächse. Natürlich kamen auch später immer wieder frische Talente aus der Bayern-Jugend, aber die meisten der späteren Stars haben bei anderen Vereinen mit dem Fußballspielen begonnen. Das letzte Debüt eines „Ur-Bayern" gab es am 10. Februar 2010 beim 6:2 im DFB-Pokalspiel gegen die SpVgg Greuther Fürth: Es war der nach dem berühmten Maradona benannte Diego Armando Contento. Erstaunlich ist: Nach Max Eberl, den heute kaum mehr jemand als Münchner kennt, war er erst der zweite Spieler seit 1965, der seine Karriere beim FC Bayern begonnen hat! Der heutige Gladbach-Manager Eberl war 1989 sogar Meister mit der B-Jugend des FC Bayern, machte dann aber im Trikot seines Heimatvereins später nur ein einziges Bundesligaspiel: Am 14. Spieltag 1991/92 wurde er in Stuttgart zur Halbzeit ausgewechselt.

Vereinsname

Im Vereinsnamen den Bezug zur eigenen Region zu demonstrieren, war um 1900 nicht ungewöhnlich. In Norddeutschland tauften sich z.B. viele Klubs auf den Namen „Preußen" oder „Borussia" (lat. für Preußen). Der FC Bayern hätte sich demnach auch „FC Bavaria" nennen können. Diese Möglichkeit aber schied aus, da es in München seit dem 1. November 1899 bereits einen Verein dieses Namens gab.

Der FC Bavaria bestand nur bis 1907 als eigenständiger Verein und ging dann als Fußballabteilung in der Turngemeinde München A.V. auf.

Vorzeitig entlassene Trainer

(siehe auch ⇨ Trainerrangliste)

▷ Branko Zebec (1969/70)
▷ Udo Lattek (1974/75)
▷ Dettmar Cramer (1977/78)
▷ Gyula Lorant (1978/79)
▷ Pal Csernai (1982/83)
▷ Jupp Heynckes (1991/92)
▷ Sören Lerby (1991/92)
▷ Erich Ribbeck (1993/94)
▷ Otto Rehhagel (1995/96)
▷ Ottmar Hitzfeld (2003/04)
▷ Felix Magath (2006/07)
▷ Louis van Gaal (2010/11)

In der Oberliga (1945-63) wurden vorzeitig entlassen:
▷ David Davidson (1950/51 abgelöst von Bertl Moll)
▷ Georg Knöpfle (1954/55 abgelöst von Jakob Streitle)
▷ Willibald Hahn (1957/58 abgelöst von Bertl Moll)

Watschn, unterschiedlich konsequenzenreiche

Zu seinem 60. Geburtstag erzählte Sepp Maier, dass er als Kind von seinen Eltern immer eine Watschn bekommen habe, wenn er nach dem Kicken mit verdreckten Kleidern nach Hause gekommen war: „Da ist selten ein Tag vergangen, an dem man keine gefangen hätte – wir sind manchmal mit geduckter Haltung ins Haus gekommen.“ In einem Interview zu seinem 70. Geburtstag gestand er dann, dass er selbst als Erwachsener, wenn er grantig war, auch manchmal zugeschlagen habe, einmal gegen einen Reporter. „Der hatte ständig unfair über mich berichtet. Eine saubere

Watschn war das, rechts und links, zackzack." Es habe geholfen, so Maier, danach sei der Betreffende nur noch nett zu ihm gewesen.

„Es war nicht die Hand Gottes, sondern die Watschn eines Sechzigers", erläuterte Franz Beckenbauer einmal die glückliche Fügung, die ihn zu den Bayern geführt hat.

Ohne diese Watschn wär's mit dem „Kaiser" und dem FC Bayern vielleicht gar nichts geworden. Der kleine Beckenbauer, der seine Fußballkarriere beim in Giesing beheimateten SC 1906 München begonnen hatte, wollte eigentlich zum TSV 1860. Er meldete sich dann aber als 13-Jähriger beim FCB an, da ihm ein Löwen-Spieler bei einem Schülerturnier in Neubiberg eine Ohrfeige erteilt hatte.

Einige Jahre später, am 7. Dezember 1968, bei der 0:1-Niederlage der Bayern in Hannover, verlor Gerd Müller in der 53. Minute die Nerven: In einem Gerangel mit seinem Nationalmannschafts-Kollegen Jupp Heynckes streckte er diesen mit einem Schlag – eher ein Boxhieb denn eine Ohrfeige – nieder und wurde vom Platz gestellt (damals noch durch einfachen Fingerzeig und ohne Rote Karte). „Wäre er doch bloß nicht mit zehn Metern Anlauf auf Jupp Heynckes zugestürmt", erläuterte Schiedsrichter Wilfried Hilker Jahre später. „Das Spiel ruhte, so war es Vorsatz." Es war der erste und sollte der letzte Platzverweis in Müllers Karriere bleiben. (Müller schaffte es übrigens trotz achtwöchiger Sperre, mit 30 Treffern in dieser ersten Meistersaison der Bayern Torschützenkönig zu werden.)

Beim Spiel der Bayern gegen 1860 am 12. November 1977, dem ersten Bundesliga-Derby nach acht Jahren Erstliga-Abstinenz der Löwen, schrieb erneut eine Watschn Geschichte. Karl-Heinz Rummenigge hatte Beppo Hofeditz im Strafraum gefoult, woraufhin sich der „Blaue" revanchierte, indem er den Bayern-Stürmer als „rote Sau" beschimpfte. Rummenigge verpasste Hofeditz daraufhin einen Schlag und flog vom Platz. In der Kabine soll der heutige Vorstandsvorsitzende weinend gejammert haben: „Ich habe durchgedreht."

Ein Vierteljahrhundert später drehte der kleine Franzose Lizarazu durch, als er im Training zuerst Lothar Matthäus und später Niko Kovac abwatschte. Noch viel heftiger trieb es der nicht viel größere Ribéry. Am 17. April 2012 attackierte er in der Halbzeitpause des CL-Halbfinales gegen Real Madrid – Spielstand 1:0 – den Niederländer Arjen Robben erst mit Worten und dann mit Fäusten. Nachdem Mitspieler die Streithähne getrennt hatten, betraten sie wieder gemeinsam den Platz, die Bayern gewannen 2:1. Wenig später, beim Training vor dem letzten Bundesligaspiel, kassierte Robben eine Watschn von Rafinha. Diesmal war es aber nur ein Jux für die Journalisten. Im Juli 2013, während des Trainingslagers am Gardasee, strafte Ribéry seinen guten Freund Alaba gleich mit drei Watschn ab. Auch diesmal war es nicht ernst gemeint. Die Backpfeifen gab es als symbolische Bestrafung für die Verlierer beim beliebten Jonglier-Wettkampf.

Ernst wurde es erst wieder im Jahr darauf in der Allianz Arena bei einem Spiel gegen die „Königlichen". Wieder war es April, wieder ein CL-Halbfinale, als der Franzose völlig aus der Rolle fiel. In der 34. Minute hatte er mit einem schlimmen Fehlpass das 0:3 eingeleitet und war daher wenige Minuten später immer noch gefrustet. Vor der Ausführung eines Bayern-Eckballs kam es zu einem Gerangel zwischen Jérôme Boateng und Daniel Carvajal. Ribéry eilte herbei und verpasste dem Spanier, vom Schiedsrichter unbemerkt, eine deftige Ohrfeige. Nach dem schließlich mit 0:4 verlorenen Spiel rechtfertigte er sich mit den Worten: „Er hat es mit mir gemacht, und ich habe es dann auch gemacht. Das ist Champions League! Das ist dieses Niveau, da sind alle ein bisschen nervös." Ribéry hätte mit Hilfe des Videobeweises auch nachträglich bestraft werden können, die UEFA leitete jedoch kein Strafverfahren ein.

Wechselfehler, menschliche und dämliche

Am 26. Spieltag 1994/95 trat der FC Bayern in Frankfurt an. Der Gast aus München führte mit 3:2, als Trainer Giovanni Trapattoni in der 72. Minute Dietmar Hamann für Marcel Witeczek aufs Feld schicken wollte. Auf der Tribüne erschraken Geschäftsführer Karl Hopfner und Pressesprecher Markus Hörwick. Sven Scheuer (als Ersatz für Oliver Kahn) und Sammy Kuffour waren bereits beim

Anpfiff dabei gewesen, dann war in der 25. Minute mit Marco Grimm für den verletzten Thomas Helmer der dritte Amateur ins Spiel gekommen. Dietmar Hamann wäre nun der vierte gewesen. Laut DFB-Satzung, das wusste Hörwick im Gegensatz zu Trainer Trapattoni und dem in diesem Moment ebenso ahnungslosen Co-Trainer Klaus Augenthaler, war aber nur der Einsatz von drei Amateuren erlaubt. Bis der Pressesprecher allerdings in den Innenraum gekommen war, hatte das Unglück bereits seinen Lauf genommen. Zunächst schien den Wechselfehler niemand zu bemerken, die Bayern schossen noch zwei Tore zum 5:2-Endstand. Aber hinterher kam es dann natürlich doch heraus. So wurde das Spiel annulliert und am grünen Tisch mit 2:0 Toren und Punkten für Eintracht Frankfurt gewertet.

Zwar kann man wohl darüber streiten, welchen Nachteil ein Gegner hat, wenn eine Mannschaft mit vier Amateuren antritt, aber die Statuten des DFB erlaubten nun mal lediglich drei. Beim nachher eingelegten Protest wäre die Niederlage am grünen Tisch vielleicht noch zu vermeiden gewesen, wenn die Bayern keine Profis mehr auf der Bank gehabt hätten. Dort aber saßen Michael Sternkopf und Alain Sutter, und die hätten statt des damaligen Vertragsamateurs Hamann eingewechselt werden können. Obwohl die Bayern damit bei nun acht Punkten Rückstand auf Platz eins aus dem Titelrennen praktisch ausgeschieden waren, nahm Uli Hoeneß den Lapsus erstaunlich gelassen hin. In einem Interview mit der *Süddeutschen Zeitung* meinte er, dass ein solcher Fehler „irgendwie sympathisch“ sei. Er mache den FC Bayern menschlich.

Nur ein Jahr später, am 18. Mai 1996, verursachte der für den erkrankten Teamchef Franz Beckenbauer eingesprungene Co-Trainer Klaus Augenthaler einen einfach nur dämlichen Wechselfehler. Im Heimspiel am 34. Bundesliga-Spieltag gegen Fortuna Düsseldorf lagen die Bayern zur Halbzeit mit 0:2 zurück. Augenthaler entschloss sich daher zu gleich drei Wechseln ab der 46. Minute: Andreas Herzog für Mehmet Scholl, Marcel Witeczek für Dieter Frey und Alexander Zickler für Emil Kostadinov. Als dann auf dem Weg zum Platz plötzlich die Nachricht kam, dass Oliver Kahn wegen einer Schulterverletzung nicht weitermachen könne, schickte „Auge“ auch noch Ersatzkeeper

Michael Probst auf den Platz – ohne allerdings einen der drei anderen Neuen zurückzuziehen. Der Schiedsrichter bemerkte den Fehler nicht, Bayern erreichte durch zwei Klinsmann-Tore noch ein 2:2. Zu einem Wiederholungsspiel kam es nicht: Weil das Ergebnis an der Tabellensituation nichts Gravierendes änderte, verzichtete die Fortuna auf einen Protest.

Weisheiten, einige vermischte

▷ „Die Stürmer hauen zu sehr drauf, sie müssen mehr schieben."
Gerd Müller

▷ „Wir sind eine gut intrigierte Truppe."
Lothar Matthäus

▷ „Wir haben neue Spieler, die sind hungrig, und alte, die sind noch nicht satt."
Uli Hoeneß

▷ „Das macht uns so unberechenbar: Keiner weiß, wann er ausgewechselt wird."
Thomas Helmer

▷ „Wir müssen wieder arroganter werden!"
Uli Hoeneß

▷ „Das ganze Stadion wird gegen uns sein. Ganz Deutschland wird gegen uns sein. Etwas Schöneres gibt es gar nicht."
Oliver Kahn

▷ „Wir wollen uns nacheinander einen nach dem anderen da oben runterholen."
Thorsten Fink (als er eine Aufholjagd des FCB einläuten will)

▷ „Eine Krise gab es vielleicht mal in Kuba … Aber es gibt keine Krise, nur weil der FC Bayern zwei Spiele verliert."
Wilhelm Neudecker

▷ „Es gibt meines Wissens keinen Artikel im Grundgesetz, in dem der FC Bayern jedes Jahr zur Deutschen Meisterschaft verpflichtet ist."
Ottmar Hitzfeld

▷ „Die Wahrscheinlichkeit, nicht Meister zu werden, ist größer als die Wahrscheinlichkeit, dem Abstieg nicht zu entgehen."
Dettmar Cramer

Weißbier mit Schuss

Bei Meisterfeiern der Bayern ist es üblich, den Trainer und andere Chefs mit Weißbier zu überschütten. Manche mögen das nicht. 2005 zum Beispiel floh Manager Uli Hoeneß derart panisch vor den beiden besonders eifrigen Weißbier-Attentätern Hasan Salihamidzic und Mehmet Scholl, dass er sich einen Muskelfaserriss zuzog. Weißbier kann man freilich nicht nur trinken oder schütten. Das zeigte der nach dem Titelgewinn von 1994 von überschäumendem Selbstbewusstsein berauschte Teamchef Franz Beckenbauer, als er nicht auf normale Weise auf die berühmte ZDF-Torwand schießen wollte, sondern mit Handicap. Ein Helfer stellte ein volles Weißbierglas hin, Lothar Matthäus platzierte den Ball darauf. Der „Kaiser“ zog die Hose leicht nach oben, trippelte ein paarmal – und traf. Das Glas wackelte leicht, kippte aber nicht. Es war eine wahrhaft kaiserliche Krönung des Meistertriumphes. „Dem Mann glückt alles“, sagte Moderator Dieter Kürten. Wer es immer noch nicht glaubte, wusste es jetzt endgültig: Dieser Mann ist wirklich eine Lichtgestalt. Klar, dass Beckenbauer dann auch der bekannteste Werbeträger einer bekannten Weißbiermarke wurde („So schmeckt Bayern“).

Weiße Weste

Ehrbezeichnung (engl. „Clean Sheet“) für den Bundesliga-Torhüter mit den meisten Zu-Null-Spielen. Rekordhalter in der Bundesliga in Sachen „Zu-Null-Spiele“ ist Oliver Kahn. Er hielt bei 557 Einsätzen für den KSC und den FCB 204-mal die Null fest. Auf Platz 2 liegt Oliver Reck mit 177 „weißen Westen“ in 471 Spielen. Einen neuen Saisonrekord mit 20 „Clean Sheets“ stellte Manuel Neuer 2014/15 auf. Bis dahin war Oliver Kahn der Rekordhalter gewesen (19 „weiße Westen“ in der Spielzeit 2001/02).

Die Bayern-interne Rangliste sieht so aus (Zu-Null-Spiele/Einsätze):

- Oliver Kahn 163/407
- Sepp Maier 136/473
- Raimond Aumann 80/216
- Manuel Neuer 70/127
- Jean-Marie Pfaff 57/166

Die „weiße Weste“ der Bundesliga gewannen Bayern-Torhüter bis 2014/15 15-mal (z.T. gab es Torhüter mit gleich vielen Zu-Null-Spielen; die Zahlen sind nicht identisch mit den Zu-Null-Spielen pro Saison, 2012/13 hatte z.B. auch noch Tom Starke drei Zu-Null-Spiele):

- 1972/73 Sepp Maier 15
- 1973/74 Sepp Maier 10
- 1986/87 J.-M. Pfaff 14
- 1988/89 R. Aumann 17
- 1989/90 R. Aumann 16
- 1996/97 Oliver Kahn 14
- 1998/99 Oliver Kahn 15
- 2001/02 Oliver Kahn 19
- 2002/03 Oliver Kahn 17
- 2004/05 Oliver Kahn 15
- 2005/06 Oliver Kahn 12
- 2011/12 Manuel Neuer 17
- 2012/13 Manuel Neuer 18
- 2013/14 Manuel Neuer 15
- 2014/15 Manuel Neuer 20

Weltmeister, bayerische

Hans Bauer war der einzige Bayernspieler im WM-Kader von 1954, er saß während des gesamten Turniers nur auf der Bank. Im Endspiel bei der WM 1974 befanden sich sechs Bayern für den DFB auf dem Platz: Sepp Maier, Paul Breitner, „Katsche“ Schwarzenbeck, Franz Beckenbauer, Uli Hoeneß und Gerd Müller. Jupp Kapellmann saß auf der Bank. 1990 standen im WM-Kader Deutschlands sechs aktuelle Bayern – Klaus Augenthaler, Jürgen Kohler, Stefan Reuter, Hansi Pflügler, Raimond Aumann, Olaf Thon – sowie vier ehemalige oder zukünftige: Thomas Berthold, Andreas Brehme, Jürgen Klinsmann, Lothar Matthäus. 2014 errangen mit Manuel Neuer, Jérôme Boateng, Philipp Lahm, Mario Götze, Thomas Müller und Bastian Schweinsteiger sechs Bayern-Spieler den WM-Titel.

Weltpokal und Klub-WM

Von 1960 bis 2004 wurde alljährlich zwischen dem Gewinner der europäischen Champions League (vorher Gewinner des Europapokals der Landesmeister) und dem Gewinner der südamerikanischen Copa Libertadores der Weltpokal ausgespielt. 1974 und 1975 verzichteten die Bayern auf die Finalspiele gegen den Südamerika-

Vertreter, da es sich dabei jeweils um einen argentinischen Klub handelte (der argentinischen Liga hing zu dieser Zeit ein sehr schlechter Ruf an). 1976 aber stellten sie sich der Auseinandersetzung mit dem brasilianischen Team von Cruzeiro Belo Horizonte. Die Bayern setzten sich mit 2:0 und 0:0 durch (Tore: Gerd Müller, Jupp Kapellmann). Am 27. November 2001 gewannen die Bayern in Tokio mit einem 1:0 gegen Boca Juniors Buenos Aires zum zweiten Mal den Weltpokal (Tor: Sammy Kuffour). Kurz darauf verloren sie beim Bundesliga-Neuling und späteren Absteiger FC St. Pauli mit 1:2. Nach dem Spiel wurde ein T-Shirt zum Verkaufsschlager, auf dem sich der FC St. Pauli als „Weltpokalsiegerbesieger" deklarierte. Im Dezember 2013 gewann der FCB die in Marokko ausgetragene Klub-Weltmeisterschaft durch Siege gegen Guangzhou Evergrande (3:0 im Halbfinale) und Raja Casablanca (2:0 im Finale von Marrakesch; Tore: Dante, Thiago).

Wunder von Mailand

In der dritten Runde des UEFA-Cups 1988/89 bekam der FC Bayern mit Inter Mailand einen echten Knüller vorgesetzt. Im Hinspiel vor 70.000 Besuchern im Olympiastadion verloren die Bayern mit 0:2. 75.000 Zuschauer im Meazza-Stadion wurden im Rückspiel dann Zeuge des „Wunders von Mailand". Wohlfarth, Augenthaler und Wegmann brachten die Bayern bei einem Gegentreffer von Serena noch vor dem Halbzeitpfiff mit 3:1 in Front. In der zweiten Halbzeit veranstaltete Inter einen einzigen Sturmlauf auf das Bayern-Tor. Aber dank einer Weltklasseleistung von Raimond Aumann gelang den Mailändern kein Treffer mehr. Im Halbfinale half gegen Napoli und Maradona dann allerdings kein Wunder: Die Bayern schieden mit 0:2 und 2:2 aus.

XY, Worte mit vielen

Die Akte „Alles Bayern" sollte unter „XY" eigentlich ein Leerblatt haben. Aber man kann es ja mal probieren. Xaver ist ein in Bayern weit verbreiteter Name. Xaver Heilmannseder hieß so. Der Gastwirt und 1945 kurzzeitige Präsident des FC Bayern, Pächter des

Bürgerbräu- und des Löwenbräukellers, hatte nach eigener Aussage in den Kriegszeiten „den halben Verein ernährt". Xabi Alonso kam bereits als Xabi nach München, Javi Martínez, in Spanien auch „El Kaiser de Ayegui" genannt, wurde in München als „Xaver" assimiliert. Dabei waren die Bayern eigentlich noch nie xenophob (siehe ➪Ausländer). Sicher ist, dass die Granden Uli Hoeneß und Karl-Heinz Rummenigge mit den Bossen anderer Vereine – z.B. Bremens Willi Lemke oder Dortmunds Hans-Joachim Watzke – stritten wie die Xanthippen.

Begriffe, die mit „Y" beginnen, sind im Zusammenhang mit dem FC Bayern noch weniger der Hype als die mit „X". Manches lässt sich aber doch sagen, wie zum Beispiel, dass trotz zyklisch wiederkehrender Vorwürfe Bayern-Fans und Yuppie-Fans keineswegs synonym sind. Und wenn Bayern-Spieler als Yuppie-Kicker bezeichnet werden, hat das nicht unbedingt damit etwas zu tun, dass Jürgen Klinsmann an der Säbener Straße Yogakurse einführte und die Nationalspieler dann auch bei Jogi mit Yogis konfrontiert wurden. „Yeah!" möchte man jubeln, geht doch mit dem „Y". Ach ja: Es gibt sogar eine FC-Bayern-Yeah-App für Android. Und dann ist da auch noch der offizielle FC-Bayern-YouTube-Channel. So viele Ypsilons für Youngsters! Übrigens: „Youngsters arbeiten am Wow-Effekt", hieß es am 14. Januar 2015 in einem Artikel auf fcbayern.de über die Trainingsarbeit der Fußball-Babys Mitchell Weiser, Sinan Kurt, Gianluca Gaudino, Marco Hingerl, Michael Eberwein und Leopold Zingerle in Katar. Die Erklärung für die Titel-Zeile lieferte eine Äußerung des FCB-Sportvorstands: „Als junger Spieler musst du (…) eine gewisse Frechheit haben. Auch mal einen Zweikampf, wo du sagst: Wow!" Auf focus.de kommentierte allerdings im Jahr zuvor ein Leser die Qualität der Arbeit von Matthias Sammer mit den Worten: „Mit diesem Team und diesem Etat würde jede Yucca-Palme Deutscher Meister." Klar ist des Weiteren, dass so mancher FCB-Spieler im Urlaub schon mal happy auf einer Yacht entspannt hat. In der Yachthafenresidenz Hohe Düne in Warnemünde wurde im Sommer 2013 sogar das gesamte Team des FC Bayern begrüßt. Das Quartier diente zur Vorbereitung des Benefizspiels zwischen dem Triple-Champion und dem finanziell angeschlagenen FC Hansa Rostock. Wohltaten dieser Art waren vor allem der nie nur symbolisch gemeinten Initiative des heute bereits mythischen Bayern-Patrons Uli Hoeneß zu verdanken. Typisch für ihn war es aber auch, sich zu Hause im Pyjama von den Börsenkursen auf seinem Skyper hypnotisieren zu lassen. Er habe vor allem auf Währungsschwankungen von Dollar und Yen spekuliert, erläuterte das Investment-Portal Feingold Research am 14. März 2014 zur Steueraffäre des einst hymnisch gelobten damaligen Bayern-Präsidenten, der nun von den zur verbalen Lynchjustiz neigenden zynischen Hyänen der Presse schier zerfleischt wurde.

Zuschaueraktion, pfiffige

„Wir wollen die Fans entlasten, die bei Wind und Wetter ins Stadion kommen!" Mit diesen großen Worten kündigte Uli Hoeneß im Juni 1999 eine einmalige Aktion an: Der Klub verschenkte 10.000 Dauerkarten an die treuesten Anhänger, weitere 10.000 Fans erhielten 100 Euro Rabatt auf ihre Jahreskarte. Gesamtkostenpunkt für den Klub: 2,2 Mio. Mark. Schöner Nebeneffekt: Das ungemütliche Olympiastadion füllte sich auch gegen weniger attraktive Gegner.

Heute ist so was natürlich nicht mehr notwendig. Die Allianz Arena ist permanent ausverkauft. Das Spiel bei Eintracht Braunschweig am 19. April 2014 war das 250. ausverkaufte Bundesligaspiel des FC Bayern hintereinander. Laut fcbayern.de vom 29. April 2014 ein Weltrekord! Das letzte nicht ausverkaufte Heimspiel war ein maues 0:0 gegen den VfL Bochum am 30. Januar 2007, das „nur" 64.000 statt der damals in der Allianz Arena möglichen 69.000 Zuschauer hatten anschauen wollen.

Zuschauerentwicklung

(siehe ⇨ Heimspielstätten – Bundesliga-Zuschauervergleich)

In früheren Zeiten war der FCB von der Zuschauergunst nicht ganz so verwöhnt.

Zu den Spielen in der Oberliga Süd (1945 bis 1963) kamen im Schnitt nur 16.755 Zuschauer. Die beste Saison war 1958/59 mit durchschnittlich 22.800 Zuschauern. Mit 27.748 der beste Zuschauerschnitt während der Bundesligazeit im Stadion an der Grünwalder Straße (1965 bis 1972) wurde in der letzten Spielzeit 1971/72 erzielt. In der Saison 1972/73, der ersten im Olympiastadion, wurde dann mit 30.943 erstmals die 30.000er-Grenze überschritten, die in den folgenden Spielzeiten bis 1991/92 nur fünfmal nicht erreicht wurde. Dann gab es, korrespondierend zu einem allgemeinen Fußball-Boom, einen deutlichen Sprung nach oben: 1992/93 wurde erstmals die 40.000er-Grenze überschritten, 1995/96 fiel beinahe schon die 60.000er-Grenze. Diese Saison blieb mit 59.766 die beste der Zeit im Olympiastadion, in der der Schnitt nur noch ein einziges Mal unter die 50.000 fiel (2000/01). Bereits die erste Saison in der neuen Allianz Arena brachte dann 2005/06 einen neuen Rekord von 65.107 Zuschauern pro Spiel.